Marco Kunz

Konstantin

Marco Kunz

Konstantin

Der Kaiser und sein Gott

Roman

Bernardus-Verlag 2021

Impressum

1. Auflage 2021

Printed in Germany

Bernardus-Verlag
Verlagsgruppe Mainz
Süsterfeldstraße 83
52072 Aachen
www.bernardus-verlag.de

Herstellung und Vertrieb
Druck & Verlagshaus Mainz
Süsterfeldstraße 83
52072 Aachen
www.verlag-mainz.de

Umschlagsgestaltung: D. Betcher

ISBN-10: 3-8107-0340-0
ISBN-13: 978-3-8107-0340-8

I.

Das Ablegen des Purpurs

Als er sich langsam den Purpur auszog, zitternd, sich mühsam beherrschend, nicht mehr wirklich Herr seines eigenen Körpers und seiner Bewegungen, doch immer noch alleiniger Herrscher und Kaiser des römischen Weltreichs, fühlte er endlich keinen anderen Wunsch mehr als den nach Vergebung.

Das Herrschergewand würde er nie wieder anrühren. Egal wie lange es noch dauerte, bis seine Seele diesen gebrechlichen kranken Körper verließ – er wollte im weißen Taufkleid, in völliger Reinheit ins Paradies eingehen. Sein irdischer Weg zur Macht und mit der Macht, auf dem er sich mit unsäglicher Schuld und sogar mit seinem eigenen Blut befleckt hatte, war zu Ende. Übrig war ein Drang, sich der Gottheit, die ihm trotz aller von ihr erhaltenen Zeichen immer ein Mysterium geblieben war, endgültig hinzugeben, ein Glaube und eine Sehnsucht nach Erlösung.

Wann er zum ersten Mal solche frommen Neigungen in sich verspürt hatte, wusste er nicht mehr, erzogen worden war er dazu jedenfalls nicht. Er wurde erzogen zu Kampf, Pflichterfüllung und Erbarmungslosigkeit mit sich und anderen, als Sohn eines Herculiers, der Caesar des Westreichs war.

Schon als Kind war er seinen Eltern entrissen worden, seiner Mutter Helena, die aus Kleinasien stammte und ihm zum Einschlafen mit warmer Stimme und in griechischer Sprache orientalische Melodien vorsang, die sein Herz seltsam anrührten, und seinem verständnisvollen Vater Constantius, der ihm jede seiner kindlich-wissbegierigen Fragen zum Leben, zur Welt und zum Reich geduldig, ernsthaft und oft humorvoll beantwortete, auch wenn er ihn in seiner Kindheit nur selten zu Gesicht bekam, da dieser die meiste Zeit als Feldherr auf gallischen und britannischen Schlachtfeldern verbringen musste.

Konstantin war noch keine elf Jahre alt, da wurde er aus machtpolitischen Gründen, um die Loyalität seines Vaters zu gewährleisten, als Geisel weit nach Osten, an den Hof des Oberkaisers Diokletian in Nikomedia an der orientalischen Küste des Marmarameers gebracht, wo er eine strenge Schule absolvieren musste: Griechische und lateinische Sprache und Literatur, Philosophie, verschiedene Formen der Kampfkunst, Militärwesen – und vor allem Disziplin. Auch als Sohn eines Caesars musste er im Sommer bei Sonnenaufgang und im Winter in tiefster Dunkelheit zum Unterricht erscheinen und die Hand für die Peitsche hinhalten, die ihn bei jeder falschen Antwort schmerzhaft traf.

Und trotz seines eher sanften Gemüts war er bei dieser harten Schule mit Begeisterung dabei. Das Vorbild seines fernen Vaters, den er wie eine höhere Instanz immer im Rückraum seines Bewusstseins spürte, ließ in ihm den Traum, einmal ein großer Feldherr, ja ein großer Kaiser zu werden, immer leidenschaftlicher wachsen. Und dieser Traum trieb ihn bei jeder Übung im Schwertkampf dazu, über sich selbst hinauszuwachsen, und ließ ihn bei jeder Unterweisung in militärischer Taktik gespannt lauschen. Sein Talent und Ehrgeiz blieben seinen Lehrern und auch dem gestrengen Oberkaiser nicht verborgen, was dieser aber nicht zum Anlass nahm, ihn über die Maßen zu loben, sondern ihn noch mehr zu fordern und abzuhärten.

Schon in jugendlichen Jahren wurde er an der Seite von Generälen mit auf Schlachtfelder geschickt, war bei Exekutionen zugegen und auch bei den brutalen Zirkusspielen, die er später als unmoralische und sündige Gewaltorgien, die der menschlichen Seele, vor allem der kindlichen, schweren Schaden zufügten, verabscheute.

Er vergaß niemals, wie er bei seinem ersten Besuch der Spiele nach anfänglicher kindlicher Begeisterung über den feierlichen Einzug der Musiker, Kampfrichter und Kämpfer und den eröffnenden Tierdressurdarbietungen und Tierkämpfen plötzlich schockiert mitansehen musste, wie persische Kriegsgefangene und verurteilte Schwerbrecher sich gegenseitig mit langen Schwertern die Gliedmaßen abschlugen und die Bäuche aufschlitzten, dass die Gedärme herausquollen und in der Mittagssonne glänzten, bevor die Überlebenden dieser brutalen Kämpfe von erfahrenen Gladiatoren niedergemetzelt wurden. Beim zweiten Besuch wurde ihm schon weniger übel, beim dritten Mal hatte er sich an die Gräuel gewöhnt, und genau das war beabsichtigt. Er sollte ein harter, pflichtbewusster Feldherr werden, so wie sein Ziehvater und Herr Diokletian.

Zu diesem Diokletian fühlte er allerdings von Beginn an keine echte Verwandtschaft und keine wirkliche menschliche Nähe. Auch vor ihm hatte der Jüngling Respekt, aber auf eine ganz andere Weise als vor seinem leiblichen Vater. Wo sein Vater verständnisvoll und manchmal sogar humorvoll erklärte, befahl Diokletian schroff und unnachgiebig, wo sein Vater tolerierte und anderes gelten ließ, versuchte Diokletian gnadenlos jede Abweichung auszumerzen, und wo sein Vater an Ehrgefühl und Mannesstolz appellierte, drohte Diokletian und strafte daraufhin kühl und unbarmherzig.

Dieser kleine, leicht verhärmte Mann mit seinen entschlossenen, zupackenden Bewegungen beherrschte nicht nur als oberster Augustus de facto das ganze Reich – auch wenn er es zur besseren Verteidigung in vier Teile geteilt hatte, von welchen Konstantins leiblicher Vater Constantius den nordwestlichen Teil regierte –, sondern er beherrschte auch Konstantins Jugend. Seine ganze Jugend, ja eigentlich sein ganzes Leben fühlte er irgendwo hinter sich diesen Imperator wie einen Imperativ, diesen kleinen Kopf mit der breiten Stirn, der kräftigen Nase und den starren grünbraunen Augen, die unter den buschigen schwarzgrauen Augenbrauen immer in eine weite Ferne zu blicken schienen: auf die aktuell gefährdeten Reichsgrenzen oder weit in der Zeit zurück ins zweite Jahrhundert, zum »göttlichen Marcus, dem frommen Kaiser«, wie er sein Vorbild Marc Aurel immer zu nennen pflegte, zu dessen Größe er »das Römische« zurückführen wollte.

»Das Römische«, das war es, was er immer hochhielt und durchzusetzen bestrebt war: römische Art, römische Philosophie, römische Ehre, römischer Kampfesmut – und nicht zuletzt die römischen Staatsgötter und deren Opferriten, deren Ausführung auch Konstantin lernte und gewissenhaft nachkam. Aber es war nicht nur Gehorsam, sondern auch hier war er mit dem Herzen dabei, und wenn die mit bunten Bändern und Kränzen geschmückten Opfertiere, meist Stiere oder Ziegen, begleitet von Flötenmusik zum Altarfeuer geführt wurden, erlebte Konstantin immer eine andächtige Verzückung.

Diokletian allerdings tadelte ihn, wenn Konstantin ihm stolz von seinen ergriffenen Gefühlen bei den Zeremonien erzählte, was der junge Herrschersohn nicht verstand, da der gestrenge Oberkaiser doch der althergebrachten Religion eine so immense Bedeutung beimaß. Im Lauf der Zeit schien der immer mehr verhärtende und verbitternde Augustus nämlich immer fester davon überzeugt, dass die Krise des Reichs hauptsächlich daher rührte, dass immer mehr Reichsbewohner die Opfer der traditionellen Kulte, welche die Sicherheit und den Segen des Imperiums gewährleisteten, vernachlässigten oder gar verweigerten, wie die »gottlosen, treulosen und verräterischen Christen«, gegen die sich sein Zorn mit den Jahren zunehmend richtete.

Konstantin wusste nicht, wann genau er zum ersten Mal etwas von dieser eigenartigen Sekte gehört hatte, die ja gerade im östlichen, von Diokletian direkt beherrschten Reichsteil immer mehr erstarkte und mithilfe eines reichen Gönners sogar eine große Kirche in Sichtweite des kaiserlichen Palasts in Nikomedia gebaut hatte. Vor diesem äußerlich schlichten Tempel der Christen stand ein Pfahl, an dem eine Glocke hing, die manchmal geläutet wurde, woraufhin meist viele Menschen kamen und in langen Reihen in das Gebäude traten, aber er wusste damals nicht, was das alles genau zu bedeuten hatte. Und wenn er auch heute meinte, im tiefsten Innern habe ihn das alles schon immer fasziniert, so war ihm damals doch kein besonderes Interesse daran bewusst gewesen.

Im Palast wurde meist nur in Andeutungen über diese seltsamen Leute geredet, die Diokletian selbst, wenn er sie abfällig erwähnte, als schädliche und törichte Menschen und gottlose Verräter des Imperiums bezeichnete. Auch Konstantin empfand dann Aufwallungen jugendlichen Zorns gegen diese Abtrünnigen, die das ganze Reich und dessen Einheit und Stärke gefährdeten, indem sie sich stur weigerten, den Staatsgöttern ihr Opfer darzubringen.

Als er ein wenig älter wurde und brieflich mit seinem geliebten Vater im fernen kalten Gallien über persönliche, staatstragende und philosophische Themen korrespondierte, merkte er, dass dieser ein wenig anders dachte. Auch wenn sein Vater es nicht direkt schrieb, so meinte er aus dessen Worten herauszulesen, dass dieser die Christen für gar nicht so gefährlich hielt, sondern eher des ehrwürdigen Oberkaisers Opferbesessenheit und Fixierung auf die althergebrachten Schutzgötter des Reichs, über die viele moderne Gebildete nur noch lachten, etwas engstirnig fand.

Was Konstantin über die Christen aus verschiedenen Quellen in Erfahrung brachte, war seltsam genug: Sie verehrten nur *einen* Gott, seltsamerweise den der Juden, glaubten aber, dass dieser Gott als Mensch auf die Erde gekommen war, als ein gewisser Christos oder lateinisch Christus – wobei aus den verschiedenen Gerüchten nicht ganz klar hervorging, ob dieser Christus nun wirklich dieser Gott selbst war oder nur dessen Sohn, ob er ein Vollgott oder ein Halbgott oder vielleicht auch ein Dreiviertelgott war – und dass dieser Gott in Menschengestalt schmählich als verurteilter Verbrecher gekreuzigt wurde, was die ganze Sache noch absurder machte. Und als wäre das noch nicht genug des Irrwitzes, sei dieser gekreuzigte jüdische Gott dann noch von den Toten auferstanden und wieder in den Himmel aufgefahren, wo er seitdem wieder als Gott lebe.

Zudem kursierten noch verschiedene Gerüchte über die Christen: So sollten sie beispielsweise in ihren Versammlungen Menschenblut trinken und Menschenfleisch essen, sie würden es sogar selbst zugeben, trotzdem es ihnen nicht nachgewiesen werden könne, und außerdem kleine Kinder ertränken. Andererseits würden sie die ausgesetzten Kinder anderer bei sich aufnehmen und annehmen wie die ihren, sogar verkrüppelte und schwachsinnige Missgeburten, die doch jeder vernünftige zivilisierte Mensch sofort töten oder in der Wildnis aussetzen würde. Außerdem würden sie ihr Geld zusammenlegen, um jede Woche die Bettler und sonstigen Armen der Stadt in ihre Versammlungsräume einzuladen und ihnen freien Tisch zu bieten.

Das alles schien ihm sehr wunderlich und schwer in einen vernünftigen Zusammenhang zu bringen, und zu dem verstandesmäßigen Problem kam die gefühlsmäßige Mischung aus eingeimpfter Abneigung und verkappter Faszination, die er jedoch für alles Kultische und Mysteriöse hegte. Allerdings dachte er nie lange über diese skurrilen Christen nach, was sich aber eines Tages schlagartig änderte.

Es war bei einem der Kriegszüge, zu denen er als junger Militärtribun den Unterkaiser Galerius nach Armenien begleitete, um die dort andrängenden Perser zurückzuschlagen. Am Tag vor dem erwarteten Zusammentreffen mit der feindlichen Armee ließ Galerius vor dem Lager wie üblich die Offiziere zusammenkommen und Rauchaltäre aufstellen, um den Schutzgöttern Roms zu opfern und sie für die Schlacht geneigt zu machen. Der Caesar selbst opferte zuerst, bestieg dann sein Pferd und überwachte von dort die weitere Prozedur.

Alles verlief ohne Zwischenfälle, bis ein junger Offizier namens Lucius Servius Crispus an der Reihe war, eines der vor dem Altar bereitliegenden, mit gesalzenem Mehl bestreuten Stücke Ziegenfleischs und -innereien in das heilige Feuer zu werfen und dabei eine Gebetsformel zu sprechen.

Konstantin hatte ihn schon öfter gesehen, sogar manchmal ein paar freundliche Worte mit ihm gewechselt. Zu viel mehr kam es bei solchen militärischen Aktionen nicht, zumal der Verkehr mit den anderen Offizieren keiner von gleich zu gleich war, da Konstantin ein Herkulier war, Sohn eines Tetrarchen, also seit der Erhebung seines Vaters von göttlichem Geschlecht.

Lucius Servius Crispus war ursprünglich ein Grieche aus Kleinasien, von guter Herkunft, gebildet, stets höflich und mit scharf, aber fein geschnittenen Zügen. Bisher hatte er zurückhaltend gewirkt, war nie in irgendeiner Weise auffällig geworden, aber als er vor dem Rauchaltar stand, warf er sein Opfer statt in die Flammen zu Boden und rief laut in Richtung des Galerius:

»Mein hochverehrter Caesar, ich gehorche Dir in allem, was du anordnest und ich werde in der Schlacht mein Blut für Deinen Sieg und den Sieg des ruhmreichen römischen Reiches opfern, wenn es sein muss, aber ich kann dieses Götteropfer nicht darbringen!«

Es war plötzlich still, und alle schauten auf. Auch Konstantin, der nur wenige Meter entfernt direkt neben Galerius auf seinem Pferd saß, hielt schockiert und ergriffen den Atem an. Ein Murmeln ging durch die Reihen: »Ein Gottloser!« – »Ein Christ!« – »Ein Opferverweigerer!«

Caesar Galerius, schon damals sehr füllig und mit einem riesigen Schädel und markerschütternder Stimme ausgestattet, schrie mit zornigem Blick: »Wie kannst du es wagen, mich, das Reich und die Götter zu beleidigen! Bringe das Opfer dar!«

Doch Crispus entgegnete, ohne zu zittern: »Mein hochverehrter Caesar, ich kann diesen Göttern nicht opfern!«

Galerius' große kugelige Augen blitzten wütend. »Du kannst nicht? Warum kannst du nicht? Bist du doch Römer wie alle hier! Also opfere unseren Göttern, dass sie uns in der Schlacht gegen die Feinde des Reichs beistehen!«

Crispus senkte den Kopf leicht, sagte aber trotzdem laut und bestimmt: »Ich bin Christ, ich kann diesen Göttern nicht opfern.«

Galerius wurde immer ungehaltener. Er ritt direkt an Crispus heran und brüllte ihn von oben herab laut an: »Christ? Ist diese Pest selbst in die Offiziersränge meiner Armee vorgedrungen? Sei kein törichter Trottel, bring jetzt dein Opfer dar! In der Armee glauben die Soldaten an tausende verschiedene Götter, und doch opfern sie alle auch den Schutzgöttern zur Schlacht! Nur ihr verfluchten Christen verweigert es! Es gibt keinen Grund dafür, wie du an den anderen siehst! Du musst deinem absurden schmählich gekreuzigten Gott nicht abschwören, keiner verlangt das, du musst nur den Schutzgöttern des Reichs dein Opfer bringen, mehr wird nicht verlangt! Also tu es! Und zwar sofort!«

Der so Angeschriene sagte in unverändertem Ton und mit unveränderter Haltung, fest, nur den Kopf leicht gesenkt: »Nein, ich kann es nicht.«

»Dann wirst du sterben, du Unglücklicher!«

Jetzt sah man Crispus den Schock an, sein Gesicht wurde weißlich, doch trotzdem sagte er, ohne zu stottern: »Dann werde ich sterben. Aber bisher wurde mir immer gestattet, das Opfer zu verweigern, denn Juden und Christen ist es verboten.«

Galerius lachte höhnisch. Dann rief er ebenso höhnisch aus: »Juden gab es schon immer, und sie sind ein anerkanntes altes Volk mit besonderen Regeln und Rechten, aber ihr Christen, ihr seid eine neue Mode und dazu eine Seuche, die sich im ganzen Reich verbreitet und seitdem ist die öffentliche Ordnung mehr und mehr gefährdet. Wir werden das nicht länger dulden, ich nicht und der ehrwürdige Augustus auch nicht. Wir werden diese Pest mit Stumpf und Stiel ausrotten! Also ein letztes Mal: Opferst du oder willst du sterben?«

»Ich will nicht sterben, aber ich kann nicht opfern. Herr Jesus Christus, steh mir bei!« Dabei machte er mit den Fingern seiner rechten Hand ein Zeichen auf seiner Stirn.

»Der kann dir nicht beistehen, das ist ein Jude, der vor fast 300 Jahren ans Kreuz genagelt wurde!«, lachte Galerius erneut höhnisch. Dann nickte er ein paar Männern seiner Leibgarde zu, die sich sofort in Bewegung setzten, den Opferverweigerer packten, der währenddessen griechische Verse aufzusagen begann, von denen Konstantin nur wenige Worte hier und da verstand: »Dein Wille geschehe …«, ihm die körperschützende Rüstung vom Leib rissen, »… wie auch wir vergeben unseren Schuldigern …«, ihn zu dritt festhielten, während ein vierter sein Schwert zog, »… sondern erlöse uns von dem Bösen …«, und es ihm unterhalb der Rippen in die Brust stach, so dass es hinten wieder herauskam. Crispus sagte noch: »Amen!«, dann ging er auf die Knie, fiel kopfüber ins Gras und röchelte in seinem Blut.

Konstantin war tief beeindruckt, auch wenn er dieses Verhalten natürlich für Wahnsinn hielt – aber ein Wahnsinn so ganz ohne hysterisches Gebaren, dafür mit solch einer Haltung, Würde und Todesverachtung, das gab ihm dann doch zu denken. Später sollte er sogar seinem eigenen ersten Sohn den Beinamen Crispus geben.

Etwa zu dieser Zeit drang auch das Gerücht zu ihm, dass der hochangesehene Rhetoriklehrer in kaiserlichen Diensten, Lucius Caecilius Firmianus, der auch Laktanz genannt wurde, weil seine Rede wie Milch floss, ebenfalls Christ geworden war.

Konstantin selbst hatte schon viele Unterrichtsstunden von ihm erhalten, in denen ihn dessen ungemein scharfer Verstand und seine umfassende Bildung tief beeindruckt hatten, und er fragte sich, wie ein Mann mit so einer enormen Kenntnis der gesamten klassischen Literatur und Philosophie, ein Mann, der aufgrund seiner herausragenden intellektuellen Fähigkeiten von Diokletian aus der fernen Provinz Africa hier an den Hof in Nicomedia berufen worden und dazu quer über das ganze Mittelmeer geschifft worden war, einer Lehre anhängen konnte, von der er so viel Seltsames und Widersinniges gehört hatte.

Da er als sein Schüler ihn auch schon wegen anderer Fragen aufgesucht hatte und sich der Magister als überaus sympathisch und auskunftsbereit erwiesen hatte, beschloss er, ihm auch in dieser Sache einen Besuch abzustatten, um mehr zu erfahren.

»Herein!«, ertönte die sanfte und doch kräftige Stimme aus dem Studierzimmer seines Lehrers, nachdem Konstantin geklopft hatte.

Er trat ein und sah den Magister am Schreibpult sitzen, außer der Öllampe noch eine kleine brennende Kerze vor sich, die ein Bild anstrahlte, auf dem ein sanftmütig schauender Mann mit Bart und einem Kreis um den Kopf dargestellt war, links und rechts geschmückt mit den Buchstaben Alpha und Omega.

»Ah, Flavius Valerius Constantinus ist es, der gelehrige und höchst ehrgeizige Sohn des Herculiers und Caesars Constantius, der Schutzbefohlene unseres großen Imperators und Augustus Diokletian! Was verschafft mir diesmal die Ehre? Ein grammatikalisches oder ein poetisches Problem?«

»Ein philosophisches«, erwiderte Konstantin, während er eintrat und die Tür hinter sich schloss.

»Ein philosophisches, ah, das ist ja interessant«, sagte Laktanz schmunzelnd. »Na, dann nimm Platz, geehrter und hochgeschätzter Konstantin!«

Zwei Schritte vom Studierplatz entfernt stand ein Stuhl für Gäste bereit, auf den sich Konstantin nach einer kurzen Verbeugung setzte.

»So, ein philosophisches Problem … Ich liebe philosophische Probleme, und die Philosophie wimmelt nur so von Problemen, und am Ende scheitert jede philosophische Schule auch an ihren selbstgeschaffenen Problemen, wenn ich das so sagen darf, mein lieber Konstantin. Um welches philosophische Problem handelt es sich denn?«

»Um das Christentum.«

Nach einem kurzen Aufhuschen der Verwunderung verfinsterte sich die Miene seines Lehrers für ein paar Augenblicke. Konstantin meinte im Gesicht des meist heiteren, oft ironisch lächelnden mittelalten Mannes mit schon zum großen Teil grauen Haaren und einem vom vielen Denken und vielleicht auch Schicksalsschlägen gezeichneten Zügen, die aber beim Lächeln durch viele kleine Fältchen um Augen und Mund regelrecht aufblühten, kurz etwas wie ein Aufflackern von Angst zu sehen.

Doch nach ein paar Momenten hatte er sich wohl gefangen und begann wieder zu lächeln, wenn auch etwas weniger überzeugend: »Das ist aber eine sehr spezielle Philosophie, eigentlich auch viel mehr als nur eine Philosophie … Wie kommt der Herculiersohn Flavius Valerius Constantinus denn dazu, sich für eine solche Lehre zu interessieren?«

»Ich habe schon vor einiger Zeit gehört, dass du dieser anhängst, verehrter Magister. Ich glaube, fast jeder im Palast und Umfeld des Kaisers weiß es. Ist es nicht so?«

»Ja, so ist es«, antwortete Laktanz nach einigen Momenten nachdenklicher Pause.

»Und genau das beschäftigt mich. Weißt du, ich habe die seltsamsten, sich teilweise widersprechenden Gerüchte über diese Lehre und ihre Anhänger gehört, und ich dachte mir: Wen kann ich um Auskunft fragen, was es mit dieser Sache auf sich hat, wenn nicht meinen verehrten Lehrer Lucius Cäcilius Firmianus, zumal dieser auch noch selbst dieser Lehre anhängt, also keine falschen Gerüchte, sondern die Wahrheit über sie kennt?«

»So … Ja, das ist kein abwegiger Gedanke …«

»Und vor nicht allzu langer Zeit musste ich in Armenien selbst mitansehen, wie ein tapferer Offizier, weil er sich als Christ weigerte, den Schutzgöttern zu opfern, von den Garden des Galerius hingerichtet wurde, und dabei so … standhaft und fest geblieben war, dass ich trotz aller Wut über den Verrat so kurz vor der Schlacht einen seltsamen Respekt vor ihm empfand.«

Der Magister schaute kurz noch ernster, fast finster, hob seine rechte Hand an die Stirn und machte dort mit dem Daumen ein seltsames Zeichen, wohl dasselbe, das der christliche Offizier damals vor seiner Hinrichtung gemacht hatte, und das Konstantin jetzt als Kreuzzeichen erkannte. Dabei murmelte er ganz leise etwas, von dem Konstantin nur die Worte »Märtyrer unseres Herrn« verstehen konnte.

Dann lächelte er aber sogleich wieder und fragte höflich: »Das sind natürlich Erlebnisse, die selbst einen tapferen jungen Krieger nicht unberührt lassen, das kann ich verstehen. Aber was ist dein philosophisches Problem, mein werter Freund?«

Konstantin atmete kurz durch, warum wusste er auch nicht; der Magister war zwar mindestens dreißig Jahre älter und ein angesehener Gelehrter, aber an Rang ihm dermaßen unterlegen, dass er von ihm selbst bei der frechsten Frage oder dem dreistesten Vorwurf nichts zu befürchten hatte. Laktanz musste eher Angst vor *ihm* haben. Trotzdem atmete er kurz durch, bevor er sagte: »Ich habe die groteskesten Absurditäten über diese Lehre gehört. Dass es eine Lehre ist, die vor allem Sklaven annehmen, da sie nach ihr genauso viel wert sind wie ihre Herren, eine Lehre, der alte sentimentale Weiber anhängen, die Mann und Kinder im Krieg verloren haben und billigen Trost suchen ...«

»Du hörst ja eigenartige Dinge ...«, warf Laktanz lachend ein.

Konstantin fuhr ungerührt fort: »Ich habe gehört, dass die Christen einen Gott als einzigen Gott verehren, und dieser Gott eigentlich der seltsame Gott der eigenbrötlerischen Juden sei, allerdings sei er ein Mensch geworden, als Verbrecher am Kreuz schmählich hingerichtet worden und dann wieder in den Götterhimmel aufgefahren, nicht ohne vorher noch als von den Toten erweckter Scheintoter oder Scheinlebendiger mit seinen Jüngern Brot und gegrillten Fisch gegessen zu haben. Selbst die seltsamen Juden sollen das absurd und lächerlich finden. Wie die Juden aber leugnen die Christen die Existenz der Götter, ja sind noch viel rigoroser in ihrer Gottlosigkeit, da sie die Götter nicht nur für ihr Volk, das ja kein wirkliches Volk ist, sondern für den ganzen Erdkreis leugnen. Außerdem würden die Christen bei ihren Zusammenkünften Menschenfleisch essen und Menschenblut trinken, einer meinte sogar, es sei das Fleisch und das Blut eben jenes vor fast dreihundert Jahren gekreuzigten Gottes Christus, das sie immer und immer wieder essen und trinken würden, und zwar überall auf dem Erdkreis.«

Laktanz lachte laut auf.

»Selig sind, die da arm sind im Geiste!«

Sein Schüler schaute kurz irritiert ob des ihm unverständlichen Einwurfs und fuhr dann bestimmt fort: »Ein anderer meinte, sie würden bei ihren Zusammenkünften oft kleine Kinder ertränken, andererseits würden sie die von anderen ausgesetzten Kinder als ihre eigenen annehmen, weil ihnen alles menschliche Leben heilig sei, sogar das von Schwachsinnigen. All das erscheint mir mit Verlaub mehr als absurd, und ich frage mich, wie ein in allen Künsten und Wissenschaften und vornehmlich in Rhetorik, Poesie und Philosophie so hochgebildeter Mann wie du einer solch seltsamen philosophischen Lehre anhängen kann, oder wie ein kluger und tapferer Offizier einer solchen Lehre anhängen und sogar freiwillig für sie sterben kann, und welchen Nutzen eine solche Lehre haben soll für das gute Leben, das doch das Ziel aller Philosophie ist, oder für die Stabilität und die Sicherheit des Reichs, was doch die Bestimmung aller Religion ist.«

»Soso, nach dem Nutzen für die Stabilität und Sicherheit des Reichs fragt der angehende Herrscher«, antwortete Laktanz nach einem kurzen Moment der Stille mit leichtem Schmunzeln.

Konstantin wurde rot. Er wusste, dass es alles andere als ausgemacht war, dass er ein Herrscher, gar der Nachfolger seines Vaters werden sollte. Diokletian hatte bei dem von ihm begründeten Regierungssystem die Erbfolge eigentlich nicht vorgesehen. Aber es gab in ihm keinen größeren Wunsch, als Caesar, ja Augustus zu werden, und er meinte sogar zu wissen, dass er dazu bestimmt war, und so fühlte er sich jetzt ein wenig ertappt.

»Allein die Götter wissen, ob ich herrschen soll, aber vor allem frage ich mich, wie du einer solch bizarren Lehre anhängen kannst, und was sich wirklich hinter ihr verbirgt.«

»Die Wahrheit!«, antwortete der Magister trocken und fast tonlos.

»Die Wahrheit? Verehrter Magister, ich habe in deinem eigenen Unterricht viele Definitionen der Wahrheit kennengelernt, aber nicht ein einziges Mal, dass sich die Wahrheit hinter einem gekreuzigten menschgewordenen jüdischen Gott verbirgt.«

»Sie verbirgt sich nicht hinter ihm, er *ist* die Wahrheit! Er ist die fleischgewordene, offenbarte ewige Wahrheit!«, sagte Laktanz mit einem eindringlichen Blick, der keinerlei Zweifel daran ließ, dass es ihm völlig ernst war damit.

»Das ist mir, mit Verlaub, noch unverständlicher. Ich dachte immer, die Wahrheit sei eine abstrakte Idee, die wir an sich nicht sehen können, aber keinesfalls ein fleischgewordener Körper.«

»Das ist ja das Mysterium«, murmelte der Magister, starrte seltsam vor sich hin und begann plötzlich wieder zu lächeln.

»Also ein Mysterium. Das heißt, es ist tatsächlich eine Geheimlehre für Eingeweihte, und du darfst mir darüber nichts erzählen?«

»Nein, kein Mysterium im Sinne Platons und der griechischen Kulte. Ein Mysterium für unseren Verstand. Ich darf dir alles erklären, was du willst, nur wirst du ohne die erleuchtende Gnade des Heiligen Geistes wahrscheinlich kaum etwas davon verstehen.«

»Ich habe dich bisher noch nie so rätselhaft sprechen gehört, verehrter Magister. Welcher Heilige Geist soll das sein? Hast du mich nicht selbst gelehrt, dass eine gute Lehre einem fähigen Verstand durch ihre logische Kraft und Fassbarkeit einleuchten soll? Warum verhält es sich hier anders?«

Nun wechselte der Magister plötzlich wieder in den Modus der gepflegten ironischen Konversation. Er beugte sich vor und fragte: »Warum opferst du den Göttern?«

»Weil sie unser Opfer verlangen und unser Reich beschützen, und weil es unsere Vorväter und Väter ebenso taten. Das ist Religion, darüber muss man nicht viel nachdenken und Zweifel daran haben keinen Nutzen, sondern schaden nur dem Staat und dem Zusammenhalt und der Disziplin seiner Bürger.«

»Nun, und wenn das Reich Schlachten verliert und Krisen erlebt, wie so oft in den letzten hundert Jahren, obwohl den Göttern geopfert wurde – was bedeutet das für die Macht der Götter?«, fragte der Magister mit herausforderndem Grinsen.

»Wie der göttliche Kaiser selbst sagt, erlebte das Reich diese Rückschläge, weil die Opfer oft nicht standesgemäß durchgeführt wurden, und weil sich verderbliche gottlose Sekten und Kulte aus dem Osten im Reich ausbreiteten wie der persische Mani-Kult, gegen den der Kaiser mittlerweile härter vorgeht, oder eben das Christentum.«

»Nun … liegt es vielleicht nicht auch daran, dass die Macht dieser Götter dem Verstand eben nicht durch logische Kraft einleuchtet, und daher weite Teile des Volks, auch der gebildeten Teile des Volks, nach einer einleuchtenderen, kraftvolleren Wahrheit suchen?«

Konstantin war wieder leicht irritiert von der ungewohnten Fragestellung des Magisters und reagierte ein wenig trotzig: »Aber die einfache Religion braucht doch nicht diese logisch einleuchtende Kraft, das braucht nur die Philosophie! Die Religion hat ihre Kraft aus der Tradition und aus der Handlung, nicht aus philosophischer Spekulation, deshalb heißt es ja auch Religion! Ich weiß gar nicht, warum man Religion und Philosophie derart vermischen muss, wie es die Christen nach allem, was mir zu Ohren gekommen ist, tun.«

»Weil es nur *eine* Wahrheit gibt!«, wurde Laktanz plötzlich wieder ernst.

»Aber in der Religion geht es doch nicht um Wahrheit. Das Streben nach Wahrheit und Weisheit ist der Sinn der Philosophie.«

»Gott ist die Wahrheit«, entgegnete Laktanz trocken.

»Welcher Gott?«, fragte Konstantin nun seinerseits heiter-ironisch.

»Es gibt nur einen Gott.«

»Es gibt offensichtlich unzählige Götter! Manche Völker haben unglaublich viele Götter, manche wie die Juden nur einen, aber auf dem Erdkreis gibt es unzählige Götter. Du kannst doch nicht allen Ernstes behaupten, dass es die großen und alten Götter Griechenlands und Roms, dass es Jupiter und Mars, Hercules und Victoria, die das römische Reich seit so vielen Jahrhunderten beschützen, nicht gibt. Das ist Atheismus, völlige Gottlosigkeit!«, brachte Konstantin mit jugendlich-energischer Entrüstung vor.

»Oh ja!«, rief der Magister spöttisch aus. »Es ist völlige Gottlosigkeit und ohne jede Pietät, wenn man diese herrlichen römischen Götter nicht verehrt: Faula zum Beispiel, die Hure des Hercules, oder Cloacina, von der Tatius ein Bild in der großen Kloake Roms fand, es zur Göttin weihte, und sie daraufhin eben Cloacina, die Göttin der Kloake, nannte. Aber immerhin, auch der Verstand, Mens, wird göttlich verehrt …« Er lachte laut und setzte heiter hinzu: »Ja, hätten sie Verstand gehabt, so wäre ihnen wohl niemals seine Verehrung in den Sinn gekommen!«

Konstantin war von des Magisters Spott über die Götter verwundert. Etwas hilflos stammelte er: »Aber … es ist doch … durchaus nützlich, den Verstand zu verehren!«

»Oh ja …«, gab Laktanz mit weit geöffneten Augen zurück. »Unbedingt! Und auch die Hoffnung, die Treue, die Eintracht, den Frieden, die Züchtigkeit, die Frömmigkeit und so weiter und so weiter. Das sind alles schöne Tugenden, ja, aber sie sitzen im Herzen der Menschen! Dort sollten sie Wahrheit und Wirklichkeit haben, aber nicht zwischen Tempelwände aufgestellt werden als falsche Götzen! Doch, ich gebe zu, mit der Verehrung *dieser* Gottheiten könnte ich mich noch leichter anfreunden als mit der Verehrung des Rubigo und der Febris, des Mehltaus und des Fiebers! Und was soll denn Fornax, die Göttin des Backofens, mit ihren lächerlichen Backofenfesten? Und uns Christen wirft man vor, absurden Lehren anzuhängen?«

»Es gibt nun mal seltsame Götter …«

»Es sind keine Götter und es waren nie wirkliche Götter, sondern bloße Menschen, deren Andenken man nach dem Tode vergöttlicht hat. Und die Dämonen, unreine und unlautere Geister, haben die Menschen zu diesen Götzendiensten verführt, um den Menschen die

Hoffnung auf das wahre Licht zu rauben und sie nicht zur himmlischen Belohnung und Unsterblichkeit gelangen zu lassen.«

Der Magister war nun in Wallung geraten, stand auf und begann, vor Konstantin auf und ab zu gehen, wie er es auch manchmal im Unterricht tat, wenn er voller Begeisterung über Belange der Rhetorik oder über Poesie sprach, und fuhr mit Schwung fort: »Nur der Mensch ist fähig, nach oben zu blicken, zum wahren und lebendigen Gott! Wer aber vor irdischen und niedrigen Gebilden sich beugt, der zieht seiner eigenen Würde das Geringere vor. Denn der Mensch ist das Werk Gottes, das Götterbild aber ist das Werk des Menschen – man darf also nicht dem menschlichen Werk den Vorzug vor dem göttlichen Werk geben! Auch die großen hellenischen Philosophen, Platon und Aristoteles, kamen zum Ergebnis, dass es im Grunde nur *eine* höchste Macht, nur *einen* Gott oder *einen* Geist, *eine* Schöpferkraft im Kosmos geben kann, auch wenn sie mit Rücksicht auf damalige Sitte und Tradition die Verehrung mehrerer Götter gebilligt haben. Bei fast allen Philosophen mit Ausnahme der Schule Epikurs herrscht Einigkeit, dass es eine Vorsehung gibt, und dass sie auf *eine* Schöpfungskraft zurückgeht, weil die Welt ohne diese eine Schöpfermacht nicht hätte entstehen und ohne deren Leitung nicht fortbestehen könnte. Wer aber dieser Gott ist, das konnten sie uns nicht sagen, die Philosophen, denn das ist ja Religion. Doch Philosophie und Religion gehören zusammen, denn wo Religion und Weisheit miteinander verbunden sind, da muss die Wahrheit sein, die man auch als weise Religion oder religiöse Weisheit bezeichnen könnte, und wenn wir wissen, dass es einen Schöpfer des Universums, einen unbewegten Beweger, gibt, dann hängt alles davon ab, wer er ist, wie er ist, und was er von uns fordert. Alle Philosophen sind am Ende den Verirrungen ihres eigenen Verstandes zum Opfer gefallen, weil sie Gott nicht kannten, der allein Wahrheit, Vernunft und Sinn ist, der ewige *Logos*. Aber wenn viele Götter sind, so kann nicht in jedem das Ganze sein. Keiner von ihnen kann also allmächtig genannt werden, was doch der wahre Beiname Gottes ist.«

»Und ein als Verbrecher am Kreuz hingerichteter Jude ist also allmächtig? Wie kann das sein?«, unterbrach Konstantin den ergiebig strömenden Redefluss des Magisters.

»Das war ein Zeichen und Plan Gottes. Gott selbst starb nicht am Kreuz. Es war nur das Fleisch, das der ewige Logos angenommen hat, um uns seine Herrlichkeit zu zeigen.«

»Verehrter Magister, diese rätselhafte Rede verstehe ich wieder nicht.«

Der Magister blieb in seinem Auf-und-Abgehen stehen, trat einen Schritt auf Konstantin zu, blickte ihn eindringlich an und sagte mit lautem Flüstern: »Das musst du auch nicht ... noch nicht ... Ich verstehe es auch oft nicht, aber ich glaube und weiß, dass es die Wahrheit ist. Ich habe ... es erfahren. Unser Verstand ist zu schwach, das göttliche Mysterium zu verstehen ohne den besonderen Beistand des Heiligen Geistes, und kein Mensch hat diesen Beistand immer. Das musst du jetzt nicht verstehen, verehrter Flavius Valerius Constantinus, aber was du verstehen musst, ist das: Das römische Reich ist ausersehen, eine große Rolle im Plan Gottes zu spielen. Die Zeichen sind eindeutig: Christus«, er machte wieder das Kreuzzeichen an seiner Stirn, »der ewige Logos, nahm Fleisch an in der Regierungszeit des ersten römischen Kaisers, des großen Augustus, Christus bestimmte Petrus zu seinem Nachfolger auf Erden, der im Alter nach Rom ging und in Rom Bischof wurde, außerdem beauftragte er Paulus, seine Lehre zu entwickeln und den Nationen zu lehren. Beide erlitten in Rom das Martyrium. Das römische Reich herrscht seitdem trotz vieler Krisen und Gräuel ungebrochen über den zivilisierten Erdkreis. Und trotz mannigfaltiger Verfolgungen durch viele römische Kaiser wächst die Gemeinde der Christen stetig, trotz Verfolgung und Unterdrückung wachsen die Institutionen der heiligen katholischen Kirche stetig, die Armenfürsorge in vielen Städten des Reichs wird nur von ihr gewährleistet.

Wenn Kaiser Gallienus seine Verfügungen in Reskripten an die christlichen Bischöfe mitteilte, die sein Vater noch blutig verfolgen ließ, wenn Kaiser Aurelian in Syrien in eine Bischofswahl eingriff, um einen Bischof zu erhalten, der in Verbindung mit dem Bischof von Rom steht, des Stuhles Petri und der Hauptkirche, von der die priesterliche Einheit ausgegangen ist, dann zeigt das doch, wie wichtig die christliche Kirche schon für Rom ist. Und das, obwohl das Christentum grundsätzlich immer noch als unerlaubte Religion gilt! Es zeigt doch, dass das Reich ohne das Christentum nicht mehr denkbar ist, und dass es unmöglich ist, das aufzuhalten. Auch dein Adoptivvater Diokletian wird es nicht können, was er auch tun wird in seinem verblendeten Zorn. Ich habe mir in der Geschichte angeschaut, wie die Verfolger der wahren Religion geendet sind, sie sind alle jämmerlich und qualvoll zugrunde gegangen. Es ist der Wille Gottes, dass das römische Kaiserreich ein christliches Kaiserreich wird. Schon bald wird Gott einen Mann auserwählen, der diese heilsgeschichtliche Mission erfüllen will und die Kraft dazu hat. Gott wird ihn leiten und ihm Sieg auf Sieg schenken und ihn zum größten Kaiser aller Zeiten machen.«

Er hatte sich bei den letzten Sätzen vorgebeugt und den jungen Herrschersohn mit großen erregten Augen angeschaut. Jetzt richtete er sich wieder auf, drehte sich um, ging an seinen Platz zurück und setzte sich wieder auf seinen Stuhl.

Konstantin war es warm geworden. Er fühlte, dass *er* gemeint war. Und genau das war ja schon seit frühester Jugend sein brennendes Verlangen: Kaiser zu werden, und zwar der größte Kaiser aller Zeiten. Kein bauernschlauer Pragmatiker mit konservativen Idealen wie Diokletian, kein irrer Selbstdarsteller wie Commodus. Nein, er wollte der größte, prächtigste, großherzigste Kaiser aller Zeiten sein, einer, der seinem Volk Wohltaten zukommen ließ und von seinem Volk geliebt wurde. Einer, der prächtige Tempel und herrliche Theater bauen ließ und das Reich einte und dessen Feinde demütigte. Das war sein brennender Wunsch. Doch Christ werden? Ein christlicher Kaiser? Ein Kaiser, der einer staatsfeindlichen Religion anhängt? Das schien ihm absurd.

»Ich bin überrascht, verehrter Magister. Sehr überrascht von dem, was ich soeben von dir gehört habe«, sagte er nur kühl. Er hielt es für ratsam, nichts von seinen Emotionen nach außen dringen zu lassen.

Wieder huschte kurz, ganz kurz dieses Aufflackern von Angst über das Gesicht des Magisters. Dann lächelte er wieder, sagte aber nichts.

»Aber keine Angst, ich werde niemandem etwas erzählen von dem, was ich soeben gehört habe. Und ich gehe davon aus, dass du auch niemandem von meinem nächtlichen Besuch erzählen wirst.«

»Selbstverständlich.«

»Ich werde mich für heute verabschieden«, sagte Konstantin und stand auf. »Auch wenn mein philosophisches Problem nicht gelöst ist, im Gegenteil, es ist noch größer geworden, befürchte ich.«

»Wenn du weitere Fragen hast, kannst du mich jederzeit aufsuchen«, gab der Magister freundlich zurück, schaute ihm tief in die Augen und gab ihm die Hand zum Abschied.

II.

Der Exorzismus

Nachdem er den goldbestickten und mit Perlen verzierten Purpurmantel und seine eiserne Krone, in die ein Nagel vom Kreuz Christi eingearbeitet war, zitternd einem Diener übergeben hatte, stand er nur noch in einer einfachen kurzen Tunika vor Bischof Eusebius von Nikomedia, der ihn mit seinen schwarzen syrischen Augen ehrfurchtsgebietend ansah und sprach: »Nun strecke deine Hand nach Westen aus und sprich mir nach: Ich sage mich los von dir, Satan!«

Konstantin streckte den Arm in die besagte Richtung, erhob die Hand in abweisender Gebärde und, so schwach er auch war, so sprach er doch laut und bestimmt, wie er als Kaiser vor anderen zu sprechen gewohnt war, ja, er schrie fast: »Ich sage mich los von dir, Satan!«

Der Bischof fuhr fort: »Und von allen deinen Werken!«

Konstantin fühlte, als er das hörte, einen Schmerz, ein Zucken der Reue. In einem winzigen Bruchteil eines Augenblicks zogen unzählige auf seinen Befehl hin abgeschlagene Köpfe, Scharen vor seinen Augen hingemetzelter feindlicher Soldaten und die Leichen seines Sohnes Crispus und seiner Frau Fausta wie ein Stich durch seine altersschwache Brust. Doch gleich darauf befreite er sich, indem er hinausschrie: »Und von allen deinen Werken!«

Er hatte in seinem kurzen Katechumenat der letzten Tage vom Bischof persönlich gelernt, dass *alles,* was in irgendeiner Form Sünde ist, zu den Werken Satans zählt, also auch jeder Mord, jede Bluttat, jede Lüge, die er auf seinem Weg zur Macht und an der Macht begehen *musste*. Er verstand nicht ganz, warum auch die Taten, die notwendig gewesen waren auf seiner göttlichen Mission, Werke Satans sein sollten. Aber musste er alles verstehen? Er musste nur glauben.

Er lächelte kurz, erleichtert davon, sich soeben vom Satan und allen seinen Werken losgesagt zu haben. Nach seiner Taufe würde er nicht mehr sündigen, nicht mehr mit einem Gedanken. Er würde ohnehin spätestens in ein bis zwei Tagen sterben, dessen war er sich sicher.

Der Bischof fuhr fort, mit gleichbleibender Strenge in der Stimme: »Und von all deinem Pomp!«

Konstantin wiederholte, diesmal etwas ruhiger, aber immer noch entschlossen und laut: »Und von all deinem Pomp!«

Auch Pomp brauchte er nicht mehr, keine Festbankette, keine Gelage, keine Pferderennen mehr, all das lag hinter ihm, vor ihm lag nur noch das ewige Leben. Er hatte all diesen Pomp ohnehin nie besonders geliebt; ihm war es immer nur um die Macht gegangen, um den Ruhm und um die Ewigkeit. Und auch jetzt suchte er die höchste, die göttliche Macht auf, die ihm unsterblichen Ruhm geschenkt hatte und bat um das Geschenk der Ewigkeit.

»Und von deinem Dienst!«, rief der Bischof abschließend.

Konstantin wiederholte mit einem leichten Seufzen: »Und von deinem Dienst!«, und senkte den Arm langsam wieder.

Und unwillkürlich dachte er daran, dass er tatsächlich einmal im Dienst des Satans gestanden hatte, eines Feindes und Verfolgers der Kirche. Auch wenn der eigentliche Satan wohl gar nicht Diokletian, der strenge, harte, abgehärmte Oberkaiser, sondern sein Unterkaiser für den europäischen Osten des Reiches, der fette, umtriebige, hochcholerische Galerius gewesen war.

Dieser war nämlich zu Beginn des Winters der Jahre 302 und 303 nach Nikomedia in den Palast des Diokletian gekommen und den ganzen Winter über geblieben, sich fast täglich mit dem Oberkaiser über wichtige Staatsangelegenheiten beratend, in Gesprächen in dessen Arbeitszimmer, zu denen niemand anderes zugelassen war. Konstantin sah nur ständig den martialisch einherschreitenden Galerius mit seinem Gefolge durch den Palast marschieren, mit seinem massigen Körper, seinem unglaublich dicken Hals und seinen weit aufgerissenen Kuhaugen, in denen es aber ständig umtriebig und aggressiv funkelte.

Auf den Feldzügen, auf denen er ihn begleitet hatte, war Konstantin immer von dessen Tatkraft und Konsequenz fasziniert. Er lernte viel von Galerius, alle Kniffe des klassischen Kriegshandwerks, Truppenführung und Strategie.

Besonders beeindruckt hatte ihn der Feldzug gegen die nach Armenien eingedrungenen Perser unter ihrem Großkönig Narses, den er als Jüngling begleiten durfte. Galerius, der ein knappes Jahr zuvor eine empfindliche Niederlage erlitten hatte beim Versuch, die Truppen der feindlichen Großmacht wieder zu vertreiben, kehrte nun mit einem mit gotischen Hilfstruppen verstärkten Heer zurück und war wild entschlossen, die Perser nicht nur aus den zuvor römischen Gebieten zu vertreiben, sondern sie regelrecht zu vernichten und damit die römische Weltherrschaft vollkommen zu machen. Seine enthusiastische Besessenheit riss alle mit, auch den jungen Konstantin, den das Wort »Weltherrschaft« wie viele andere junge Männer regelrecht elektrisierte.

Als die römischen Truppen in der Nähe des persischen Lagers bei Satala angekommen waren, kleidete sich Galerius selbst mit einigen Begleitern in armenische Bauertrachten und spionierte die Umgebung und das Lager genau aus. Konstantin wusste noch, wie beeindruckt er war, als er den Caesar und seine Begleiter bei Fackelschein nachts unbeschadet zurückkommen sah. Wie mutig, so entschlossen zu sein, dass man als Herrscher selbst die größte Gefahr nicht scheut und vorangeht, nicht nur andere an die vorderste Front oder in Gefahr schickt. So reißt man seine Untergebenen mit! Das leuchtete ihm schon damals ein.

In der Morgendämmerung dann überrannten sie das Lager der ahnungslosen Perser, die panisch die Flucht ergriffen. Der Großkönig selbst konnte sich zwar mit Glück retten, musste jedoch seine gesamte Familie, seinen Harem und einen beträchtlichen Teil des Staatsschatzes zurücklassen. Niemals war ein persischer Großkönig dermaßen gedemütigt worden. Doch Galerius hatte nicht genug. Wütend über das Entrinnen des Narses sammelte Galerius eilig seine Reiterei, inklusive des begeisterten jungen Konstantin, und verfolgte den flüchtenden Perserkönig bis zu dessen Hauptstadt. Als dieser sich dort verschanzte, sammelte Galerius erneut seine Truppen, um mit ihnen die sassanidische Metropole Ktesiphon, die Hauptstadt des persischen Weltreichs, zu belagern.

Doch der mittlerweile aufgetauchte Oberkaiser Diokletian befahl seinen fanatischen Unterkaiser zurück. Das Ziel des Feldzugs und Galerius' Auftrag sei die Rückeroberung der armenischen Gebiete gewesen. Man solle sich auf das Erreichte beschränken und Fortuna nicht herausfordern, so wie es über 50 Jahre zuvor Kaiser Gordian III. getan hätte, der nach anfänglichen Siegen tief ins Perserreich vorgedrungen und dort den Tod gefunden hatte.

Galerius wütete die ganze Nacht im Lager und diskutierte laut und heftig mit Diokletian, doch musste sich schließlich fügen. Galerius war wie ein wildes Tier, wenn er eine Beute vor seinen großen Augen hatte, aber er war ein großartiger und erfolgreicher Feldherr und daher beim viel kühleren und beherrschteren Diokletian trotz der Unterschiede des Temperaments hoch angesehen.

Konstantin war nun neugierig, was in diesem Winter zwischen den beiden Kaisern vor sich ging, ob es sich um einen neuen großen Feldzug gegen die Perser oder umfassende Reformen der Gesetzgebung oder etwas ganz anderes handelte, und fragte Diokletian einmal selbst unter vier Augen: »Verehrter Augustus, ich frage mich, was Ihr mit dem hochwürdigen Caesar nun schon seit so vielen Wochen besprecht. Handelt es sich um einen neuen großen Feldzug gegen die Perser?«

»Nein«, antwortete Diokletian kurz und schroff und schaute mit unbewegter Miene an ihm vorbei.

»Es scheinen ja wichtige Angelegenheiten zu sein, wenn die beiden Kaiser sich so lange darüber beraten.«

»Ja, es sind hochwichtige Angelegenheiten für das Überleben des Reichs.«

»Für das Überleben?«

»Ja, jetzt wo die heilige Tetrarchie stabilisiert ist und die Grenzen des Reichs gesichert sind, müssen wichtige, prinzipielle Entscheidungen für die Zukunft getroffen werden, Maßnahmen, die lange überfällig sind, müssen umgesetzt werden, damit die Zukunft des Imperiums auch über die nächsten Jahre und Jahrzehnte hinaus gewährleistet ist und einen glücklichen, von den Göttern beschützten Weg nehmen kann.«

Das war für Diokletians Verhältnisse eine recht ausführliche Antwort, ja, grenzte für ihn fast schon an

Geschwätzigkeit, und mehr war dann auch nicht mehr aus ihm herauszulocken.

Konstantin hatte allerdings schon eine dunkle Ahnung, die sich auch bestätigte, als er gegen Ende des Winters, nicht lange vor seinem Geburtstag, sah, um welche Maßnahmen es sich handelte und gegen wen diese gerichtet waren.

Der alte Oberkaiser berief nämlich nun angesehene Juristen und Militärs einzeln nach ihrer Rangordnung zu sich und befragte sie hinter verschlossenen Türen zu den Plänen, die er mit Galerius ausgearbeitet hatte, und schließlich schickte er offiziell einen Opferbeschauer zum Apollo nach Millet, um den Rat der Götter einzuholen. Da war es aber schon längst ein offenes Geheimnis im Palast, dass die beiden Kaiser ein schärferes Vorgehen gegen die Christen planten, das die bisherigen reichsweiten Christenverfolgungen vor etwa einem halben Jahrhundert unter Decius und Valerian in den Schatten stellen und diese Sekte völlig ausrotten sollte.

Berater des Oberkaisers zeigten sich hinter vorgehaltener Hand gegenüber Konstantin skeptisch, was die Erfolgsaussichten dieser Unternehmung anging, da ja die Christen bekanntermaßen gerne für ihren Glauben stürben, und alle bisherigen Versuche, ihnen mit Verfolgungen den Garaus zu machen, eher das Gegenteil bewirkt hatten.

Außerdem sei es hochproblematisch, gegen eine Gruppe vorzugehen, die vor allem im Osten des Reiches enorm angewachsen war und in ihrer wichtigsten Region, im zentralen Kleinasien, mancherorts schon die Mehrheit stellte. Auch in Syrien, Ägypten und im übrigen Nordafrika seien die Christen eine wichtige Bevölkerungsgruppe, zu der vor allem viele Gelehrte und Gebildete zählten. Sogar hier im Kaiserpalast von Diokletian gäbe es offen christliche Kammerherren, selbst Aufseher der kaiserlichen Schatulle, des Schatzes und der

Garderobe seien zu diesem Kult übergetreten, ja, es werde gemunkelt, des Oberkaisers Frau und Tochter seien selbst Christinnen geworden oder zeigten zumindest eine auffallend große Sympathie für diese Lehre.

Diokletian habe geantwortet, gerade deshalb müsse jetzt endlich der Spuk ein Ende haben und diese den Staat zersetzende Fäulnis ausgetilgt werden. Er wolle die Masse der Christen nicht umbringen, da es zu viele und sie zu wichtig seien und er selbst wisse, dass sie gerne stürben, sondern er wolle ihre Strukturen, ihre Kirchen, ihre Geistlichen und nicht zuletzt ihre Schriften austilgen und vernichten. Er habe einen weitreichenden Plan mit Galerius erarbeitet und die meisten der Juristen und hohen Militärs hätten ihm zugestimmt, jetzt wolle er den Rat der Götter einholen und dann, so diese es befürworteten, am 23. Februar, dem Fest des Grenzgottes, der die Grenzen des Reiches beschütze und für die Sicherheit desselben stehe, die Maßnahmen einleiten und so dieser verräterischen und staatsfeindlichen Religion die Grenzen aufzeigen.

Am 21. Februar kam der Opferbeschauer aus Millet zurück und brachte die Kunde, dass die Götter den Plänen der Kaiser wohlgesonnen seien.

Am übernächsten Tag wurde Konstantin frühmorgens geweckt und in den Empfangssaal des Palastes bestellt, wo die beiden Kaiser auf erhöhten Thronen saßen, Diokletian neuerdings nach orientalischer Sitte mit einem Diadem auf dem Haupt und einem edelsteinbesetzten Purpurgewand um den hageren Körper und mit edelsteinbesetzten Schuhen aus Seide an den Füßen.

Dieser Pomp war den traditionell römisch gesinnten Aristokraten und Legaten ein Dorn im Auge, und warum ausgerechnet dieser konservative strenge Soldat, der immer »das Römische« wiederherstellen wollte, solche

Symbole orientalischer Willkürherrschaft einführte, war auch Konstantin ein Rätsel.

Den Lauf der Zeit bestimmt das Fatum, keiner kann ihn aufhalten, was sterben muss, wird sterben, das Neue, dem zu siegen bestimmt ist, wird siegen, dachte er sich. Wer sich dem Neuen entgegenstellt, wird mit dem Alten sterben.

Galerius saß daneben, ebenfalls purpurgewandet, aber sonst ungeschmückt, sein Kopf saß wie ein unförmiger Felsbrocken auf seinem prallen Hals, und seine wie immer weitaufgerissenen großen kugeligen Augen rollten argwöhnisch von links nach rechts und von rechts nach links, herablassend den Saal inspizierend. Der hagere, abgehärmte Diokletian dagegen schaute würdig und entschlossen geradeaus, in eine weite Ferne.

So saß dieses ungleiche Kaiserpaar und wartete, ohne sich zu rühren (außer Galerius' kugelnden Augen), bis der ganze Hofstaat versammelt war, worauf Diokletian verkündete, dass er aus Gründen der Notwendigkeit für die Wahrung der Interessen des Reichs ein Edikt mit folgenden Maßnahmen gegen den »abscheulichen, verräterischen und gottlosen Kultus der Christen« – Konstantin spürte bei diesen Worten regelrecht ein erschrockenes Aufseufzen im Saal – »und gegen deren staatsfeindliche Umtriebe und zersetzende Lehre« beschlossen habe. Aus den Augenwinkeln bemerkte der junge Herrschersohn viele ängstlich aufzuckende Blicke, auch vorne in der Nähe des Oberkaisers, wo dessen Frau und Tochter saßen, von denen vor allen Dingen letztere ihre Bestürzung nicht verbergen konnte.

Dann wurde das Edikt verlesen, und Konstantin lief es, er wusste auch nicht warum, eiskalt den Rücken herunter, als er hörte, dass auf kaiserliche Anordnung im ganzen Reich sämtliche Versammlungsorte, also Kirchen der Christen, zerstört werden sollten, die Christen ihre sämtlichen heiligen Schriften zur Vernichtung abzuliefern hätten, andernfalls sie mit dem Tode bestraft würden, alle Christen den Staatsgöttern das Opfer darzubringen hätten, ebenfalls bei Androhung von Folter und Todesstrafe, bekennende Christen aus den höheren Schichten ihre komplette Rechtsfähigkeit und zudem ihre Ämter und Privilegien aller Art verlören, und außerdem die große Zahl der christlichen Freigelassenen wieder in den Sklavenstand zurückversetzt würden. Das Edikt endete mit wütenden Verdammungen der gottlosen Feinde des Reichs.

Als Konstantin dann am späten Nachmittag an einem Brief an seinen Vater saß, um ihm von dem am Vormittag Gesehenen zu berichten, hörte er Tumulte und Rufe im Palast, lautes Schreien vereinzelter Stimmen, das er nicht verstand, bis er plötzlich den Ruf einer Frau: »Die Kirche … die Kirche!«, heraushörte. Er unterbrach sein Schreiben und machte sich auf den Weg zum großen Balkon des Palasts, von dem aus man einen guten Blick auf die große Kirche der Christen hatte, um zu sehen, was dort vor sich ging.

Auf dem Weg durch die Flure vernahm er immer wieder vereinzelte Rufe, aber sah keine Menschen. Als er den Balkon fast erreicht hatte, erblickte er auf diesem einige Leute aus dem Umfeld des Augustus Diokletian – und auch den Oberkaiser und seinen Unterkaiser Galerius selbst.

Konstantin trat hinaus in die soeben einsetzende Dämmerung und sah links und rechts einige hohe Staatsbeamte über die Brüstung blicken, und vorne direkt an ebendieser in der Mitte des Balkons die beiden Caesaren stehen, Diokletian ruhig, Galerius wild gestikulierend, und auf der anderen Seite des Oberkaisers seine Frau Prisca, die Hände vor ihrem Mund, ebenfalls über die Brüstung schauend, dorthin, wo die Kirche der Christen stand. Konstantin trat leise noch ein paar Schritte vor, so weit, dass er noch knapp zwei Meter hinter den Kaisern blieb, aber über die Brüstung hinweg die Kirche erblicken konnte.

Um die Kirche herum sah er dutzende Soldaten, ja vielleicht eine ganze Hundertschaft, und außerdem weitere Bewaffnete, die in die Kirche hinein und aus der Kirche hinausliefen, anscheinend Gegenstände aus dem Gebäude holend und auf dem Platz davor auf einen großen Haufen werfend. Welche Gegenstände das waren, konnte er nicht erkennen, aber es war nicht schwer zu erraten, dass es sich um irgendwelche Kultgegenstände handeln musste.

Er hörte dabei Galerius auf den Oberkaiser einreden: »Man muss ein Zeichen setzen! Dieses schändliche Gebäude muss brennen! Erst dann werden sie verstehen!«

»Guter Galerius, es ist windig heute, und ein brennendes Gebäude mitten in der Stadt ist sehr gefährlich. Ich möchte nicht als ein zweiter Nero in die Geschichte eingehen ...«

»Wir können doch schon vorher prophylaktisch Feuerlöscheinheiten um das Gebäude positionieren, die jedes Übergreifen der Flammen verhindern oder sofort löschen. Wenn dieser gottlose Tempel heute Abend in der Dunkelheit brennt, ist das ein großes Zeichen – für die Menschen und für die Götter!«

»Ich halte es für völlig ausreichend, wenn die Mauern geschleift werden, die Inneneinrichtung komplett zerstört wird, alle Kultgegenstände beschlagnahmt und sämtliche Schriften verbrannt werden– das ist Feuer genug, fürs erste ...«

»Gott wird euch ohnehin strafen, euch beide!«, hörte er Prisca, die Gemahlin des Kaisers, und jetzt wo sie sich ein wenig umdrehte, sah Konstantin, dass sie weinte.

»Weiber!«, meinte Galerius verächtlich.

Konstantin schaute auf das Getümmel um den Tempel der Christen: Zwischen den Soldaten sah er einige Menschen rennen und manche stürzen, die wohl niedergeschlagen wurden; er hörte die Schreie bis hier zum Palast. Einige leblose Körper lagen auf dem Platz und vor dem Eingang der Kirche. Um den Ring der Soldaten herum stand eine große Menschenmenge; innerhalb der Menge schien es hier und da Tumulte zu geben.

»Ich finde, man sollte sie nicht so davonkommen lassen«, redete Galerius wieder gestikulierend auf Diokletian ein, »das sind allesamt Verräter, ich würde alle, die versuchen, den reibungslosen Ablauf der Aktion zu behindern, sofort hinrichten lassen.«

»Wir wollen nicht zu viele Tote.«

»Nicht zu viele Tote?«, fragte Galerius höhnisch. »Zu viele tote Christen kann es gar nicht geben!«

»Ich will keinen Bürgerkrieg.«

»Bürgerkrieg? Christen sind doch keine echten römischen Bürger! Wer den Schutzgöttern des Reichs nicht opfert, wer unsere den Göttern genehme Gesellschaftsordnung untergräbt – kann der mit Fug und Recht ein wahrer römischer Bürger genannt werden?« Er machte eine rhetorische Pause, dann bläffte er: »Ausrotten! Ausrotten!«

»Du weißt, dass die Christen gerne sterben für ihren Gott …«

»Sie sterben gerne? Na, wunderbar!«, spuckte Galerius lachend aus. »Dann tun wir ihnen ja auch noch einen Gefallen: Sie sind bei ihrem gekreuzigten Verbrechergott und wir sind sie los!«

»Ja, wir tun ihnen einen Gefallen, wenn wir sie in Massen umbringen. Deshalb will ich zunächst nicht so vorgehen«, antwortete Diokletian weiter ruhig und sachlich. Er hatte keinen besonderen Sinn für Humor, und auch Hohn und Spott gehörte nicht zu seinen Spezialitäten. Er war meist so hart und trocken wie ein zehn Tage altes Brot.

»Wenn wir diesen Verrätertempel brennen lassen, dann ist das ein Zeichen, das jeder versteht. Und die rechtschaffenen Bürger, die die Christen hassen, bekommen auch ein Spektakel geboten, schöner als im Theater!«

»Ich wiederhole: Der Tempel wird heute nicht brennen«, ließ sich Diokletian weder umstimmen, noch aus der Reserve locken.

»Hach!«, machte Galerius und winkte in Diokletians Richtung ab.

Konstantin hörte jetzt zahlreichere und lautere Schreie von der Kirche her und er schaute wieder dorthin, wobei er die Augen ein wenig zusammenkniff, um scharf zu sehen: Einige Soldaten schienen einen Mann in einem längeren weißen Gewand aus dem Eingangsbereich des Versammlungsgebäudes herauszuzerren, der Gegenstände umklammert hielt, anscheinend Schriftrollen und Bücher. Sie schleiften ihn hinaus auf den Platz und zerrten an ihm oder an den Schriftrollen herum, bis schließlich unter lautem Aufschreien der Zuschauer ein Soldat sein Schwert zückte und ihn damit niederstreckte. Die Soldaten nahmen daraufhin die Rollen und Bücher von dem auf dem Boden liegenden Verletzten oder Toten und warfen sie auf den Haufen mit den anderen Gegenständen. Der Körper des Niedergestreckten wurde unter großem Geschrei von einigen Umstehenden weggetragen.

»Gott wird euch strafen!«, sagte Prisca, nicht laut, aber laut genug, dass Konstantin es verstand.

»Ist Eure Gemahlin etwa auch schon Christin, hochverehrter Augustus?«, blaffte Galerius.

»Meine Gemahlin hat heute das im Dekret verlangte Opfer an die Götter wie alle Angehörigen meines Hofs anstandslos verrichtet«, erwiderte Diokletian, ohne Galerius anzusehen.

»Naja, dass sie eine heuchlerische Christin ist, bedeutet ja nicht, dass sie keine ist.«

»Zügle dein Temperament, Galerius!«, mahnte Diokletian streng und schaute Galerius jetzt ebenso streng an.

»Mein Kaiser, ich verstehe das alles nicht!«, konnte Galerius sich nicht beruhigen. »Ich war erstaunt, als ich die ersten Tage in Eurem Palast verbrachte, dass es hier so viele Anhänger dieser abscheulichen Lehre zu geben scheint. Manche verbergen es nicht einmal! Wir waren uns doch einig, dass diese Seuche ausgerottet gehört. Doch wie kann das ernsthaft gelingen, wenn sie selbst am kaiserlichen Palast geduldet wird, solange sie sich nur etwas kompromissbereit gibt? Wie kann es sein, dass Frau und Tochter des Augustus offen ihre Sympathien für diesen Kult zeigen?«

Er hatte dabei wild gestikuliert, hielt jetzt inne und blickte Diokletian mit seinen feuerkugeligen Augen eindringlich an. Dann rief er aus, dabei mit dem Zeigefinger der rechten Hand über die Brüstung auf die Kirche zeigend: »Und wie kann es sein, dass nicht einmal dieser schändliche Tempel dort brennt! Ein Tempel der Christen, den man vom kaiserlichen Palast aus sieht! Das ist eine Provokation!«

»Wir werden ihn schleifen, bis auf die Grundmauern«, entgegnete Diokletian kühl. »Und meine Frau und meine Tochter haben den Göttern ihr Opfer gebracht, wie es sich für anständige Römer gehört. Mehr braucht es nicht. Es reicht, wenn wir die Aufrührer unter ihnen neutralisieren, die ihren Kult über unsere göttliche und staatliche Ordnung stellen.«

»Aber das tun sie doch alle!«, rief Galerius. »Wenn nicht offen, dann im Geheimen. Es gibt keine staatstreuen Christen, nur feige Christen, vor denen ich noch weniger Respekt habe als vor denen, die freiwillig in den Tod gehen! Christentum und Römertum sind schlicht und einfach unvereinbar!«

»Ich werde vorerst nicht über das hinausgehen, was im Dekret niedergeschrieben ist.«

Konstantin hörte wieder verzweifelte laute Schreie von der Kirche her und sah, dass Soldaten auf das Gebäude geklettert waren und anscheinend begannen, das Dach abzureißen. Einige aus der Menge versuchten, sie daran zu hindern, und wurden von den um die Kirche aufgestellten Truppen niedergemetzelt.

Prisca verbarg ihr Gesicht hinter ihrer rechten Hand, und Konstantin meinte zu erkennen, dass sie dabei unauffällig ein kleines Kreuzzeichen mit dem Daumen auf ihrer Stirn machte.

Etwa eine Woche später kam Konstantin zu Ohren, dass Laktanz, sein Lehrer in den freien Künsten, sein Lehramt am Hof niedergelegt hatte und Nikomedia in wenigen Tagen verlassen würde. Ob er dies gezwungenermaßen tun musste, weil er das vorgeschriebene Opfer verweigert hatte oder es aus Prostest gegen das Verfolgungsedikt freiwillig tat, erfuhr er nicht. Dass Konstantin davon schwer getroffen war, wäre zu viel gesagt, aber er bedauerte es, nicht nur, weil er seinem Lehrer Respekt zollte und Sympathie entgegenbrachte, sondern auch, weil er seinen Unterricht ebenso anregend fand wie die Gespräche unter vier Augen.

Konstantin hatte ihn im letzten Jahr noch einige Male besucht und sich noch mehr von den seltsamen christlichen Lehren erklären lassen. Aber trotz aller Unterweisungen des gewieften Magisters schienen ihm diese immer noch reichlich unklar, ja absurd, was aber der Magister, als er es diesem gestand, gar nicht schlimm zu finden schien.

Laktanz hatte nur mit diesem geistvollen Lächeln, das er immer bekam, wenn es um raffinierte Dinge ging, erklärt, ihm selbst kämen die Lehren, an die er sich aufgrund von Erlebnissen, die er immer nur andeutete, zu glauben entschlossen hatte, auch oft absurd vor, wenn er sie mit rein weltlichem Verstand gleichsam von außen anblickte. Dann fügte er mit einer gewissen selbstverliebten Eitelkeit in seiner Mimik noch hinzu, dass einer der bedeutendsten lateinischen christlichen Philosophen, ein gewisser Tertullian – wie Laktanz ein Africaner –, der vor fast 80 Jahren in Karthago gestorben sei, einmal den Ausspruch getan hatte: »Gottes Sohn ist gekreuzigt worden – ich schäme mich dessen nicht, gerade weil es etwas Beschämendes ist. Gottes Sohn ist gestorben – das ist erst recht glaubwürdig, weil es eine Torheit ist; er ist begraben und wieder auferstanden – das ist ganz sicher, weil es unmöglich ist!«

Nicht dass ihn diese eigenartigen Erklärungen und Zitate von der Wahrheit dieser Lehre überzeugt hätten, aber sie ließen Konstantin immer mehr zu der Auffassung gelangen, dass es sich bei ihr um keine alberne Absurdität, sondern offensichtlich um eine raffiniertere, feinsinnigere Sache handelte, die den denkenden Geist herausfordern und üben könne, ganz in einer Weise wie akademische Philosophie.

Bestärkt in dieser Ansicht hatten ihn Erzählungen seines Lehrers von einer großen Schule in Alexandria, in der Bewerbern zur Aufnahme in die christliche Kirche (»die katholische«, wie sie Laktanz immer nannte, in Abgrenzung zu kleinen irrenden Abspaltungen) zuerst Kurse in klassischer griechischer Philosophie angeboten wurden, um ihnen dann erst mit solcherart vorbereitetem Intellekt im nächsten Schritt die heiligen christlichen Schriften zur Lektüre zu geben und sie ihnen zu erklären. Er sprach mit Hochachtung von den in christlichen Kreisen weithin bekannten und berühmten früheren Vorstehern dieser Schule, die vor fast einem Jahrhundert gewirkt hätten, einem Titus Flavius Clemens und seinem Schüler und Nachfolger, einem sagenumwobenen Origenes, die großartige Arbeit geleistet und Werke mit unzähligen Bänden verfasst, in denen sie dargetan, wie die klassische platonische Philosophie zu nichts anderem als zur christlichen Offenbarung führen müsse, wenn man sie zu Ende denke, wie alles auf diesen krönenden Schlussstein zulaufe, und die christliche Lehre mit den Werkzeugen eben jener Philosophie erläuterten.

Am Abend vor der Abreise seines Lehrers suchte er diesen noch einmal in seinem Studierzimmer auf. Als er eingetreten war, sah Konstantin, dass sämtliche Schriftrollen und Bücher bereits vom Studiertisch abgeräumt worden waren, aber das kleine Christusbildnis mit dem A und O mit der Kerze davor stand noch darauf.

Der Magister wirkte keineswegs aufgewühlt oder angespannt, er setzte sein mildestes Lächeln auf und sagte: »Nun, mein guter Flavius Valerius Constantinus, da trennen sich vorerst unsere Wege … schön, dass du noch einmal gekommen bist!«

Konstantin setzte sich und fragte nach: »Vorerst?«

»Nun, alles hier in dieser Welt ist vorerst und vorläufig, oder etwa nicht?«, führte Laktanz schmunzelnd weiter aus, um dann etwas ernster fortzufahren: »Ich habe das Gefühl, dass wir uns wiedersehen werden, und ich hoffe auch, dass du dich meiner erinnern wirst, wenn du eines Tages einen tüchtigen Gelehrten in deinen Diensten benötigst.«

Konstantin fühlte sich durch diesen Satz wieder in seinem Selbstverständnis bestätigt, dass er schon sehr bald selbst ein Herrscher sein werde, der Gelehrte in seinem Dienst benötigen würde.

»Wohin wirst du gehen? Zurück nach Africa?«

Sein alter Lehrer schaute etwas wehmütig und sagte dann mit leichter Melancholie in der Stimme: »Das schöne, reiche und warme Africa, meine Heimat, ist Vergangenheit für mich. Ich bin in die Welt hinausgesandt, um dort zu wirken, wo ich gebraucht werde.« Er grinste kurz. »Zuerst hier in der Höhle des Löwen und seines häufigen Besuchers, des Kollegen Nilpferd, und jetzt werde ich in den kalten barbarischen Norden aufbrechen, nach Trier.«

»Trier?«, rief Konstantin aus. »Das ist doch die Hauptresidenz meines Vaters!«

»Ich sage doch, ich habe das Gefühl, wir werden uns wiedersehen.« Laktanz gab ein herzliches Lachen von sich.

»Was verschlägt dich denn in den Nordwesten des Reichs?«

»Der neue Bischof von Trier, Maternus, braucht Hilfe bei der Katechese neuer Taufbewerber. Es werden nämlich auch in dieser ungastlichen und vom Heiligen Geist bisher nur dünn beträufelten Gegend langsam immer mehr Menschen, die Interesse an der göttlichen Weisheit verspüren. Und in dem von deinem Vater regierten Reichsteil scheint es, nach allem was ich gehört habe, auch nicht sonderlich gefährlich für uns Christen zu sein, und so haben die öffentlich ausgerufenen Maßnahmen wahrscheinlich eher das Interesse an der Sache geweckt, würde ich vermuten.«

»Ja, mein Vater schrieb mir, dass er das Dekret nur pro forma umsetzen wird. Er hält es für pure Unvernunft und wird nur ein paar Kirchen in großen Städten schleifen lassen, um äußerlich den Eindruck zu erwecken, das Dekret umzusetzen. Sonst haben die Christen bei ihm nichts zu befürchten.«

»Ein kluger Mann, dein Vater«, bemerkte Laktanz, ihm in die Augen schauend und nachdenklich nickend, und stand dann auf, um hin- und hergehend weiterzusprechen, in leicht dozierendem Ton, wie es bei einem Lehrer ja auch nicht verwundert: »Unvernünftig, ja ... töricht und unnütz ist es, sich zum Rächer der Götter aufwerfen zu wollen! Wer die Verteidigung des Gottes übernimmt, den er verehrt, der bekennt damit die Ohnmacht dieses Gottes! Ist es nicht so, Konstantin?«

Dieser nickte. Was sein Lehrer ihm hier darlegte, schien ihm so schlüssig und logisch, dass er sich fast wunderte, warum nicht jeder von selbst auf den Gedanken käme. Eine kleine Verwunderung huschte dabei allerdings durch den Hintergrund seines Geistes, eine Verwunderung, dass dieser so klar und logisch denkende Mann im nächsten Moment die seltsamsten Paradoxien und größten Absurditäten seiner Lehre zur Ausgeburt der absoluten Vernunft erklären konnte.

Laktanz fuhr, weiter vor dem sitzenden Konstantin hin und her gehend, mit wachsender Leidenschaft fort: »Wenn jemand seinen Gott darum verehrt, weil er ihn für mächtig hält, so darf er ihn nicht beschützen wollen, sondern muss seinerseits auf dessen Schutz vertrauen. So wie wir Christen es tun. Das ist logisch und wahrhaftig und zeugt von wahrem Vertrauen in die Macht des verehrten Gottes: Denn wenn diese Verteidiger der falschen Götter in ihrer Empörung gegen den wahren Gott uns verfolgen, so widersetzen wir uns weder im Wort noch im Werk, sondern sanft und schweigsam und geduldig ertragen wir alles, was ihre Grausamkeit wider uns aussinnt. Denn wir setzen unser Vertrauen auf Gott, und von Gott erwarten wir die Strafe, die den Verfolgern auf dem Fuße folgen soll!«

»Mein Vater schrieb mir«, warf der junge Herrschersohn ein, »er hätte nichts gegen diese Menschen, die meist zuverlässig und ehrlich seien, und von denen er selbst viele in seinem Dienst habe. Vor allem in der Finanzverwaltung würde er sie sogar bevorzugt einstellen, da er wisse, dass ihre Religion ihnen das Lügen und vor allem auch das Stehlen verbiete. Außerdem sei es blanke Unvernunft, mit Gewalt und Wut gegen die Überzeugung so vieler Menschen vorzugehen.«

»Ja, natürlich ist es unvernünftig! Denn was ist die Ursache dieser Wut?« Laktanz blieb kurz stehen und sah Konstantin mit weit geöffneten Augen und ausgebreiteten Armen an, bevor er fortfuhr, dabei weiter auf- und abgehend: »Weil sie mit den Waffen der Vernunft nichts ausrichten können, so greifen sie zu den Mitteln der Gewalt. Und welcher Widersinn ist es, jemanden gegen seinen Willen zur Verleugnung oder zur Ausübung einer Religion zwingen zu wollen! Das ist pure Unvernunft! Wenn sie uns zum Opfern zwingen wollen, dann frag ich mich, was sie sich dabei denken oder wem sie damit einen Dienst erweisen wollen! Den Göttern? Aber es ist doch keine ehrliche Verehrung und kein wohlgefälliges Opfer, wenn es unter Zwang gebracht wird! Den Christen selbst? Aber wenn es ein Gut ist, zu dem man sie beruft, warum müssen sie dazu durch ein Übel eingeladen werden? Warum nicht mit Worten, warum durch Schläge? Warum nicht durch Überzeugungskraft und gute Gründe? Daran sieht man doch nur, dass sie selbst nicht wirklich daran glauben, zu was sie andere zwingen wollen, ja, dass es im Grunde ein Übel sein muss, zu dem man andere mit Gewalt schleppen muss! Ich sage dazu: Wenn es ein Gut ist, so neide ich es dir nicht – genieße dein Gut allein, meinem Irrtum brauchst du nicht abhelfen zu wollen, den ich mir mit Überlegung und freiem Willen gewählt habe! Wie sagt Vergil in der Aeneis? ›Genieße, was dir beschieden ist!‹ – Ich will lieber mit meinem Gute sterben, als mit deinem Übel leben!«

Laktanz blieb wieder stehen und lachte herzlich, doch auch ein wenig spöttisch. Konstantin war wieder einmal aufs Neue beeindruckt von der rhetorischen Versiertheit seines Lehrers und fragte sich, ob die geistige Schulung durch christliche Lehre und Lehrer den Geist am Ende sogar beweglicher machen könnte als eine klassische akademische Ausbildung.

»Aber«, gab er zu bedenken, »wenn Diokletian und Galerius wirklich ernst machen? Und, wie ich gehört habe, geht Maximian in seinen Provinzen, in Italien, Hispanien und deiner Heimat Africa ebenso streng vor … Nur mein Vater ist milder, aber in seinem Regierungsbereich ist der Anteil von Christen mit Abstand am geringsten … Wenn sie nun ernst machen, Tag für Tag, Jahr um Jahr, und das Christentum ausrotten? Was werdet ihr dagegen tun?«

Der Magister atmete hörbar durch die Nase aus und gab leise zurück: »Die Wahrheit kann man nicht ausrotten.«

»Aber Menschen, Strukturen, einen Kult …«

Jetzt lachte Laktanz höhnisch und rief aus: »Sie werden sich am Ende eher selbst ausrotten, als dass sie die heilige katholische Kirche ausrotten! Wie soll das geschehen? Nun, der eine Teil der Christen wird es vorziehen, das Martyrium auf sich zu nehmen. Aber für jeden standhaften Märtyrer, der auf öffentlichen Plätzen oder gar bei ihren schändlichen Schauspielen in großer Arena, den Tod für Gott als Siegespreis ansehend, lachend über die Peiniger obsiegt, werden ein Dutzend oder gar mehr neu zum Glauben kommen, das zeigt die Erfahrung. Freilich, sie wissen das und wollen uns diesen einfachen Sieg nicht gönnen, also denken sie sich neue und unerhörte Qualen aus, pflegen die Wunden, damit die Wiederholung der Folter bei noch frischen Narben den Schmerz vermehrt, und hoffen, dass die Gequälten unter unsäglichen Schmerzen von fast unendlicher Dauer irgendwann schwach werden. Doch auch das wird ihnen nichts nützen. Denn was ist mit den anderen? Mit denen, die schwach werden? Die ihren Glauben verleugnen?«

Er machte eine Pause, blieb stehen, sah Konstantin fragend an, der sich nichts zu antworten traute, und fuhr dann mit nachdenklichem Stirnrunzeln fort: »Die Religion ist mehr als alles eine Sache der Freiwilligkeit, und man kann von niemandem erzwingen, dass er etwas verehrt, was er nicht will. Und wenn nun welche aus Furcht vor Martern den schändlichen Opfern zugestimmt haben, dann werden sie später niemals mehr freiwillig tun, was sie einst unter Zwang taten. Wenn sie ihre Freiheit zurückerhalten, werden sie wieder zu Gott zurückkehren und ihn mit Bitten und Tränen zu versöhnen suchen – und Gott wird ihnen vergeben ...«

»Aber wenn sie die Freiheit nie zurückerlangen?«, wandte Konstantin, wie er selbst fand, ziemlich scharfsinnig ein.

»Sie werden sie zurückerhalten, mein lieber Flavius Valerius Constantinus, sie werden sie zurückerhalten«, sagte der Magister, seinem Schüler heftig zunickend und ihn bedeutungsvoll anschauend. »Keine Tyrannei währt ewig, kein Zwang kann unendlich lange aufrechterhalten werden, am Ende bricht das Böse und die Lüge in sich zusammen, denn nur das Gute und die Wahrheit tragen den ewigen Sieg davon!«

»Was ist die Wahrheit?«, fragte Konstantin nachdenklich und lächelte.

»Ah ... die Frage des Pilatus vom jungen römischen Herrschersohn!«, rief Laktanz mit eigenartiger Ironie aus.

Konstantin hatte keine Ahnung, was er meinte. Er fragte auch nicht nach, weil er nicht mehr lange bleiben konnte und ihn die aktuellen Vorgänge mehr interessierten als alte Fabeln.

»Nun, das mag sein, ich kann es nicht beurteilen, aber das ist ein recht schwacher Trost für den Moment, denn die drei Kaiser sind entschlossen, die Maßnahmen gegen die Christen über Jahre unnachgiebig weiterzuführen, ich gehe sogar davon aus, dass sie ihre Politik eher verschärfen werden als abschwächen.«

Der Magister ging zu seinem Stuhl zurück, setzte sich wieder hin und sagte ganz ruhig, leicht melancholisch an Konstantin vorbei ins Nichts schauend oder in eine weite Ferne: »Mein lieber Konstantin, das ist kein schwacher Trost – wenn man nicht im und für den Moment lebt, sondern in und für die Ewigkeit … ganz und gar kein schwacher Trost, sondern eine starke Zuversicht!«

Konstantin war leicht berührt, warum wusste er auch nicht. Er sagte nur: »Nun ja …«

»Und außerdem«, fuhr Laktanz wieder munterer fort, »sie können gar nicht konsequent sein, sie müssten ja, wären sie wirklich konsequent, auch hier am Hof … ich meine, auch wenn jetzt fast alle geopfert haben unter Zwang, so weiß doch jeder, dass selbst in der kaiserlichen Familie …«

»Sie meinen die Gattin und die Tochter Diokletians?«

Laktanz nickte nur ernst.

»So sind sie wirklich …?«

Sein alter Lehrer beugte sich weit zu ihm vor und flüsterte: »Ich weiß, dass du schweigen kannst, und ich kann dir sagen, dass es sich mit absoluter Sicherheit so verhält.« Er lachte kurz leise in sich hinein und sagte dann mit stillem Triumph: »Ich war selbst bei ihrer Taufe anwesend.«

Konstantin schwieg in gebanntem Staunen. Dieser Gott schien eine große Macht zu haben, das stand fest. Wenn treue römische Bürger, Staat und Kaiser untertänigst ergeben, die angestammten Götter ihres Volks verrieten, sich dem Verdacht aussetzten, Staatsfeinde zu sein, ihr Vermögen den Armen gaben, ja, dann sogar Entehrung, Degradierung, und wenn es schlimmer kam, Folter und Todesqualen ertrugen, um ihm zu dienen; wenn herausragende Gelehrte und Philosophen, die zuvor nie das geringste Zeichen von Schwachsinn gezeigt hatten, von einem Tag auf den anderen öffentlich erklärten, der Geist dieses Gottes habe sie ergriffen und sie hätten die absolute Wahrheit geschaut und fortan ihr ganzes geistiges Leben der Aufgabe widmeten, die Lehre dieser religiösen Philosophie mit langen, hochgradig schwierigen Schriften gegen Angriffe zu verteidigen, sie ferner mit ebenso langen Schriften darzulegen und mit verschiedensten akademischen Methoden zu verfeinern und auszulegen und mit noch längeren, noch schwierigeren Schriften mit anderen Gelehrten ihres Glaubens um die richtige Auslegung abstruser alter Fabeln stritten, die angeblich irgendwelche ungebildeten Fischer aus Palästina oder Syrien vor knapp dreihundert Jahren niedergeschrieben hatten; wenn hohe Staatsbeamte oder Mitglieder der kaiserlichen Familie sich der Gefahr aussetzten, alles zu verlieren, alle Privilegien, ja sogar ihr Leben; wenn die Anhänger dieses Kults ein Netz über die gesamte bewohnte Welt ausspannen konnten, das für regen Verkehr von Menschen, von Schriften, von Befehlen und Weisungen sorgte, und dabei die öffentliche Armenfürsorge besser organisieren konnten als der Staat, und das, obwohl sich diese Organisation immer im Dunstkreis der Illegalität befand, ja dieses System sogar immer wieder jahrelange offene und harte staatliche Verfolgung fast unversehrt überstand – dann konnte man, egal wie absurd man persönlich diese Lehre finden mochte, nicht abstreiten, dass ihr offensichtlich eine enorme Wirkungsmacht innewohnte. Was wäre, wenn der Staat diese ungeheure Kraft, diese Organisationsfähigkeit, diese loyale Standhaftigkeit nutzen würde, statt sie mit allen Mitteln zu bekämpfen?

Natürlich, aus Diokletians Perspektive machte diese ökonomische Sicht keinen Sinn, denn dieser glaubte, nach der typischen Denkungsart alter Bauern und Soldaten, dass die Götter sich von Rom abgewendet hatten, weil sich diese Lehre ausbreitete, deren Anhänger sich ihrerseits von den Göttern Roms abgewendet hatten. Das ging dann so weit, dass nach einer Missernte in manchen Gegenden der laute Ruf erschallte: »Die Götter haben uns eine schlechte Ernte beschert! Wer ist schuld? Die Christen!«, und schnell ein paar Christen massakriert wurden.

Aber er, Konstantin, glaubte nicht mehr wirklich an die alte Religion, zumindest nicht in dieser Form. Natürlich gab es die römischen Götter, aber es gab offensichtlich noch viele andere Götter, und manche schienen sehr mächtig zu sein. Besonders mächtig schienen vor allem Götter zu sein, die ihre Macht nicht mit anderen Göttern teilten, sich nicht mit kleinen, abgegrenzten Zuständigkeiten begnügten, also unbescheidene, absolute Götter wie Mithras, wie der unbesiegte Sonnengott – und wie eben der Gott der Christen. Waren diese einzigen Götter vielleicht sogar im Grunde derselbe? Das höchste Wesen, das allerhöchste Gute der neuen platonischen Philosophen? Was, wenn dieser Christengott sogar stärker war, mächtiger als Mars und Jupiter?

Er war kein wirklich großer Philosoph, aber soweit er wusste, sprachen die neuen akademischen Denker auch immer von *einem* höchsten Wesen, einem höchsten Prinzip zumindest, das es geben müsse. Waren die alten Götter Roms am Ende? Wirklich interessante, gebildete Männer hingen heutzutage kaum noch mit dem Herzen an ihnen. Sie interessierten sich mehr für den neuen Platonismus, für Mithras, für Mani oder für den Gott der Christen. Da war doch die Frage: Wo liegt die Zukunft des Reichs?

Sie hatten kurz geschwiegen, und in der eingetretenen Stille hörten sie plötzlich zuerst einzelne laute Schreie, dann das Trampeln von Schritten, dann mehr Rufe und Schreie, dann lauteres und vermehrtes Trampeln und Marschieren. Sie schauten sich still und fragend an. Was war das? Es war mitten in der Nacht.

Konstantin stand auf und öffnete die Tür ein Stück, ohne von außen gesehen werden zu können. Und da waren die Stimmen aus den Gängen deutlicher zu hören: »Feuer! Feuer! Feuer!« – »Es brennt!« – »Raus aus dem Palast!« – »Die Christen!« – »Die Christen haben den Palast angezündet!« – »Tötet die Christen!«

Laktanz stand auf, löschte seine Kerze, nahm das Christusbild vom Tisch, steckte es in eine vollgepackte Tasche und sagte: »Ich werde meine Abreise um einen halben Tag vorverlegen, mein guter Flavius Valerius Constantinus.« Er schloss die Tasche und nahm sie über die Schulter. »Ich habe das Gefühl, es wird hier für mich sehr ungemütlich werden.«

»Aber wie willst du bis nach Trier kommen ohne deine zugesicherte Verbindung mit der kaiserlichen Post?«

»Mach dir keine Sorgen! In den Kreisen, in denen ich verkehre, hat man im ganzen Reich Kontakte, und es gibt überall Brüder und Schwestern, die einem helfen. Es wird vielleicht etwas unkomfortabler und etwas länger dauern als mit der kaiserlichen Post, aber dafür wahrscheinlich interessanter …« Er lächelte. »Wenn ich es unversehrt aus dem Palast und aus der Stadt herausschaffe, schaffe ich auch den Rest, keine Sorge. Leb wohl, mein lieber Konstantin, wir sehen uns wieder, das weiß ich. Du findest mich in Trier bei Bischof Maternus – und sollte ich doch woanders hin verschlagen werden, weiß der Bischof dann immerhin, wo ich bin.«

Er schaute ihn kurz aus seinen schon von vielen Falten umzogenen wachen grüngrauen Augen mit den buschigen, leicht angegrauten Augenbrauen darüber an und lief mit einer Flinkheit, die Konstantin bei seinem alten Lehrer nicht vermutet hätte, an ihm vorbei, durch die Tür, in den Gang und bog dort, wie der ihm nachschauende Konstantin noch sah, schnell um die Ecke.

III.

Die Körpersalbung

Er war nackt. Nackt wie Christus am Kreuz. Nur mit Mühe hielt er sich auf den Beinen, geschwächt von der tödlichen Krankheit, die ihn auf dem Weg zum Krieg gegen die Perser befallen hatte, dem großen Krieg, mit dem er den Erzfeind demütigen und die Christen unter der Herrschaft des Großkönigs, die seit Jahren blutig verfolgt wurden, befreien wollte. Bisher hatte er, geleitet von Gottes Gnade, über alle Christenverfolger im eigenen Reich triumphiert und war sich sicher gewesen, dass Gott ihn auch hier zum Sieg führen würde.

Aber kaum war er mit seiner Armee in seiner neuen christlichen Hauptstadt, die seinen Namen trug, Konstantinopel, aufgebrochen und über den Bosporus nach Asien übergesetzt, wurde er von schwerem Fieber befallen. In einem nahegelegenen Heilbad hatte er Linderung gesucht, doch die Krankheit verschlimmerte sich. Darauf ließ er sich nach Helenopolis bringen, die Stadt, die er nach seiner Mutter Helena benennen ließ, weil sich dort das Grab des von ihr so verehrten heiligen Lucian befand, um dort in der über diesem Grab von ihm errichteten Märtyrerkirche zu beten und sich offiziell als Katechumene der Kirche aufnehmen zu lassen, denn er wusste jetzt, dass er bald an dieser Krankheit sterben würde und sich auf die Taufe vorbereiten musste, wollte er nicht ungetauft sterben.

Sein ursprünglicher Plan war ein ganz anderer gewesen: Nach dem siegreichen Feldzug gegen die Perser, als größter Kaiser aller Zeiten und Befreier der persischen Christen wollte er sich in einer prächtigen Zeremonie mit den größten und wichtigsten Bischöfen des Reichs im Jordan taufen lassen und dann abdanken und seinen Söhnen die Führung des Imperiums übergeben. Wie Christus wollte er im Jordan getauft werden, der er doch ein zweiter Christus, ein Christus für die Welt war, der wichtigste Herrscher seit der Erschaffung der Menschheit in Gottes Plan.

Doch Gott hatte es anders gefügt. Jetzt stand er vor einem mit gesegnetem Wasser gefüllten Becken im Palast seiner Residenz Anchyrona, nicht weit von Nikomedia, völlig nackt, nachdem er sich nach dem Purpur nun auch noch seiner Tunika und seiner Sandalen entledigt hatte, am ganzen Körper zitternd vor Fieber und Schwäche, und schaute mit gesenktem Haupt auf das prächtige, mit unzähligen Kreuzen verzierte Gewand des Bischofs Eusebius, der in den letzten Jahren sein Freund und Berater in religiösen Dingen geworden war, nachdem er ihn einige Jahre zuvor sogar einmal als arianischen Ketzer für kurze Zeit verbannt hatte. Wobei er Eusebius eigentlich mehr wegen seiner politischen Intrigen verbannt hatte als aufgrund theologischer Differenzen, die er ohnehin niemals wirklich verstand – aber auch das war jetzt längst Vergangenheit.

Der Bischof sprach laut und in singender Betonung: »Großer Kaiser, nun hast du den alten Menschen mit seinen sündigen Werken ausgezogen und wirst ihn nie wieder anziehen, stattdessen soll deine Seele wie die Braut Christi im Hohelied sagen: Ich habe mein Gewand ausgezogen – wie könnte ich es wieder anziehen?«

Dann trat er zusammen mit einem Diakon vor, der eine Schale mit exorzisiertem Öl in beiden Händen hielt. Eusebius tunkte seine Hände ein und begann den Kaiser von Kopf bis Fuß zu salben: Zuerst das Gesicht, dann den Nacken, dann die Brust.

Konstantin zitterte, als er die öligen Hände über seine Haut streichen spürte. Der Bischof sprach dabei: »So erhältst du nun Anteil am guten Ölbaum Jesus Christus und seiner Lebenskraft.«

Dann salbte er ihm Rücken und Gesäß, Bauch und Lenden, die Geschlechtsteile ließ er aus, dabei weiter salbungsvoll sprechend: »Es soll dir eine Befestigung sein gegen alle widrigen Kräfte. Denn die Anhauchungen der Heiligen und die Anrufung des Namens Gottes brennen wie eine mächtige Flamme die Dämonen aus und vertreiben sie …«

Bischof Eusebius bückte sich tief hinunter, strich ihm das Öl über die Schenkel, die Waden und schließlich die Füße, dabei in der gebückten Haltung etwas mühsamer hervorbringend: »Und so bekommt dieses Öl durch die Anrufung Gottes und das Gebet eine solche Kraft, dass es brennend von den Spuren der Sünde reinigt und die unsichtbaren Mächte des Bösen austreibt …«

Konstantin fühlte das Öl immer stärker auf seiner Haut brennen. Das sanfte Streichen der Hände des Bischofs über seine alte faltige Haut löste seltsame Gefühle und Assoziationen aus, an Zärtlichkeiten in Liebesnächten, an Rüstungen und Festkleider, die angelegt wurden, an Bäder, in denen er sich von Sklavinnen hatte streicheln, verwöhnen und eincremen lassen, an so vieles, was gewesen war in seinem langen, reichen, sündigen und doch gottbegnadeten Leben, und gleichzeitig brannte nun dieses Öl auf ihm, dieses heilige Öl, das ihn darauf vorbereiten sollte, ein neuer Mensch zu werden in der Taufe, all das hinter sich zu lassen.

Alles Bisherige hinter sich zu lassen und ein neuer Mensch zu werden. Dieses Gefühl hatte er schon einmal gehabt, damals als er Nikomedia und sein altes Leben als

Geisel und Ziehsohn des Diokletian auf einer wilden Flucht durch ganz Europa hinter sich gelassen hatte.

Es war fast zwei Jahre nach Beginn der Christenverfolgungen, die sich, wie er schon geahnt, zu einem furchtbaren, sich immer weiter steigernden Schauspiel der Brutalität entwickelt hatten in Nikomedia selbst und in allen Teilen des Reichs, mit Ausnahme des von seinem Vater regierten. Da das Dekret gegen die Christen nicht die erhoffte Wirkung erzielte, wurde es nach einem knappen Jahr verschärft; und als das immer noch nicht das gewünschte Ergebnis brachte, wurde es wiederum ein knappes Jahr später erneut verschärft.

Von überall drang nun die Kunde nach Nikomedia, dass viele Statthalter die kaiserlichen Dekrete sogar mit übertriebenem Eifer umsetzten, dass sie die Christen, die das nun jedem Bürger vorgeschriebene Opfer an die Götter verweigerten, nicht nur vor riesigen Zuschauermengen wilden Tieren zum Fraß vorwarfen, kreuzigten oder in mit Steinen gefüllten Säcken ins Meer warfen, sondern sich noch sadistischere Qualen ausdachten, um sie zum Abfall und zum Opfer zu bewegen: Sie hängten sie lebendig über eine kleine Flamme und ließen sie langsam von den Füßen her verbrennen, so dass es viele Stunden dauerte, bis der Tod eintrat und das Fleisch bei vollem Bewusstsein schmolz und heruntertropfte, wie schockierte Augenzeugen berichteten. Oder sie stachen ihnen bei lebendigem Leib die Augen aus, schnitten ihnen die Geschlechtsteile ab, öffneten ihren Leib und rissen ihnen vor ihren eigenen Augen langsam die Gedärme und andere Organe heraus.

Und immer dieselben Berichte über die Reaktionen: Während ein Teil der Volksmasse das Spektakel bejubelte und sich an den Grausamkeiten ergötzte, war ein anderer Teil schockiert und beeindruckt von der unglaublichen Standhaftigkeit der Gefolterten – und nicht wenige kamen wohl durch diese Eindrücke selbst zum Glauben an den Christengott, der ja quasi als Urbild seiner Nachfolger selbst gemartert worden war, um aber danach angeblich zu himmlischer Herrlichkeit und seliger Unsterblichkeit aufgestiegen zu sein, was laut dieser Lehre auch der Lohn der ihn bekennenden Märtyrer war.

Konstantin hatte den Berichten im Großen und Ganzen Glauben geschenkt, auch wenn natürlich hier und da manches etwas übertrieben geschildert und dramatisch ausgeschmückt sein mochte. Aber er hatte auf seinen verschiedenen Reisen und Inspektionen mit Diokletian und Galerius selbst einiges erlebt, was dem nahekam.

Schließlich kam der von Konstantin sehnsüchtig erwartete Tag, an dem Diokletian feierlich von seinem aktiven Kaiseramt zurücktrat, so wie er es selbst in seinem von ihm entworfenen neuen Regierungssystem vorgesehen hatte:

Vier Kaiser, davon zwei Augusti, also Oberkaiser, und zwei Caesaren, also Unterkaiser, je einer für den Westen und den Osten. Nach zehn Jahren treten die Oberkaiser zurück und ziehen sich auf eigens gebaute luxuriöse Landsitze mit schon vorbereiteten Mausoleen zurück, um, den Alltagsgeschäften entrückt, in einer halbgöttlichen Sphäre ihren Tod und damit ihre endgültige Vergöttlichung zu erwarten. Die Unterkaiser rücken dafür nach, steigen zu Oberkaisern auf, aus Caesaren werden Augusti, so jetzt Konstantins Vater Constantius und der von ihm gefürchtete Galerius. Und für diese beiden mussten zwei neue Caesaren, zwei neue Unterkaiser ernannt werden, von den scheidenden Oberkaisern nach Charakter und Verdienst aus den höheren Rängen des Militärs ausgewählt.

Das Ganze war ausgetüfteltes System, das der strenge, selbstlose und pflichtbesessene Diokletian errichtet hatte, wobei er anscheinend davon ausging, dass alle seine Mitregenten und deren Nachfolger und Nachkommen ebenso selbstlos und pflichtbewusst seien, denn nur so konnte dieses System auf Dauer funktionieren. Der natürliche Drang eines Herrschers, eine Erbfolge zu installieren, eine Dynastie zu begründen, sollte in Zaum gehalten und stattdessen nach weisem Ratschluss der erfahrenen Regenten die Würdigsten und Fähigsten ausgewählt werden.

Konstantin machte sich trotzdem große Hoffnungen auf seine Ernennung, als die prächtige Zeremonie in Nikomedia begann. Er war ja nicht nur der Sohn des Constantius, sondern zudem ein bewährter Offizier, der seine militärischen Führungsqualitäten schon in seinen recht jungen Jahren oft und eindrücklich unter Beweis gestellt hatte. Auch jetzt, als die Gardetruppen mit ihren in der Maisonne glänzenden Rüstungen und Schilden hinter dem kaiserlichen Tross des Diokletian und des Galerius den Jupiterhügel in Nikomedia hinaufritten und -marschierten, gesäumt von endlosen Kohorten zur Linken und zur Rechten, stand er dem größten anwesenden Truppenkontingent vor, dessen Offiziere und Soldaten ebenfalls alle davon ausgingen, dass ihr Führer, der charismatische Herculier Konstantin, hier und jetzt zum Caesar erhoben würde.

Doch als Diokletian auf dem erhöhten Thron, der in der Mitte der Tribüne errichtet war, Platz genommen und seine zeremoniellen Reden gehalten hatte, ernannte er neben dem aufstrebenden Feldherrn Maximinus Daia, einem Adoptivneffen des Galerius, mit dem schon in den einschlägigen Kreisen gerechnet worden war, einen alten Freund und Kampfgefährten des Galerius, den bereits ältlichen und nach Gerüchten dem Wein ergebenen Severus zum Caesar. Ein Raunen ging durch die festlich geschmückten Reihen, als dieser zweite Name genannt wurde, und Konstantin fühlte sich gedemütigt.

Zuerst lief es ihm heiß, dann eiskalt den Rücken herunter. Das war nun der Lohn dafür, dass er mit zusammengebissenen Zähnen seine ganze Jugend dem diktatorischen Oberkaiser gehorcht hatte, der ihn seinem geliebten echten Vater entrissen? Dass er all seine Talente, seinen Idealismus, seine Hoffnung in seine militärische und politische Ausbildung gesteckt hatte? Dass er überall, im Studierzimmer wie auf dem Übungsplatz und auch auf dem Schlachtfeld der Beste und Entschlossenste gewesen war? Und wofür? Damit ihm jetzt ein alter Säufer vorgezogen wurde? Das konnte er nicht einfach so hinnehmen!

Hinter sich hörte er seine Truppen grummeln und leise protestieren und in ihm wuchs eine über viele Jahre angestaute Wut auf den in lächerlicher Würde unbewegt in die Ferne schauenden Diokletian. Eine Wut, die bisher nur durch den Glauben an die letztendliche Anerkennung und Beförderung durch den ungeliebten Adoptivvater in Zaum gehalten wurde, aber jetzt nackt und roh mitten in seiner Seele stand.

Bei der Zeremonie selbst ließ er sich nichts anmerken, verbarg seinen Hass hinter der Maske eines eisernen Lächelns, doch schon bald streckte er die Fühler aus nach anderen Offizieren und hochrangingen Beamten am Hof, die mit dem einst überall hochgeachteten, aber durch seine Rohheit und seinen Jähzorn in den letzten Jahren immer unbeliebter gewordenen Galerius Probleme hatten und einen Umsturz anstreben könnten. Doch die Intrigen flogen auf, und auch wenn Galerius Konstantin keine Beteiligung nachweisen konnte, vermutete er doch dessen Urheberschaft und verbot Konstantin fortan, den Palast zu verlassen.

»Komm zu mir, mein geliebter Sohn! Verlasse Nikomedia und breche zur Nordwestküste Galliens auf, wo ich krank im Feldlager stehe! Ich habe meinen Bruder-Augustus

Galerius offiziell gebeten, dich zu mir zu senden, nicht um dich zu meinem Nachfolger zu machen, sondern damit ich dich noch ein letztes Mal sehe, bevor ich sterbe«, schrieb ihm sein Vater kurze Zeit darauf. »Er wird dich auf meine Bitte hin ziehen lassen müssen, aber pass auf, er könnte veranlassen, dass dir etwas zustößt!«

Und tatsächlich wurde er wenige Tage später abends zu Galerius gerufen, der ihm mit einem ihm unheimlich scheinenden breiten Grinsen den Befehl gab, am nächsten Tag mit einem eigens bereitgestellten Tross zu seinem Vater aufzubrechen und ihm dafür einen offiziellen kaiserlichen Geleitbrief übergab.

Konstantin war sich sicher, dass Galerius ihm eine Falle stellen würde, dass er unterwegs beseitigt werden sollte, ob durch einen fingierten Überfall von Barbaren oder auf eine andere Weise. Die Warnung des Vaters, das unheimliche Grinsen des Oberkaisers, die Tatsache, dass er nicht mit seinen eigenen Leuten, sondern mit einem von Galerius zusammengestellten Tross die lange Reise angehen sollte, all das war ihm Beweis genug, dass er niemals ankommen würde, wenn er den Befehlen des Galerius folgen würde.

Also entschloss er sich noch in der Nacht zur Flucht – von der Küste des Marmarameers über den Bosporus und quer über den ganzen europäischen Kontinent bis an die Küste des Ärmelkanals, wo der Vater sich zurzeit aufhielt, einen Feldzug gegen die aufständischen Pikten auf der britannischen Insel vorbereitend.

Er ließ alles zurück, auch seine langjährige Geliebte, die wilde schöne Minervina, die er genauso wenig heiraten konnte wie sein Vater damals seine Mutter Helena, mitsamt seinem Sohn Crispus, den sie ihm vor einem halben Jahr geschenkt hatte. Crispus würde er irgendwann nachholen, wenn er die Macht errungen hatte und alles sicher für ihn war. Er wollte ihn trotz seiner illegitimen Geburt als Nachfolger anerkennen, so wie es sein Vater mit ihm getan hatte, schwor er sich. Dieser Sohn hatte seine Augen und sein Wesen geerbt, das hatte er ihm gleich am ersten Tag angesehen, als der Neugeborene ihm in den Armen der Amme präsentiert wurde und er sich in diesem Augenblick an ein tief in sein Herz eingebranntes Erlebnis erinnerte, das ihm den Namen Crispus auf die Lippen drängte.

Dreizehn Tage und zwölf Nächte ritt er durch, fast ohne zu schlafen, um nicht von ihn verfolgenden Truppen, die Galerius ihm möglicherweise hinterhergeschickt hatte, eingeholt werden zu können. Er ritt allein mit zwei Offizieren seiner persönlichen Garde von Poststation zu Poststation, nach einem lange ausgeklügelten Plan, tauschte in jeder Station die Pferde aus und schnitt den ausgetauschten Tieren die Sehnen der Hinterläufe durch, damit sie nicht mehr von den möglichen Verfolgern benutzt werden konnten.

Es war Januar, die Straßen waren meist nass und der Ritt beschwerlich. Fast die ganze Zeit hindurch regnete es, aber er war wie im Rausch, spürte, dass seine Kräfte wuchsen, je größer die Gefahr und die Herausforderung war. Nachdem er Mösien hinter sich gelassen hatte, wo er direkt an seiner Geburtsstadt Naissus vorbeigekommen war, wo seine Mutter, die er so viele Jahre nicht mehr gesehen hatte und auch jetzt nicht besuchen konnte, immer noch wohnte, wurde es immer kälter und begann schließlich zu schneien.

Und als er dann nachts mit wunden, empfänglichen, vom Schlafmangel überwachen Sinnen über die weite, schneebedeckte Ebene Pannoniens ritt, auf die der Vollmond herniederschien und sie eigenartig unwirklich leuchten ließ, da fühlte er sich so frei und großartig wie noch nie in seinem Leben. Noch nie hatte er sich so wunderbar gefühlt wie jetzt nach sieben Tagen und sechs Nächten praktisch ohne Schlaf oder sonstige Pause im Sattel.

Er spürte eine ungeheure Kraft, weil sein verwegener Plan bisher perfekt funktioniert hatte und er so unglaublich gut vorankam, dass ihn sicher niemand einholen konnte. Er wusste sich beschützt und getragen von seinem Schutzgott, wer auch immer das war – ob Herkules, Apollo oder der unbesiegbare Sonnengott, das wusste er nicht, aber eine göttliche Kraft trug ihn zu seiner Mission, dessen war er sich jedenfalls völlig gewiss. Auch wenn er nur noch einen Begleiter hatte, da der andere den permanenten scharfen Ritt nicht mehr mitgehen konnte, und er die Hälfte des Weges noch vor sich hatte, durch immer kälter und unzivilisierter werdendes Gebiet, so hatte er nicht die geringste Angst, dass er nicht wohlbehalten ankommen würde. Er fühlte nur den feurigen Rausch des Gelingens.

Als er dann endlich im Feldherrenzelt seines Vaters in Portus Britannicus am Meereskanal zwischen Gallien und Britannien ankam, war er wirklich ganz allein, nicht nur seine vermeintlichen Verfolger, auch seine beiden Begleiter hatte er abgehängt.

Der Vater eilte ihm sogleich freudig und etwas erstaunt entgegen: »Konstantin, mein Sohn, du hast es geschafft zu kommen!«

Dieser schaute wahrscheinlich noch etwas erstaunter als sein Vater. Er hatte ihn nicht mehr gesehen, seit er zehn oder elf Jahre alt gewesen war und ihn als einen großen und schlanken Mann mit wie in Stein gemeißelten Zügen in Erinnerung gehabt – und jetzt trat ihm ein etwas dicklicher Alter mit bleicher, kränklicher Gesichtsfarbe und einem Doppelkinn entgegen, der einen halben Kopf kleiner war als er selbst, wenn auch nicht wirklich klein, denn Konstantin selbst war ungewöhnlich groß. Aber es war doch eindeutig sein Vater: die gütigen, aber festen, entschlossenen großen grünen Augen und das Lächeln mit der starken Faltenbildung um den Mund mit den kräftigen Lippen erkannte er selbst nach so langer Zeit wieder.

»Sei gegrüßt, mein Vater und Augustus!«, bemühte er sich, abgekämpft wie er war, Haltung und Festigkeit zu zeigen. Sein Vater nahm ihn in den Arm.

»Unglaublich, wie groß du geworden bist, mein Sohn! Und wie tapfer! Ich bin sehr stolz auf dich. Bist du ganz allein geritten?«

»Nein, ich hatte zwei Offiziere bei mir, doch ich musste sie zurücklassen, weil ich es so eilig hatte, zu dir zu kommen, mein Vater«, antwortete Konstantin weiter mit würdiger Haltung, doch einem leichten Schmunzeln.

Sein Vater musterte ihn zufrieden. »Jaja, mein Sohn, mein tapferer Sohn. Auch Diokletian und selbst Galerius, der dir nun wahrlich nicht der Wohlgesonnenste ist, berichteten mir stets von deiner Kraft, deiner Ausdauer und deiner Tapferkeit. Und von deinen herausragenden geistigen Fähigkeiten, die ich aber selbst aus unserem Briefwechsel ersehen konnte. Gut, dass du jetzt bei mir bist. Ich kann dich auf meinem wichtigen Feldzug gut gebrauchen …«

»Ich werde bei dir bleiben. Bis zu deinem Tod.«

»Ja, und dann wirst du mir nachfolgen, du hast das Zeug dazu.“

Konstantin war seltsamerweise nur kurz erstaunt, dass sein Vater ihm gleich so direkt eröffnete, was der wahre Grund für seine Abberufung vom Hof des Galerius war, aber nicht wirklich überrascht. Er hatte eigentlich immer gewusst, dass er irgendwann herrschen würde und auch, dass sein Vater genau das wollte. Und dass nun sein Vater dafür sorgte, dass er den Rang erhielt, den ihm Diokletian verwehrt hatte, erschien ihm nichts weiter als folgerichtig. Trotzdem zeigte er kurz eine gewisse Verblüffung, und wenn auch nur, um seinem Vater nicht das Gefühl zu geben, etwas Selbstverständliches zu tun.

»Aber setz dich doch erst einmal hin und ruh dich ein wenig aus. Du wirst auch bald schlafen müssen, du siehst aus, als hättest du lange nicht mehr richtig geschlafen.«

Konstantin setzte sich. »Danke, es geht … Ja, ich bin zwölf Tage geritten und habe fast nicht geschlafen. Aber es geht noch, es geht. Ich bin zu glücklich, um müde zu sein.«

»Ich lasse dir etwas Essen und Wein bringen, aber den Wein stark verdünnt, sonst kippst du in deinem Zustand gleich um«, eröffnete ihm Constantius aufgeräumt und ging an den Eingang des Zeltes, um dem dort stehenden Bediensteten Anweisungen zu geben.

Jetzt, wo er am Ziel war, im Zelt seines Vaters saß, fühlte Konstantin eine glückliche Erschöpfung in sich aufsteigen. Sein Körper war völlig zerschlagen und ausgelaugt, aber sein Geist war noch wach und berauscht. Er genoss die warme Ausstrahlung seines Vaters, die so ganz anders war als die seiner bisherigen Dienstherren Diokletian und Galerius.

Sein Vater kehrte zurück und setzte sich auf einen Sessel ihm gegenüber. Er strahlte ihn regelrecht an: »Ich bin wirklich sehr froh, dass ich dich endlich bei mir habe nach so langer Zeit. Du wirst jetzt mit mir zusammen die Truppen führen, und ich habe keine Zweifel, dass du dich in der Schlacht bewähren wirst und meine Offiziere dich zu meinem Nachfolger ausrufen werden.«

Auch Konstantin hatte da keine Zweifel, die Frage war nur, was dann geschehen würde. Und wann würde es so weit sein? Wenn er seinen Vater so anschaute, hatte er das Gefühl, es könne nicht mehr allzu lange dauern. Auch wenn der alte Constantius eine große geistige Lebendigkeit ausstrahlte, so war seine Hautfarbe besorgniserregend bleich, und dicke Schweißperlen standen auf seiner zerfurchten Stirn.

Konstantin runzelte nachdenklich die seine und meinte dann: »Das wird dem Augustus Galerius nicht besonders schmecken. Die Frage ist, ob er militärisch darauf reagieren wird …«

»Dann musst du große Klugheit beweisen, mein Sohn, um das zu verhindern. Wir können keinen Bürgerkrieg gebrauchen. So schnell und waghalsig, wie du jetzt sein musstest, so klug und geduldig wirst du in anderen Situationen sein müssen, um zur Macht zu gelangen und dich an der Macht zu halten.«

»Zunächst hoffe ich, dass deine Herrschaft noch viele Jahre andauern wird, verehrter Vater und Augustus.«

»Viele Jahre … nun ja, die Ärzte sind da skeptisch, es liegt wohl einiges im Argen bei mir, vor allem die Nieren, die Nieren …« Er wische sich den Schweiß von der Stirn. »Na ja, nur die Götter wissen, wie viel Zeit uns noch vergönnt ist …« Er lächelte.

Sein Sohn lächelte auch, wenn auch mit besorgtem Blick.

Ein Bediensteter kam herein, stellte auf dem kleinen Beistelltisch neben Konstantin ein Tablett mit einem Teller mit Fleisch, Brot und Obst und einer Karaffe stark verdünnten Weines sowie einem Trinkbecher ab, verbeugte sich kurz und ging wieder hinaus.

Konstantin schenkte sich den Becher voll und trank einen Schluck. Der Wein, so stark verdünnt er auch war, fachte sofort spürbar seine Lebensgeister an.

»Unser Schutzgott Hercules hat mich jedenfalls erst einmal sicher hierhergebracht, und er wird auch dich und deine Herrschaft weiter beschirmen.«

»Ja, ja, unser Schutzgott Hercules …«, seufzte der Vater, wobei sich ironische Fältchen um seine alten Augen bildeten. »Sicherlich, sicherlich …«

»Denkst du nicht?«

»Doch, doch. Sicher, wir sind Herculier und Hercules ist unser Schutzgott, das hat schon seine Richtigkeit. So will es die tetrarchische Ordnung, die unser großer

Diokletian in seiner Weisheit begründet hat, und ich bin weit davon entfernt, hier Neuerungen einführen zu wollen. Auch wenn ich oft denke …« Er hielt inne und seufzte.

»Was denkst du oft, verehrter Vater?«, fragte Konstantin und nahm sich etwas Fleisch und Brot, was ihm nach dem entbehrungsreichen Ritt und der glücklichen Ankunft geradezu fantastisch schmeckte.

Sein Vater winkte ab: »Ach, ich habe im Moment ganz andere Sorgen, als über die Wahrheit der Götter oder gar philosophische Fragen nachzudenken. Ich bin Soldat. Und Kaiser. Wobei ich immer vor allem Soldat bleiben werde. Ich bin alt und krank und werde bald sterben, und mein Reichsteil ist seit Jahren an allen Ecken und Enden bedroht. Hinter jeder Grenze lauern wilde Völkerscharen, mit denen ich entweder Verhandlungen oder Kriege führen muss. Hinter dem Rhein drängen schon seit langer Zeit wilde Germanenstämme an und über unsere Grenzen – in Britannien, das sich sogar einmal vom Reich abgespalten hatte vor einigen Jahren, und das ich hart und blutig zurückerobern musste, brechen andauernd Aufstände los, und hinter den britannischen Grenzen lauern nicht minder wilde Völkerschaften, die Scoten und Pikten, gegen die ich jetzt ziehen muss …«

Er atmete schwer, schnaufte kurz durch und spöttelte dann gleich wieder mit der ihm eigenen sanften Ironie: »Da kann ich den Beistand aller Götter gebrauchen, die ich kriegen kann, Hercules, Mars, Apollo und Mithras und den unbesiegbaren Sonnengott dazu …«

»Und den der Christen?«, warf Konstantin ein, der mittlerweile mit dem Kauen fertig war.

»Von mir aus auch den!«, stieß sein Vater jetzt etwas lebhafter mit einem Lachen hervor. »Den der Juden und Christen noch dazu, sollen sie alle für mich beten – und ich weiß, dass sie es tun … Ich habe wahrlich andere Sorgen, als mir den Kopf über die unterschiedliche Macht diverser Götter zu zerbrechen, aber …«

»Aber was, verehrter Vater?«, fragte Konstantin erregt. Schon immer, seit seiner frühesten Jugend hatte ihn neben der Macht und Regierungsführung, dem Militär und der Kriegsführung, am brennendsten die Frage nach den Göttern und ihrem Einfluss auf das menschliche Schicksal interessiert.

»Naja, wie soll ich es sagen?« Er seufzte wieder, wischte sich den Schweiß von der Stirn, nahm einen Schluck Wein und fuhr fort, seinem Sohn mit ernsthaftem Blick tief in die Augen schauend. »Also, ich weiß, dass es für konservativ denkende Menschen ziemlich unerhört ist, den Gott oder die Götter seines Volkes und seiner Ahnen zu verlassen, um sich irgendeiner dieser neumodischen orientalischen Kulte anzuschließen … Also, gut, einen anderen Gott dazu zu nehmen oder auch zehn oder zwanzig, das ist ja alles in der Ordnung, in unserem Pantheon ist viel Platz, wir sind da sehr tolerant …«

Er schaute Konstantin mit einem von seinem eigenen Kommentar belustigten Grinsen an, wurde aber gleich wieder ernst: »Aber sich einem Kult oder einer Lehre anzuschließen, für die man den Göttern der eigenen Väter den Rücken kehren muss …«

»Wie zum Beispiel bei den Christen«, warf Konstantin erneut ein, nahm sich ein paar Weintrauben, steckte sie sich langsam in den Mund und schmeckte, ausgezehrt und übersensibilisiert wie er war, ihre Süße so intensiv wie noch nie in seinem Leben.

»Zum Beispiel … Das ist natürlich unerhört, wenn man so altmodisch pflichtbewusst denkt wie unser großer, jetzt schon halb zu den Göttern entrückter Diokletian. Doch …« Er machte eine Pause, runzelte die Stirn und fuhr sinnierend fort: »Nun, es gibt doch nur diese *eine* Welt, die wie die Philosophen sagen nur *eine* Ursache, *einen* Schöpfer haben kann. Aber nun ist doch in jedem Volk ein anderer Gott oder es sind andere göttliche Wesen, die die Welt geschaffen haben. Das kann ja schlechthin nicht sein. Warum soll ich als Römer andere Götter haben als ein Perser oder ein Germane? Und sie einfach dazu zu nehmen und nachher dutzende nicht zueinander passende Weltschöpfer und Weltschöpfungsgeschichten zu haben, macht auch keinen wirklichen Sinn. Auch die Philosophen sagen ja, dass das höchste Gute eines ist – es kann natürlich darunter vielerlei geben an göttlichen Prinzipien, aber das höchste Gute ist eines.«

Konstantin kam an dieser Stelle der ihn selbst verblüffende Gedanke, dass dies ebenso sein Lehrer Laktanz hätte sagen können.

»Also denke ich oft«, fuhr sein Vater lebhaft fort, »was der vergöttlichte Kaiser Aurelian damals begann, hätte man vielleicht noch weiterführen sollen: Die Sonne ist ja das, was alles erleuchtet, das Licht ist das oberste Prinzip. Sol invictus, der unbesiegte Sonnengott, den ich sehr verehre, das ist etwas Natürliches, was allen Menschen gemein ist, finde ich, die Sonne, das Licht zu verehren, und auch Mithras – in meinem Heer sind viele Soldaten Anhänger des Mithras –, der ist doch auch Sol invictus. Sol Invictus Mithras, wie Aurelian ihn nannte, ist also auch die Sonne, das Licht, und Helios und Apollo auch – ist es nicht alles derselbe Gott des Lichts, den alle Menschen zuoberst verehren sollten?«

»Vielleicht solltest du den Purpurmantel nach der Schlacht gegen die Pikten ablegen und stattdessen den Philosophenmantel überziehen, verehrter Vater«, erwiderte Konstantin befreit lachend, die Gegenwart seines Vaters und dessen geistiger Verwandtschaft so angenehm empfindend nach all den Jahren mit Diokletian und seinesgleichen.

»Ach, ich ziehe bald ein ganz anderes Tuch über, mein Sohn«, widersprach Constantius lächelnd.

»Und was ist mit dem Gott der Christen?«, fragte Konstantin neugierig nach.

»Der scheint dich ja überaus zu interessieren, mein Sohn?«, fragte der Vater mit einer leichten Spitzfindigkeit im Tonfall zurück.

Er hatte ein seltsames Gefühl bei dieser Frage seines Vaters. Es klang so, als ob er persönlich mit dem seltsamen Gott der Christen liebäugelte, was er natürlich scharf von sich gewiesen hätte. Aber die Christen waren nun mal ständig ein Thema, ein weit größeres Thema, als sie von ihrem Bevölkerungsanteil her sein sollten, und die Gespräche mit Laktanz hatten ihn auf eine seltsame Weise berührt, was aber auch sicherlich mit der überaus gebildeten und beeindruckenden Persönlichkeit des Lehrers zu tun hatte.

»Nun ja«, sagte er schließlich etwas kleinlaut, »sie sind ja in aller Munde, und die Maßnahmen gegen sie haben sie nur noch mehr zum Gegenstand der öffentlichen Aufmerksamkeit gemacht. Wenn es nach Diokletian und Galerius geht, scheinen sie ja das drängendste Problem unseres Staates zu sein.«

»Wie gesagt, ich habe ganz andere Probleme, und unser Staat auch. Bei aller Hochschätzung für den fast göttergleichen Diokletian und auch für den wackeren Galerius, in dieser Frage sind die beiden unverbesserliche engstirnige Fanatiker!«

Er wurde zum ersten Mal richtig ärgerlich und winkte ab, während er etwas scharf Luft aus seinem Mund stieß. »Überall stehen barbarische Völker an unseren Grenzen, denen nichts von dem heilig ist, was uns heilig ist und wollen unsere gesamte Zivilisation vernichten, und ich soll brave Bürger, die – wie ich weiß – jeden Tag für den Erhalt unseres Staates und die Kaiser beten, die nichts verbrochen haben, außer dass sie sich weigern, dem Mars oder dem Jupiter ein Opfer zu bringen, verfolgen? Den einen Teil abschlachten und den anderen Teil gegen mich aufbringen? Das ist doch wirklich nicht mein Problem hier in Gallien und Britannien!«

Er nahm wieder einen Schluck Wein, begann dann breit zu grinsen und meinte heiter: »Ich weiß nicht viel über sie und ihren Kult. Ich weiß nur, dass sie verrückt sind.«

»Verrückt?«, fragte Konstantin und kicherte.

»Ja, sie sind völlig verrückt! Du wirst dich noch an meine Worte erinnern, wenn du selbst Caesar oder gar Augustus sein wirst und mit ihren Bischöfen, so nennen sie ihre Vorsteher, und deren Streitigkeiten zu tun haben wirst«, schwadronierte Constantius vergnügt weiter und nahm einen großen Schluck Wein. »Sie streiten sich die ganze Zeit über die absurdesten Dinge, die kein Mensch außer ihnen versteht: Es geht manchmal um ein winziges Wörtchen in irgendeiner Schrift, die ein halbgebildeter syrischer Jude vor fast 300 Jahren verfasst hat, und wie das zu verstehen ist, und dann springen sie sich buchstäblich gegenseitig an die Gurgel. Und wenn sie sich nicht gegenseitig erwürgt haben, dann schreibt der eine ein zehnbändiges Buch, warum das Wörtchen so zu verstehen ist, und der andere ein zwanzigbändiges, warum es anders zu verstehen ist. Sie sind ganz und gar verrückt, aber für Menschen außerhalb ihrer Gemeinschaft völlig harmlos. Es gibt fast keine Kriminellen unter ihnen, und von denen stellen sich die meisten noch freiwillig, weil ihr Priester ihnen gesagt hat, sie müssten das tun, damit ihnen weiterhin erlaubt ist, bei ihren obskuren Versammlungen mit den anderen Wein zu trinken und Brot zu essen. Also, wenn das nicht verrückt ist …«

Konstantin lachte. »Aber der Wein ist das Blut ihres Gottes und das Brot sein Fleisch, habe ich gehört.«

»Na wunderbar, da siehst du es! Sie sind verrückt! Aber warum soll ich einen Bürgerkrieg gegen harmlose Spinner führen? Vor allem … wenn man sie verfolgt, werden sie ja nur noch verrückter!« Jetzt lachte er lauthals, wobei ihm dicke Schweißperlen von der Stirn tropften, die er sich sogleich wieder abwischte.

»Hm«, machte Konstantin nachdenklich, nachdem er zuerst laut mitgelacht hatte. Dann war ihm ein seltsamer Gedanke gekommen. »Wenn sie verrückter werden, wenn man sie verfolgt – was wäre denn, wenn man umgekehrt ihren Kult offiziell anerkennen würde? Würden sie dann weniger verrückt werden?«

Constantius antwortete mit betont gespreizter Ironie: »Mein lieber, tapferer und auch sehr tiefsinniger Sohn, das ist eine überaus interessante Frage, auf die ich aber keine Antwort weiß. Vielleicht werden sie dann auch noch verrückter, als sie es jetzt sind, wo man sie verfolgt!« Er gackerte kurz in sich hinein und brach dann in lautes Lachen aus.

Konstantin erinnerte sich, dass es auch schon früher die Art seines Vaters gewesen war, selbst am heftigsten über seine eigenen Scherze zu lachen. Er gähnte. Langsam ließ sein rauschhaftes Glücksgefühl nach, und eine tiefe Müdigkeit machte sich nach den Strapazen der letzten Tage unaufhaltsam breit, nicht nur in seinem Körper, sondern auch in seinem Geist. Er gähnte noch einmal.

»Aber du musst jetzt schlafen, mein Sohn. Übermorgen werden wir nach Britannien übersetzen, um die dort eingefallenen Pikten zu schlagen. Da müssen wir ausgeruht sein, und du sollst mit mir zusammen die Führung der Truppen übernehmen. Wir haben als Bundesgenossen Verbände des germanischen Stammes der Alamannen auf unserer Seite. Siehst du, so weit ist es schon gekommen, dass wir barbarische Fürsten und Truppen brauchen, um unsere Grenzen und Territorien zu sichern. Wie ich schon gesagt habe: Wir haben wahrlich ganz andere Probleme als die Frage nach der Wahrheit irgendwelcher Götter.«

Auf dem harten Feldzug gegen die Pikten im trüben und nasskalten nördlichen Britannien führte dann mehr der Sohn die Truppen als sein immer schwächer werdender Vater. Er konnte sich bei den Offizieren große Anerkennung erwerben, nicht nur durch sein taktisches Geschick und sein einnehmendes Wesen, sondern auch, weil er sich, von göttlichem Schutz behütet wissend, immer selbst in vorderster Linie in die Schlacht warf, leidenschaftlich voranritt, ohne die größte Todesgefahr zu scheuen.

Er wusste, dass das Heer seines Vaters ihn nach dessen Tod zu seinem Nachfolger ausrufen würde, wenn dieses ihn als Feldherren achtete. Die Erbfolge war zwar von Diokletian außer Kraft gesetzt, aber sie war trotzdem eine alte Tradition, die tief im Legitimitätsverständnis der höheren Soldatenränge und auch des einfachen Fußvolks verankert war, und zusammen mit seinem Ansehen würde dies den Offizieren seines Vaters praktisch gar keine andere Möglichkeit lassen. Ein fähiger, tapferer und beliebter Sohn eines ebenso beliebten Kaisers musste einfach dessen Nachfolger werden, egal was die neue abstrakte Theorie des tetrarchischen Systems sagte. Er würde damit dann einer Ernennung eines neuen Caesars für das Westreich durch den einzig verbliebenen Augustus Galerius um Wochen zuvorkommen und könnte von diesem nur noch durch eine riskante militärische Intervention gestoppt werden.

Um noch eine zusätzliche diplomatische Verhandlungsmasse zu haben, beschloss er, sich gleich als absoluter Nachfolger seines Vaters, also als Augustus ausrufen zu lassen, so dass Galerius ihn immer noch zum Caesar hätte degradieren können, um sein Gesicht zu wahren. Wäre er erst einmal Caesar mit gesicherter und auch von Galerius legitimierter Machtbasis, könnte er bei nächster Gelegenheit wieder zum Augustustitel greifen.

Und so kam es. Nachdem die Pikten nach vielen Wochen harter Kämpfe endlich besiegt waren, kehrten

Konstantin und sein Vater nicht mehr zurück nach Gallien, da Constantius kaum noch marschfähig war, sondern blieben mit ihren Truppen in der kaiserlichen Residenz in Eboracum, der Hauptstadt des nördlichen Britanniens. Konstantin ließ seinem geliebten Vater gerne den Ruhm des offiziell alleinigen siegreichen Feldherrn und den nun zweifachen Titel »Britannicus Maximus«, während er selbst in Ruhe die Wiederherstellung der Ordnung in der Provinz betrieb und seine eigene Machtübernahme vorbereitete.

Als der Vater schließlich im Sommer starb, wurde Konstantin von seinen Offizieren und dem versammelten Heer zum Augustus ausgerufen. Der überrumpelte und verärgerte Galerius wollte es nicht auf einen Krieg ankommen lassen und begnügte sich damit, ihn nur als Caesar anzuerkennen, während er seinen alten Freund und Schlachtgefährten Severus, einen einst herausragenden Soldaten, der aber mittlerweile ein versoffener Tribun mit einem fast ebenso dicken Hals wie sein Kumpan Galerius geworden war, vom Caesar zum Augustus des Westens beförderte.

Konstantin erinnerte sich an die Mahnung seines Vaters, Geduld und Klugheit zu bewahren, und so akzeptierte er die neue Ordnung mit Severus als Oberkaiser, denn er ahnte schon, dass dieser alte Trunkenbold früher oder später aus dem Weg geräumt werden würde und er nicht einmal selbst einzugreifen brauchte.

Und wieder einmal ging sein Plan auf: Denn schon wenige Monate später nutzte Maxentius, der als leicht wahnsinnig geltende Sohn des zusammen mit Diokletian zurückgetretenen ehemaligen Augustus Maximian, einen Aufstand in Rom, um sich dort von den Prätorianern zum Kaiser ausrufen zu lassen. Severus marschierte daraufhin mit einer Armee von seiner Residenz Mailand nach Rom, um den Usurpator zu bezwingen, doch der hatte mittlerweile seinen Vater überredet, sich wieder den Purpur anzulegen und ihm zu helfen, so dass ein großer Teil der Armee des Severus, das viele Jahre unter Maximian gedient hatte, zum Feind überlief. Der Augustus Severus musste die Flucht ergreifen, wurde gefangengenommen und einige Monate später, als sein wütender Freund und Mit-Augustus Galerius selbst mit seinen Truppen nach Italien übersetzte und erfolglos Rom belagerte, getötet.

Konstantin dagegen vermählte sich mit Fausta, der Tochter des Maximian, bevor Maxentius seinen Vater, den er nun nicht mehr brauchte, vertrieb, und der alte, halb schon vergöttlichte Augustus bei ihm, Konstantin, seinem neuen Schwiegersohn, Zuflucht suchen musste. Seine neue Gattin Fausta war zwar erst neun Jahre alt, doch das kümmerte ihn nicht weiter: Er sah sie, ein wunderschönes Mädchen, nur einmal zur Hochzeit, rührte sie nicht an und schickte sie zurück nach Rom zu Bruder und Vater. Er konnte mit dem Vollzug der Ehe und dem ehelichen Zusammenleben warten, bis sie ein paar Jahre älter war, in Trier hatte er genug hübsche Konkubinen.

Leider rief sich sein Schwiegervater, der im Alter immer wunderlicher wurde, zwei Jahre später auf Konstantins eigenem Territorium erneut zum Kaiser aus und sammelte Truppen, um erneut die Macht zu ergreifen, doch sein Schwiegersohn konnte ihn schnell besiegen und zwang ihn, nachdem er ihm ausgeliefert worden war, zum Selbstmord. Sicherlich ein unschönes Detail, aber Konstantin beseitigte den alten Unruhestifter lieber, bevor der nochmal auf die Idee kam, Ärger zu machen. Außerdem war der mittlerweile siebzigjährige Exzentriker, wenn auch sein Schwiegervater und ein halbvergöttlichter Augustus, dem jungen Herrscher für nichts mehr nützlich.

Wieder hatte sich alles gefügt, wieder hatte sich sein Glaube bestätigt, dass sein Schutzgott ihn führte und unbesiegbar machte, dass alle seine Gegner sich gegenseitig zerfleischten und schwächten, damit er im richtigen Moment zuschlagen und an sich reißen konnte, was die Vorsehung ihm vorherbestimmt hatte. Er musste nur auf seine göttliche Mission vertrauen und dann im richtigen Augenblick entschlossen und mutig handeln, das wurde ihm immer klarer. Aber irgendwie spürte er auch, dass er das schon immer gewusst hatte, spätestens als er über die schneebedeckte, vom Mondlicht beschienene pannonische Ebene geritten war auf seiner wilden Flucht in die Freiheit, in ein neues Leben, ein Leben als Herrscher.

Nun nahm er wieder den Augustustitel an, den ihm Galerius diesmal nicht verwehren konnte, denn im anderen Teil des Westens herrschte mit Konstantins Schwager Maxentius ja jetzt ein eindeutiger Usurpator ohne jede Legitimation. Nicht eine einzige Schlacht gegen Galerius, Severus oder einen anderen ernsthaften Gegner hatte er schlagen müssen, um das zu erreichen. Er hatte nur abwarten müssen, und alles hatte sich gefügt.

Natürlich war er auch sonst nicht untätig geblieben, hatte mit seiner Rheinarmee Kriege gegen die Germanen geführt, die Grenzen seines Reichsteils verstärkt, sich weiter Ansehen in Armee und Bevölkerung verschafft und sein Heer besser organisiert für die kommenden Aufgaben auf dem Weg zur Alleinherrschaft, die ihm dann sogar von einem Gott prophezeit wurde.

Gerade auf dem Marsch von einer Schlacht im südwestlichen Gallien zurück nach Trier, sah er plötzlich einen Lichtkranz am Himmel, direkt über dem prächtigen und weitberühmten Apollo Granno Tempel. Er eilte in das Heiligtum, und auch innen war alles hell erleuchtet, und der Gott des Lichts selbst, Sol-Apollo, erschien ihm als pure Helligkeit, die seine Augen blendete, so dass er sie schließen musste. Daraufhin hörte er eine wohlklingende männliche Stimme, die sanft, aber deutlich rief: »Konstantin, höre weiter auf mich und folge mir nach, dann wirst du die Alleinherrschaft im Reich erlangen und dreißig Jahre regieren!«

Kaum waren die Worte verklungen, öffnete er seine Augen, die noch brannten, aber wieder sehen konnten. Das Licht war verschwunden, aber die Worte hallten in seinem Geist wider. Der Gott des Lichts hatte zu ihm gesprochen! Sein Vater hatte also Recht gehabt! Der Gott des Lichts hatte ihn auserwählt!

Ein Jahr später erhielt er dann schließlich die Nachricht, dass der schwerkranke Galerius die Verfolgung der Christen eingestellt und ein umfassendes Toleranzedikt erlassen hatte, in dem er feststellte, dass die Anhänger dieser Sekte trotz der Verfolgung nicht von ihrem Glauben abzubringen seien, und dadurch dann »weder den Göttern die angemessene Verehrung zukommen ließen, noch den Gott der Christen verehrten« und daher verfügte: »So haben wir es in unserer außerordentlichen Milde und beständigen Gewohnheit, sämtlichen Menschen zu verzeihen, für notwendig gehalten, auch diesen unsere freimütigste Nachsicht zu gewähren, damit sie wieder Christen sein und ihre Versammlungsstätten wieder aufbauen können, allerdings so, dass sie nichts gegen die öffentliche Ordnung unternehmen«, und dass der Oberkaiser nur wenige Wochen nach der Veröffentlichung dieses Erlasses verstorben war.

Das nahm er zum Anlass, wenig später einen alten Bekannten aufzusuchen, den er seit acht Jahren nicht mehr gesehen hatte, und der sich nach allen verfügbaren Informationen immer noch in Trier aufhielt.

Er fand ihn schließlich nicht in seinen Wohnräumen, sondern nach dem Hinweis seiner Wirtin in einer christlichen Kirche, der größten der Stadt, doch natürlich an Größe und Pracht nicht einem Tempel Apollos oder eines anderen römischen Gottes zu vergleichen. Es war ein ehemaliges größeres Wohnhaus, aus dem man die Zwischenwände herausgerissen und stattdessen Einbauten wie zum Beispiel ein großes Wasserbecken, ein Podest mit Sitzplätzen und einen Altar eingefügt hatte.

Als Konstantin in die Kirche trat, war es fast dunkel, durch die kleinen Fenster fiel nur wenig Abendlicht herein, und vor dem Altar brannten einige Kerzen, vor denen ein schmächtiger Mann in einer grauen Paenula kniete, die Kapuze nicht über den Kopf gezogen, so dass von hinten sein dichtes graues Haar zu sehen war.

Konstantin trat näher heran und räusperte sich. Der kniende Mann drehte seinen Kopf herum, und der ehemalige Schüler war erstaunt, dass sein alter Lehrer Laktanz so verändert aussah: Er war in den wenigen Jahren nicht nur grauer, sondern auch erheblich faltiger geworden und hatte sich einen langen Bart wachsen lassen.

Auch der alte Magister war offensichtlich und verständlicherweise erstaunt, stand leicht torkelnd auf, drehte sich um, verbeugte sich tief, lächelte dann und sagte: »Ich wusste doch, wir würden uns wiedersehen, mein großer Augustus, gottbegnadeter Flavius Valerius Constantinus! Was verschafft mir die Ehre? Hier, in einem schlichten Gotteshaus?«

»Ich wollte dir gratulieren.«

»Gratulieren? Mir? Warum?«, fragte Laktanz etwas verwirrt.

»Dass deine Prophezeiungen eingetroffen sind.«

»Meine Prophezeiungen? Welche denn? Dass Ihr von Gott auserwählt seid zum Herrscher?«

»Das wohl auch, aber das meinte ich nicht. Ich meinte, dass Galerius die Verfolgungen deiner Religion im gesamten Reich nach acht Jahren mit einem offiziellen Toleranzedikt beendet hat. Er hat eingestanden, dass die Ausrottung des Christentums im Reich gescheitert ist.«

»Das war nicht schwer zu prophezeien, mein verehrter Konstantin. Wer Gott und seine Kirche bekämpft, wird untergehen«, entgegnete sein alter Lehrer ruhig.

»Er ist vor zwei Wochen gestorben.«

»Das weiß ich doch schon, mein verehrter Augustus.«

Der Kaiser war erstaunt. Er hatte die Nachricht selbst erst vor wenigen Tagen mit der kaiserlichen Post erhalten. Er meinte nur: »So?«

»Mein verehrter Kaiser, unsere Nachrichtenwege sind nicht viel langsamer als die Euren. Ich weiß auch noch einiges andere …«

»Was denn?«

»Ich weiß, auf welch widerwärtige Art dieser Feind Gottes geendet ist«, gab der alte, sonst so milde Magister mit einem Funkeln in den Augen, das Konstantin fast an Galerius selbst erinnerte, zur Antwort.

»Er hatte eine schwere Erkrankung, schon seit einem Jahr oder länger, ein Geschwür, soviel ich weiß.«

»Ein Geschwür …« Laktanz lachte hämisch. »Ich habe Berichte erhalten von heimlichen Christen in seinem Hofstaat, wie es ihm ergangen ist, wie Gott ihn für seine abscheulichen Freveltaten gestraft hat: Es wuchs ihm ein bösartiges Geschwür am unteren Teil der Genitalien, das weiter um sich griff und von den Ärzten herausgeschnitten werden musste. Doch die Wunden brachen auf, er verblutete fast, seine Kräfte schwanden, sein fetter, vollgefressener Leib magerte völlig ab. Der Krebs erfasste dabei weitere Teile des Körpers, je mehr man schnitt, desto weiter fraß er sich vor. Berühmte Ärzte aus allen Teilen des Reiches und Priester aller Götter – außer dem einzig wahren – konnten nichts ausrichten, das Gewebe zersetzte sich, das ganze Gesäß ging in völlige Auflösung über, auch die inneren Teile wurden nun erfasst, es bildeten sich Würmer im Leibe, der widerliche faulende Geruch drang durch den ganzen Palast, was sage ich, über die ganze Stadt! Unter unerträglichen Schmerzen wurde er von Würmern zerfressen, die Ausgänge des Afters und des Harns vermischten sich, sein ganzer Unterleib löste sich in Fäulnis auf. Je mehr Würmer man mit warmen Verbänden, in die man gekochte Tierchen packte, herausholte, desto mehr bildeten sich in seinem Inneren in riesigen Schwärmen. Während der obere Teil des Körpers völlig zusammengeschrumpft war, so dass die fahle Haut tief in den Knochen lag, war der untere Teil in Fäulnis aufgetrieben, hatte seine Gestalt verloren und ging wie in Schläuchen auseinander. Dies dauerte ein ganzes Jahr fast ununterbrochen fort mit unermesslichen Schmerzen, bis er schließlich laut ausrief, er werde den Tempel Gottes wiederherstellen und für den Frevel Genugtuung leisten, und dann das Edikt erließ, das die Verfolgung beendete. Dann wurde er, während ihm bereits alle Glieder des Körpers zerfielen, in schauerlicher Verwesung dahingerafft!«

Laktanz hatte alle gruseligen Einzelheiten genüsslich und breit mit hämisch befriedigtem Tonfall und unterstützenden Gesten ausgebreitet und stellte dann zufrieden fest: »So ergeht es den Feinden Gottes und den Verfolgern der Kirche!«

Während der Erzählung seines alten Lehrers waren in Konstantin widerstrebende Empfindungen aufgestiegen: einerseits Ekel und Widerwillen, andererseits aber auch Genugtuung über das furchtbare Ende seines verhassten Gegners, der ihn daran hatte hindern wollen, zur Macht zu gelangen. Er sagte nur: »Nun ja, mein lieber Laktanz, auch wenn sein Ende wirklich so grauenerregend war, so weiß ich nicht, ob das etwas mit den Verfolgungen der Christen zu tun hatte ...«

»Glaubt mir, verehrter Flavius Valerius Constantinus, ich habe alle mir zugänglichen historischen Dokumente über die römischen Kaiser und besonders derer, welche die wahre Religion verfolgten, genau studiert – und alle, die die Kirche Christi bekämpft haben, sind grauenvoll geendet.«

»Ich dagegen«, stellte Konstantin mit Nachdruck und Überzeugung fest, »bin von Gott auserwählt worden, die Herrschaft zu übernehmen und das Reich wieder zu einen!«

»Oh ja, dessen bin ich mir sicher!«, stimmte der Magister nickend zu.

»Sol-Apollo, der Gott des Lichts, ist mir persönlich erschienen und hat mir die Alleinherrschaft und dreißig Regierungsjahre versprochen!«

»Soso, Sol-Apollo – hat er sich persönlich vorgestellt?«, fragte Laktanz mit einer etwas spitzen Ironie.

»Nein, aber es war der Gott des Lichts, er war ganz in Licht gehüllt, ja, er selbst war pures Licht!« Konstantin zitterte wieder vor Erregung, als er an die Erscheinung zurückdachte.

Sein alter Lehrer machte wieder dieses Kreuzzeichen an seiner Stirn und sagte dann weihevoll: »Ich bin das Licht der Welt, sprach unser Herr Jesus Christus von sich selbst, und der Evangelist Johannes schreibt von ihm als dem wahren Licht, das jeden Menschen erleuchtet, das Licht, das in die Welt kommen sollte.«

»Das mag sein, aber er erschien mir im Apollo-Grannus-Tempel Andesina, nicht weit von Noviomagus auf der Straße von Lugdunum nach Trier …«

»Gott erscheint, wo es ihm beliebt. Und christliche Kirchen sucht Ihr ja wohl nicht auf, außer vielleicht heute«, gab Laktanz mit einem Lächeln zu bedenken. »Christus erschien dem Apostel Paulus, der damals noch die Christen verfolgte, auf der Straße nach Damaskus auch als Licht, als pures Licht, so hell, dass er erblindete.«

»Ich weiß nicht, vielleicht sind Sol, Apollo und Christus ja derselbe, ein Gott des Lichts, oder es sind ähnliche Götter, wenn sie alle als Licht erscheinen oder Licht bedeuten«, meinte Konstantin etwas nachdenklich.

»Es gibt nur einen Gott, verehrter Kaiser.«

»Ich habe darüber nachgedacht, und es spricht einiges dafür.«

»Es spricht *alles* dafür«, begann sein alter Lehrer wieder zu dozieren, wobei er sich leicht in den Hüften wiegte und mit den Händen gestikulierte: »Nehmen wir die Dichter: Orpheus singt vom ›Fürsten der Götter‹, der Himmel und Sonne samt den Gestirnen, der die Erde und die Meere gegründet hat. Und unser vaterländischer Dichter Maro redet vom ›höchsten Gotte‹ und nennt ihn bald Hauch, bald Weltseele, und auch Ovid war der *eine* Gott nicht unbekannt, er nennt ihn ›Werkmeister der Dinge‹ und ›Gründer der Welt‹.«

Er machte eine kurze Pause, schaute sinnierend schräg in die Höhe und fuhr dann in rhythmischem Redefluss fort, dabei vor Konstantin auf und ab gehend und noch ausladender gestikulierend: »Oder nehmen wir die klassischen Philosophen: Nach Plato gibt es nur einen Gott, der die Welt geschaffen hat, nach Aristoteles gibt es nur einen Geist, der über dem Weltall waltet, und Antisthenes sagt: ›Es gibt nur einen wirklichen Gott, den Lenker des gesamten Alls.‹ Und ich könnte fortfahren mit dem, was Thales und Pythagoras, was vor ihnen Anaximenes und nachher die Stoiker, was Cleanthes und Chrysippus und Zeno, was von den unsrigen Seneca und Tullius über den höchsten Gott verkündigt haben, oder wie Hermes Trismegistus, der an Gelehrsamkeit allen Philosophen voranging und der bei den Ägyptern als Gott verehrt wird, die Majestät des einzigen Gottes mit unerschöpflichen Lobsprüchen erhebt. Und schließlich die Worte der Sibyllen, sie künden fast allesamt von dem einen Gotte, er ist ihnen ›der Herrscher, Schöpfer und Vater; er ist von niemandem erzeugt, sondern aus sich selbst entsprossen; er ist von Ewigkeit und bleibt in Ewigkeit; ihn allein muss man darum anbeten, ihn allein fürchten; ihn allein muss alles Lebendige ehren.‹ Von den heiligen Schriften, die wir Christen besitzen, will ich gar nicht erst reden. Diese zahlreichen und gewichtigen Zeugnisse lehren doch mit völliger Gewissheit, dass es nur *eine* Herrschaft gibt in der Welt, *einen* Schöpfer des Alls, *einen* Gott!«

Konstantin war noch genauso beeindruckt von der umfassenden Bildung und der glänzenden Redekunst seines alten Lehrers wie in seiner Jugend. Er wollte diesen wachen und weiten Geist um sich haben, an seinem Hof, und er dachte, dass es vielleicht eine gute Idee sei, ihn zum Erzieher seines Sohnes Crispus zu machen, der nun fast acht Jahre alt war, und den er bald aus Nikomedia nach Trier holen lassen würde.

»Das sind wahrlich gewichtige Stimmen«, stimmte er nickend zu.

»Ja, mein Kaiser«, fuhr der Magister, weiterhin begeistert dozierend und gestikulierend, fort: »Und es liegt doch auch auf der Hand: Eine Gesamtleitung kann nicht bestehen, wenn nicht alles auf *einen* zurückgeht, wenn nicht *einer* das Steuerruder hält, *einer* die Zügel führt und wie ein einziger Geist alle Glieder lenkt. Sind in einem Bienenschwarm viele Königinnen, so wird Untergang oder Zerstreuung die Folge sein, während ›Zwietracht befällt der Könige Brust und gewaltiger Aufruhr‹, wie Vergil so schön sagte.«

Dem ehrgeizigen jungen Kaiser gefielen diese Gedanken ausgesprochen gut. Er nickte, ging dann ebenfalls sinnend ein paar Schritte nach links und ein paar Schritte nach rechts zurück und sagte dann bestimmt: »Mein lieber Laktanz, das sind sehr weise Worte: *Ein* Gott, *ein* Reich, *ein* Kaiser! Nur *einer* kann die Zügel führen! Dort oben wie hier unten! Und der *eine* Gott hat mir den Auftrag gegeben, der *eine* Kaiser eines geeinten Reiches zu werden!«

»So ist es, verehrter, gottbegnadeter Konstantin.«

»Aber ob dieser Gott nun Sol, Apollo oder Christus heißt, das kann ich nicht entscheiden.«

»Vielleicht erscheint er Euch ja noch einmal und stellt sich dann eindeutig persönlich vor«, meinte Laktanz mit einem leichten Schmunzeln.

Konstantin musste ein wenig lachen. »Wir werden sehen.«

Sein alter Lehrer lachte auch. Dann sagte er: »Wie steht geschrieben? Ihr werdet Gott suchen und finden. Denn wenn ihr Gott von ganzem Herzen suchen werdet, so will er sich von euch finden lassen.«

»Ist das wieder von Vergil?«, fragte Konstantin erstaunt.

Der Magister zwinkerte kurz, dann sagte er ruhig und bestimmt: »Nein, das ist von Gott selbst, der so durch den Propheten Jeremia gesprochen hat, wie es in den heiligen Schriften der Juden, die auch unsere heiligen Schriften sind, geschrieben steht.«

»Ah, so … von Gott selbst«, meinte Konstantin nachdenklich, dann sagte er bestimmter: »Mein guter Laktanz, ich möchte dich an meinen Hofstaat nehmen als Berater … in philosophischen und göttlichen Dingen. Außerdem als künftigen Erzieher meines Sohnes Crispus. Pack hier deine Sachen, melde dich bei deinem Bischof ab und erscheine gleich morgen im Palast!«

Der so Befehligte schaute zuerst etwas überrascht, wirkte dann aber sogleich freudig erregt. Er verbeugte sich tief und sagte: »Es ist mir eine große Ehre, mein Kaiser.«

»Und ich möchte auch, dass du dabei bist, wenn ich nach dem Ende des Winters, sobald es die Witterung zulässt, mit Teilen meiner Truppen über die Alpen gen Rom ziehen werde.«

»Gen Rom?«, fragte Laktanz erstaunt.

»Gen Rom! Ich hatte nach dem Tod des Galerius die göttliche Eingebung, dass nun der nächste Schritt getan werden muss, um die Einheit des Reichs wiederherzustellen: Rom muss vom Tyrannen und Usurpator Maxentius befreit werden! Und außerdem führt der Weg nach Nikomedia über Rom. Rom ist immer noch die Hauptstadt, und Rom kann nicht in den Händen dieses Nichtswürdigen bleiben, der die Bürger auspresst und hungern lässt. Es sind vier Kaiser übrig, drei außer mir: Der illegitime Tyrann Maxentius in Rom, dann Maximinus, der brutale Christenverfolger und Adoptivsohn des Galerius, in den asiatischen Provinzen – und schließlich Licinius, der alte flachköpfige bäurische Soldat, auf dem Balkan. Ich werde mich mit letzterem gegen die anderen beiden verbünden. Zu diesem Zweck habe ich dem alten Lustmolch meine junge schöne Schwester Constantia als Ehefrau angeboten, die diese schmerzliche Pflicht auf meinen Befehl hin auf sich nehmen wird um des Reiches willen. Ich habe keine Zweifel, dass er dieses Angebot annehmen wird. Er wird Maximinus ausschalten und ich Maxentius, dann regiert er im Osten, ich im Westen, und wir sind der Einheit schon einen Schritt näher.«

Laktanz schien zunächst sprachlos, aber dann atmete er hörbar aus und stellte fest: »Mein verehrter Kaiser, ich sehe immer wieder: Es mangelt Euch weder an Kühnheit noch an Gottvertrauen noch an Entschlossenheit. Ich werde dafür beten, dass Ihr Eure Ziele erreicht.«

»Ich werde meine Ziele erreichen, denn Gott hat mich dazu auserwählt!«

IV.

Das Bekenntnis

Der Bischof richtete sich wieder auf und schaute ihn streng an. Dann fragte er ihn mit dröhnender Stimme: »Glaubst du an Gott, den allmächtigen Vater?«

Konstantin, am ganzen Körper das heilige Öl auf seiner Haut brennend, aber wohltuend spürend, war sich sicher. Nichts schien ihm so sicher wie das. Wer hatte ihn denn auserwählt? Wer ihn geführt, ihm Zeichen und Siege geschenkt? Ja, er glaubte an Gott. Also rief er mit Überzeugung, fast so dröhnend wie der Bischof gefragt hatte: »Ja, ich glaube!«

»Glaubst du an Christus Jesus, den Sohn Gottes, der geboren ist vom Heiligen Geist und Maria, der Jungfrau, und gekreuzigt ist unter Pontius Pilatus und gestorben und begraben ist und am dritten Tage lebendig von den Toten auferstand und in den Himmel auffuhr und zur Rechten des Vaters sitzt und kommen wird, um die Lebenden und die Toten zu richten?«

Dem Kaiser zuckte ein Lächeln um die Mundwinkel. Hätte ihm jemand in seiner Jugend gesagt, dass er auch nur in Betracht ziehen würde, so etwas zu glauben, und dass es ihm einmal wichtig und notwendig scheinen würde, sich zu solch einem Glauben zu bekennen – er hätte laut gelacht. Doch nach allem, was ihm widerfahren war, konnte er nicht mehr anders, als dies zu glauben, auch wenn er es bis heute nicht verstand, nach über zwei Jahrzehnten voller Gespräche und Korrespondenzen mit

Bischöfen über Streitfragen des Glaubens, nach eigener Lektüre und eigenen Predigten, die er seit fast zwanzig Jahren wöchentlich an seinem Hof hielt, ja trotz durchgängiger Anwesenheit beim großen heiligen ökumenischen Konzil von Nicäa, das er selbst einberufen hatte.

Aber er wurde ja nicht gefragt, ob er verstehe, sondern ob er glaube. Und was blieb ihm übrig zu sagen? Nicht ganz so laut wie eben, aber fest und entschlossen bestätigte er: »Ja, ich glaube!«

Der Bischof atmete kurz durch, worauf er ein wenig milder zu schauen schien und dann mit unverminderter Phonstärke fragte: »Glaubst du an den Heiligen Geist, die Heilige Kirche und die Auferstehung des Fleisches?«

Durch Konstantins vom Fieber schwindligen Kopf zogen zweifelnde Gedanken – doch was sollte er jetzt mit ihnen anfangen? In ihm blitzten kurze, bruchstückhafte Fragen auf, wie zum Beispiel die, wie er an eine heilige Kirche glauben sollte, wenn sich innerhalb dieser fanatisierte Parteien bis aufs Blut bekämpften und gegenseitig verdammten, oder die, wie denn eine Auferstehung des Fleisches überhaupt vor sich gehen sollte? Seines kranken Fleisches, in dem er jetzt hier zitternd, nackt und von Kopf bis Fuß eingeölt wie ein kleinasiatischer Ringer vor dem Bischof stand? Oder seines kräftigen, gesunden, schönen Fleisches, in dem er von Nikomedia quer durch ganz Europa zu seinem Vater geritten war?

Ihm wurde kurz so schwindlig, dass er dachte, er würde umkippen, dann fasste er sich wieder, schaute starr auf das mit unzähligen Kreuzen bestickte Gewand des Bischofs und sagte mit leichtem Zittern in der Stimme: »Ja, ich glaube!«

Der Bischof drehte sich halb um und zeigte mit ausladender Geste auf das Becken mit dem vor Beginn der Zeremonie von ihm geweihten Wasser und rief feierlich: »Nachdem du dieses heilsame Bekenntnis abgelegt hast, steige nun hinab in dieses Wasser, das dir zum Bad der Wiedergeburt werden und dir vollkommene Sündenvergebung schenken soll!«

Heilsames Bekenntnis, hallte es in Konstantin nach, und er erinnerte sich daran, dass er, als er sich zum ersten Mal in seinem Leben zum Christengott bekannt hatte, kaum wissend, zu was er sich da bekannte, tatsächlich gleich Heil von diesem erhalten, nämlich seinen ersten und wichtigsten Sieg in fast aussichtsloser Lage geschenkt bekommen hatte. Danach war er allerdings nicht ins Wasser hinabgestiegen, sondern sein Feind war ins Wasser hinabgestoßen worden, wie von Gottes Hand – noch immer sah er es vor sich, wenn er daran dachte, nach so langer Zeit, fast genau einem Vierteljahrhundert …

Am Tag vor diesem Ereignis, an einem klaren Herbstnachmittag, hatte er mit seinen Truppen, mit denen er die Via Flaminia auf Rom zumarschierte, etwa zwanzig Meilen noch von der Stadt entfernt, ein Lager bezogen und war nach einer Besprechung mit seinen Offizieren noch einmal allein ausgeritten, um über sein weiteres Vorgehen nachzudenken.

Die Stimmung bei seinen Offizieren war nicht besonders gut; sie rieten ihm zur Umkehr, da das Unternehmen nach menschlichem Ermessen fast hoffnungslos sei: Ohnehin nur mit einem Teil seiner Rheinarmee nach Italien aufgebrochen, mit ungefähr 40 000 Mann, da die gefährdete Rheingrenze sonst nicht ausreichend geschützt wäre, hatte er bei seinem erfolgreichen Kriegszug durch Oberitalien noch einige tausend Mann verloren, und Maxentius saß hinter den sicheren Mauern Roms und verfügte zudem noch über ein weit größeres Heer als er selbst. Zudem war während der Lagebesprechung ein Spähtrupp zurückgekehrt, der berichtete, dass Maxentius die Milvische Brücke über den Tiber hatte abreißen lassen, was darauf hindeutete, dass er sich mit allen Mitteln in der ewigen Stadt verschanzten wollte.

Die nüchterne militärische Analyse der Lage ließ nur einen Schluss zu: den Marsch auf Rom abzubrechen, daran ließen seine Offiziere keinerlei Zweifel. Doch der Kaiser und vom Glück verwöhnte Feldherr hatte ihnen klargemacht, dass er einen göttlichen Auftrag spüre, und dass seine innere Stimme ihn noch nie betrogen hatte.

Es würde etwas geschehen, es würde sich eine Möglichkeit ergeben, dessen war er sich ganz sicher. Vielleicht würde die geschundene römische Bevölkerung, wissend, dass er vor den Toren stand, einen Aufstand wagen oder ihm und seinen Truppen heimlich Zugang zur Stadt verschaffen, vielleicht würde Maxentius keine lange Belagerung mit der, wie Konstantin durch Informanten wusste, unzufriedenen Bevölkerung riskieren wollen, und einen Ausfall wagen. Er hatte um Vertrauen gebeten und es von seinen Offizieren, die sein militärisches Genie und seinen treffsicheren Instinkt aus den Schlachten der letzten acht Jahre kannten, bekommen.

Doch als er dann allein ausritt, bekam er plötzlich selbst Zweifel. Es sprach bei Licht betrachtet ja fast alles dagegen, dass er jetzt mit seinen Truppen die Stadt einnehmen könnte, und wenn er hier scheiterte, würde er wahrscheinlich sein Kaisertum verlieren, in einer verlorenen Schlacht wahrscheinlich sogar sein Leben.

Was machte ihn so sicher, dass ihm sein Gott diesen Auftrag gegeben hatte und er wieder, wie immer, von ihm behütet, siegen würde? Dass alles wieder einmal so kommen würde, wie er es vorher gespürt hatte, dass es kommen musste? War sein Schutzgott wirklich so stark, dass er gegen alle äußeren Umstände und das versammelte Götterheer des Maxentius, eines eifrigen Polytheisten, der vom Opfern, von magischen Praktiken und Eingeweideschauen geradezu besessen war, ankommen konnte? Aber sein Gott war der Gott des Lichts selbst, der alles Leben spendende Schöpfer des Kosmos – und er, Flavius Valerius Constantinus, war von ihm ausersehen worden, das Reich zu einen und dreißig Jahre zu herrschen, darauf musste er vertrauen!

Er war in diesen Gedanken über eine kleine Anhöhe geritten, hatte seinen Blick über das leicht hügelige Land zu seinen Füßen schweifen lassen und dann zur schon etwas tief stehenden herbstlichen Nachmittagssonne geblickt – doch was war das?

Um die Sonne herum hatte sich ein großer Kreis aus Licht gebildet, blendend hell, und in diesem Kreis, ein riesiges leuchtendes X mit vier rechten Winkeln, an den Berührungspunkten mit dem Kreis funkelnde Strahlen werfend wie Diamantglanz, und durch das X ging eine senkrechte Lichtlinie bis über den Kreis hinaus, wo sie von einem kleineren Lichtkreis gekrönt war! Ein riesiges Zeichen aus purem Licht am Himmel, direkt vom Gott des Lichts zu ihm gesendet, in dem Moment, in dem er kurz an seinem Auftrag hier gezweifelt hatte! Noch viel schöner und größer als damals in Gallien und diesmal direkt von der Sonne kommend, mit der Sonne als Zentrum!

Er zitterte vor Glück, in ihm wurde es heiß, seine Brust glühte und sein Mund trocknete in wenigen Augenblicken aus. Er stieg vom Pferd – und in diesem Moment verschwand das Zeichen auch schon wieder. Er wartete noch ein paar Minuten, ob es wiederkommen oder etwas anderes geschehen würde, dann setzte er wieder auf und ritt zurück zum Lager und suchte Laktanz auf, um ihm von der Erscheinung zu erzählen.

»Der Sonnengott?«, fragte der alte Magister skeptisch. »Woher wisst Ihr so bestimmt, dass es der Sonnengott war?«

»Es war die Sonne selbst, die diese Botschaft an den Himmel schrieb, symmetrisch um die Sonne herum war das Zeichen zu sehen, im reinen Licht der Sonne selbst geschrieben.«

»Nun ja«, fuhr Laktanz stirnrunzelnd fort, »der Schöpfer kann sich ja auch der Sonne als eines Werkzeugs bedienen wie aller seiner Geschöpfe …«

Konstantin schüttelte den Kopf. »Es ist mein Schutzgott, der Gott des Lichts, ich weiß das tief im Innern, und immer erscheint er mir als Licht und Sonne. Und er führte mich vor zwei Jahren zum Tempel Apollos, der auch der Gott des Lichts ist – ich will ja gar nicht bestreiten, dass er auch der Schöpfer ist, an den die Christen glauben, aber nie gab er mir ein Zeichen, das etwas anderes war als Licht!«

Der Magister verzog die Mundwinkel nachdenklich, dann schaute er seinen Caesar teilnahmsvoll an und fragte: »Könnt Ihr mir noch einmal beschreiben, mein Kaiser, wie das Zeichen genau aussah? Vielleicht können wir es entschlüsseln?«

Konstantin wurde allein beim Gedanken an das Zeichen wieder warm. Er sah es genau innerlich vor sich, so genau, wie er es beim Blick gegen die Sonne hatte sehen können. Er sprach langsam und konzentriert: »Es war … ein Kreis, ein großer Kreis um die Sonne als Mittelpunkt. Und … inmitten des Kreises ein großes X, ein gleichmäßiges, symmetrisches großes X. Und durch das X ging eine genau senkrechte Linie, und die Linie ragte oben ein kleines Stück aus dem Kreis heraus, und um das herausragende Stück war ein kleinerer Kreis.«

Laktanz ging nachdenklich auf und ab und machte dabei »Hm, hmhm«. Dann holte er Wachstafel und Griffel hervor, stellte sich neben Konstantin und zeichnete, so dass dieser es sehen konnte, ein großes X. Dann zeichnete er die senkrechte Linie durch das X, die oben herausragte, und schließlich oben an diese Linie rechts einen kleinen Halbkreis, so dass die Linie fast zu einem P wurde, nur mit einem sehr kleinen Bogen. Dann fragte er den Kaiser: »Ungefähr so?«

»Es war ein Kreis um das X …«

»Jaja, ich weiß, aber lassen wir den Kreis vorerst. Der Rest sah ungefähr so aus?«

»Ungefähr, ja … aber nur sehr ungefähr. Es war kein Halbkreis, soweit ich weiß, oben an der Linie, sondern ein voller Kreis …«

»Sicher?«

»Sicher … wie kann ich sicher sein? Ich habe in die Sonne geblickt. Es war zwar ein leichter Nebel in der Luft, und sie stand schon tief, aber trotzdem konnte ich nicht völlig scharf sehen. Die grobe Form war aber so klar, dass ich sie sicher erkannte.«

»Und sie sah ungefähr so aus?«, fragte sein alter Lehrer stirnrunzelnd nach.

»Ja, ungefähr. Ungefähr schon. Was ist das?«

Laktanz machte ein Kreuz auf seiner Stirn. »Ihr habt eine Botschaft von Gott bekommen!«

»Das weiß ich selbst. Aber was ist das für ein Zeichen?«

»Das«, sagte der Magister mit ergriffener Befriedigung »ist ein Zeichen, dass Ihr in jeder unserer Kirchen finden werdet. Es ist unser Zeichen. Es ist das Zeichen für Christus!«

Konstantin war mehr als überrascht. Er konnte sich nicht erinnern, dieses Zeichen jemals gesehen zu haben. Warum sollte ihm Sol Invictus das Zeichen von Christus schicken? Waren die beiden doch ein und derselbe? Christus war ohne Frage ein mächtiger Gott, sonst hätte er seinen Anhängern in all den Jahren der Verfolgung nicht eine solche Kraft gegeben, sonst hätten nicht so viele Kaiser vergeblich versucht, ihn zu bekämpfen, und wären alle am Ende von ihm besiegt worden. Aber war er der unbesiegte Sonnengott? Der unbesiegte Sonnengott, der ans Kreuz genagelt wurde – eine monströse Absurdität! Er wollte es nicht glauben, doch fühlte in sich eine Kraft, die es glauben wollte.

Er schüttelte wieder den Kopf: »Nein, es war ein Kreis um das X, ein Kreis, der an den Berührungspunkten mit dem X heller leuchtete als alles andere!«

»Lassen wir den Kreis. Ich weiß nicht, was er bedeutet, oder ob er gar nichts bedeutet, sondern nur ein Rahmen war für das große X, was ein griechisches Chi ist, der Anfangsbuchstabe des Namens unseres Herrn, Christus. Oder habt Ihr eine bessere Erklärung für dieses Zeichen?«

»Ich habe keine bessere Erklärung, aber diese Erklärung überzeugt mich auch nicht wirklich.«

Sein alter Lehrer schaute ihm tief und eindringlich in die Augen, unverwandt für mehrere Sekunden, mit großem, offenem, warmem Blick und sagte dann: »Mein verehrter Kaiser, darf ich ehrlich sein?«

Konstantin flüsterte: »Ja …«

Laktanz atmete tief durch und sagte dann: »Ich habe das Gefühl, dass Ihr es in eurem Herzen längst selbst wisst, was die Wahrheit und wer die ›Sonne der Gerechtigkeit‹ ist, wie es in den Heiligen Schriften der Juden über den kommenden Messias heißt. Nur Euer Verstand will noch nicht zugeben, was Euer Herz schon längst weiß.«

Konstantin wurde es wieder warm. Es war diese Wärme, die man spürt, wenn man sich ertappt fühlt, doch er schüttelte sie schnell ab und konnte dann wieder gar nicht glauben, was er angeblich glauben sollte. Er versuchte, beherrscht und sicher zu wirken, merkte aber, dass seine Stimme leicht belegt war, fast im Hals stecken blieb, als er antwortete: »Danke für deine ehrliche Meinung, verehrter Laktanz. Ich werde darüber nachdenken.« Dann drehte er sich um und ging.

In der Nacht darauf fand er kaum Schlaf. Verschiedene Schlachtpläne stiegen immer wieder in seinem Geist auf, verschiedene Szenarien, wie Maxentius reagieren könnte, dann wieder die Fragen um das göttliche Zeichen: von wem es kam und was es bedeute und wie er darauf reagieren sollte. Mitten in der Nacht begann er plötzlich zu beten, sein Gott möge ihm Erleuchtung schenken, was das Zeichen beträfe, er solle ihm endlich die Wahrheit zeigen, ob er wirklich Christus sei, oder der Vater von Christus – diesen Unterschied hatte er noch nie verstanden, und was die christlichen Gelehrten und Bischöfe darüber sagten, widersprach sich teilweise – oder ob er doch Sol invictus sei oder jemand anderes.

Und seine Gebete wurden erhört: Als er gegen Morgen endlich einschlief, sah er im Traum das Zeichen wieder, und diesmal war es deutlich: Es war genau das Zeichen, das Laktanz gezeichnet hatte, aber es leuchtete in der Farbe der Sonne. Dann wurde es immer heller und heller und so vom eigenen Licht aufgezehrt, bis alles nur noch pures Licht war, durch das hindurch etwas wie ein Gesicht zu erahnen war, das Gesicht eines schönen jungen Mannes mit einem unfassbar gütigen Blick, und er hörte eine ebenso schöne männliche Stimme sagen: »Du bist auserwählt, die Sonne der Gerechtigkeit in die Welt zu tragen. In diesem Zeichen wirst du siegen!«, und noch einmal: »In diesem Zeichen wirst du siegen!«

Konstantin schreckte aus dem Schlaf auf und spürte sogleich wieder diese eigenartige Wärme in der Brust. Er hatte kaum geschlafen, aber fühlte sich fast wie neugeboren. Der Morgen dämmerte, er hörte die Vögel – und er war so glücklich und siegesgewiss wie noch nie. Er suchte umgehend Laktanz auf, von dem er wusste, dass er immer schon sehr früh aufstand und den Tag mit Gebeten und Lektüre begann.

Der Magister schien gar nicht davon überrascht, dass sein Augustus ihn so früh am Morgen schon wieder in seinem Zelt besuchte. Konstantin eröffnete ihm sofort freudig: »Du hattest Recht! Ich habe im Traum Christus gesehen, und er hat mir gesagt, dass ich in seinem Zeichen siegen werde!«

»Ich wusste es.« Laktanz war weiterhin überhaupt nicht erstaunt.

»Woher?«

»Ich wusste es einfach. Ich habe dafür gebetet, ich habe schon viele Jahre dafür gebetet. Und heute Morgen, als ich wie üblich wieder dafür beten wollte, dass Ihr zum wahren Glauben finden werdet, hatte ich das Gefühl, dass ich es nicht mehr brauche.«

»Ja, so ist es. Christus ist mein Schutzgott.«

»Nun, mein verehrter Kaiser und jetzt lieber Bruder in Christus, das ist zwar etwas soldatisch ausgedrückt, aber so wird es wohl sein. Seid herzlich willkommen!« Und unvermittelt nahm er ihn in den Arm. Eigentlich war das eine Respektlosigkeit ohnegleichen, doch Konstantin genoss diesen Moment der Herzlichkeit mit seinem alten Lehrer, fühlte wieder diese Wärme in seiner Brust und hatte vor Rührung Tränen in den Augen.

Und jetzt war ihm alles klar. Er erinnerte sich jetzt plötzlich ganz deutlich, wie er schon vom ersten Kontakt mit Christen und mit den christlichen Lehren eine Faszination gespürt hatte, die ihn nie kalt gelassen hatte, und dass selbst sein anfänglicher Spott ein Ausdruck dieser Faszination gewesen war.

Jetzt sah er plötzlich, als ob ein Schleier weggenommen worden wäre, wie er im Lauf seines Lebens immer wieder christliche Menschen getroffen hatte, die ihn tief beeindruckten: Schon in seiner Jugend Laktanz, der immer sein Lieblingslehrer gewesen war, dann der kleinasiatische Offizier, der so treu war, dass er tapfer in den Tod ging für seinen Gott, und dann in den letzten Jahren so viele christliche Bischöfe, die zwar wirklich, wie sein Vater ihm vorausgesagt hatte, eine seltsame Verrücktheit an sich hatten, aber selbst diese Verrücktheit faszinierte ihn, diese Ernsthaftigkeit, mit der sie um die Wahrheit rangen und stritten, und doch immer wieder von der großen Liebe redeten und sie auch ausstrahlten, diese große Liebe, die Gott, der Schöpfer des Universums, für jeden Menschen habe.

Was für eine unerhörte und neue Lehre! Jeder einzelne Mensch, selbst der Bettler, die Hure, der Sklave, sei gleichermaßen von Gott geliebt, sie alle seien Gottes Ebenbild und gleich vor Gott! Einer von Konstantins politischen Beratern in Trier, den er wie so viele noch vom Apparat seines Vaters übernommen hatte, hatte sich über diese Lehre empört, als sie einmal darüber sprachen: Dann sei er ja an Wert und Würde gleich mit seinem Kammerdiener! Doch Konstantin hatte sich schon damals nicht daran gestört. Ja, er war gleich mit dem christlichen Kammerdiener, aber auch gleich mit Laktanz und all den anderen christlichen Gelehrten und Bischöfen, dachte er sich, und eingebunden in eine umfassende Heilsordnung von Ewigkeit zu Ewigkeit.

Er war zwar damals weit davon entfernt gewesen, diesen Glauben wirklich für sich selbst anzunehmen, doch sah er fasziniert, welchen Gemeinschaftssinn er anscheinend stiften konnte, dieser Heilige Geist, der nach der christlichen Lehre die Menschen mit einem göttlichen Band zu einem Leib zusammenfasste, wie ihm Bischof Ossius von Corduba aus dem südlichen Hispanien bei einem längeren Gespräch erklärt hatte, als er dort weilte, um den christlichen Vorstehern, die er allesamt vorgeladen hatte, zu eröffnen, dass sie ab jetzt nicht nur nicht mehr verfolgt, sondern auch noch für ihre täglichen Armenspeisungen kostenlos öffentliche Räumlichkeiten zur Verfügung gestellt bekommen würden.

Dieser Bischof Ossius hatte ihn sofort fasziniert mit seiner edlen, hageren Gestalt, seinem einehmenden Gesicht mit den geistreichen und warmen dunkelbraunen Augen, dem es überhaupt keinen Abbruch tat, dass es von Narben von Folterungen von der letzten Verfolgung überzogen war. Ossius selbst sagte auch, darauf angesprochen, diese Narben, die Spuren der Leiden, die er für Christus ertragen habe, seien sein schönster Schmuck, seien ihm wertvoller und schöner als goldene Ketten mit seltenen Edelsteinen. Diesen Ossius, auch das war ihm jetzt plötzlich klar, würde er an seinen Hof holen als Hofbischof und hauptsächlichen Berater für Religion und Religionspolitik, während sich Laktanz mehr um die Erziehung seines Sohnes kümmern sollte in Zukunft.

Klarheit auf Klarheit erleuchtete seinen Geist, und er war so glücklich, dass er nun seine volle Bestimmung kannte und wusste, wem er sie zu verdanken hatte.

»Ihr wisst, mein Bruder und mein Kaiser«, fuhr der Magister fort, nachdem er sich wieder von ihm gelöst hatte, »dass Ihr von der göttlichen Vorsehung ausersehen seid, das Licht der Gerechtigkeit Gottes in die Welt zu bringen, dass Ihr der neue Mose des neuen Israel seid?« Auch er hatte Tränen in den Augen und sprach mit zittrig-gerührter Stimme.

»Ja, das weiß ich. Ich vertraue auf Gottes Schutz gegen meine Feinde. Mit seiner Hilfe werde ich die geknebelten Völker des Erdkreises befreien und zum Glanz des ewigen Lichtes führen!«

»Gelobt sei Gott!«, rief Laktanz begeistert aus.

»Und zuerst nehmen wir mit Gottes Hilfe Rom ein – morgen!«, verkündete Konstantin in tatendurstiger Euphorie.

»So soll es sein. Die alte Hauptstadt des Reichs und der Sitz des Nachfolgers Petri, des Bischofs, der vor allen anderen den Vorsitz in der Liebe innehat! Hier, wo das Reich und die Kirche begründet sind, soll es beginnen!«

»Christus selbst hat mir gesagt: In diesem Zeichen wirst du siegen. Und mir ist soeben klar geworden, was er fordert: Ich werde sein Zeichen auf die Schilde der ersten Reihen in der Schlacht malen lassen!«

Und sogleich ließ er seine Truppen zum Appell antreten und gab ihnen die Order, dieses Zeichen, dieses X mit dem P, das für Christus stand, auf die Schilde zu malen. Er erklärte ihnen auch, was es bedeutete. Zwar nahm er eine allgemeine Verwunderung und hier und dort auch Murren von seinen Offizieren wahr, aber sie alle waren ihm treu ergeben und gehorchten seinen Befehlen. Er rief ihnen zu, um ihnen die Bedenken zu nehmen: »Egal, an welche Götter ihr glaubt, malt das Zeichen Christi auf die Schilde, denn er ist ein mächtiger Gott, und er hat mir den Sieg versprochen! Wir werden siegen! Der Sieg ist uns sicher, wenn wir tun, was er sagt!« Und als Bekräftigung dessen, was er gerade gesagt hatte, nahm er seinen Helm ab, entriss dem neben ihm stehenden Offizier Pinsel und Farbtopf, tunkte den Pinsel kräftig in die rotbraune Farbe ein und malte sich selbst ein XP auf die Stirnseite seines Kampfhelmes. »Seht ihr?«, rief er. »Es ist ganz einfach, und es wird uns einen göttlichen Schutz schenken, der dem aller anderen Götter weit überlegen ist!«

Als sie dann gegen Mittag auf Rom zumarschierten und sich gerade auf einer Anhöhe oberhalb des roten Felsens befanden, vielleicht noch knapp fünf Meilen von der Milvischen Brücke entfernt, sahen sie im Tal tatsächlich schon die Truppen des Maxentius ihnen entgegenkommen, warum auch immer sie die sicheren Aurelianischen Mauern Roms verlassen hatten. Sie waren offensichtlich über eine in der Ferne zu erahnende schnell gebaute Behelfsbrücke über den Tiber gelangt.

Konstantin befahl seinen Truppen, auf der Anhöhe anzuhalten und sah sich die des Gegners an: Es waren eindeutig Vortruppen, nicht das gesamte Heer, und Maxentius selbst und seine Eliteeinheiten, die Prätorianer, waren auch nicht dabei.

Was beabsichtigte Maxentius? Glaubte er, es sei gar nicht der Mühe wert, sein ganzes Heer aufzubieten und es selbst anzuführen, um ihn zu schlagen und eine Belagerung zu verhindern? Oder war das irgendeine Art von Falle?

Konstantin konnte keinen Sinn in dieser Aktion sehen. Warum riss Maxentius zunächst die Tiberbrücke ab und ließ dann eine Behelfsbrücke in wenigen Kilometern Entfernung bauen, um über diese einen Teil seines Heeres in die Schlacht zu schicken? Er konnte allerdings auch keine Falle erkennen und befahl deshalb seinen Truppen, zu warten und dann auf seinen Befehl hin die Anhöhe hinunter in die Schlacht zu stürmen.

Als die Truppen des Maxentius ihrerseits kurz vor der Anhöhe waren, gab er das Signal, er schrie wie üblich: »Schlag, schlag!«, den traditionellen Schlachtruf der Armeen der römischen Kaiser, doch dann setzte er hinzu: »Im Namen von Jesus Christus, dem Licht der Welt – Schlag, schlag! In den Kampf!«

Er ritt mit seinen Reitergarden voraus, die Anhöhe hinab – und das feindliche Heer, an Soldaten vielleicht ähnlich stark wie seines, allerdings mit weniger Kavallerie, wurde von diesem Schwung geradezu überrollt. Nach einigen Rückzugsgefechten begannen Teile der gegnerischen Truppen in Panik die Flucht zu ergreifen. Konstantin wollte das Momentum nutzen und befahl seinen eigenen Soldaten, die Feinde so energisch und schnell wie möglich vor sich her zu treiben, Richtung Tiber. Sein Kopf glühte. Er wusste das Christuszeichen auf seinem Helm, direkt an seiner Stirn, und es war ihm, als ob von diesem Zeichen eine befeuernde Kraft ausging, das seinen Kopf und seinen Geist ergriff.

Das Tempo des Vormarschs konnte natürlich nicht gehalten werden, doch nach vielleicht zwei Stunden hatte man das Schlachtgeschehen direkt an den Tiber verlegt, wo sich die schon deutlich dezimierten feindlichen Truppen direkt an der Behelfsbrücke, auf der sie über den Fluss gekommen waren, verbissen wehrten.

Obwohl er in der Nacht kaum geschlafen hatte, war Konstantin überwach und erfüllt von Siegeszuversicht und einer gewaltigen Euphorie, die, wie er meinte, auch sein gesamtes Heer erfasst hatte. Seine Stirn glühte hinter dem Christusmonogramm, er schickte ständig Stoßgebete gen Himmel und dankte immer wieder laut seinem Gott, denn dieser schlechte Schlachtplan des Maxentius konnte doch nur von dessen falschen Göttern und Dämonen eingegeben worden sein, während er das Licht der Wahrheit auf seiner Seite hatte.

Je länger die Schlacht dauerte, desto hoffnungsloser wurde die Lage der Feinde mit dem Rücken zum Fluss, desto größer wurden deren Verluste, bis dann, Konstantin stockte fast der Atem, am anderen Ufer des Tiber weitere Truppen des Maxentius auftauchten, offensichtlich die gut ausgebildete und erstklassig ausgerüstete Prätorianergarde, und in ihrer Mitte, hoch auf einem weißen Ross, in glänzender Rüstung, mit dem Purpur behängt, Maxentius selbst! – Er kommt also doch!

Konstantin kämpfte sich ein wenig vor, ohne sich zu sehr in Gefahr zu bringen, um näher an den Fluss zu gelangen, wo die Elitetruppen begannen, über die Behelfsbrücke überzusetzen. Als die ersten am anderen Ufer angekommen waren, betrat auch Maxentius' Pferd die Brücke, die zu diesem Zeitpunkt völlig überfüllt war. Es war eine schwimmende Konstruktion, schnell gebaut und nicht sonderlich gut gesichert.

Und dann geschah es: Die Behelfsbrücke begann sich zu bewegen – weit davon entfernt, einzustürzen oder zu zerbrechen, aber sie bewegte sich – und das Pferd des Maxentius scheute! Es reckte sich in die Höhe, einmal, zweimal, Konstantin glaubte aus ein paar hundert Metern fast das erschrockene Gesicht des Widersachers zu sehen, und dann ... dann plötzlich beim dritten Mal, als der Vorderkörper des weißen Rassepferdes in die Höhe schnellte, wurde Maxentius wie von Gottes Hand aus dem Sattel gehoben, flog in hohem Bogen in den Tiber und versank in seiner schweren Rüstung wie ein Stein!

Die Schlacht war damit sofort entschieden: Auch andere Pferde begannen zu scheuen, die Behelfsbrücke schwankte, ein guter Teil der Prätorianergarde des Maxentius folgte dem von ihr widerrechtlich zum Caesar ausgerufenen Tyrannen in den Tiber – und als die übrigen feindlichen Einheiten sahen, dass ihr Führer mitsamt weiter Teile seiner Elitetruppen gefallen war, war ihr Widerstand gebrochen. Und genau in diesem Moment brach die Abendsonne, die sich bis dahin hinter dichten Wolken gehalten hatte, mit kraftvollen Strahlen hervor.

In diesem Erscheinen der Sonne sah Konstantin nach allem, was an diesem Tag geschehen war – seiner Vision, dem eigenartigen Verlauf der Schlacht, dem sinnbildhaften Sturz des Maxentius in die Fluten –, das letzte Zeichen, das ihm klar machen sollte, dass er alles richtig gedeutet hatte, dass er auserwählt war, die Wahrheit Gottes in der Welt zu etablieren. »Ich bin ein Christ«, murmelte er, »und bin den Christen das, was Moses den Israeliten war, ihr Führer in das gelobte Land! Ich bin der Apostel des Reichs!«

In der Abenddämmerung zog er dann mit seinen Truppen auf der Via Flaminia durch die erst vor drei Jahrzehnten vollendete Aurelianische Mauer in die ihm schon zuvor golden am Horizont entgegenleuchtende Stadt ein. Er war, obwohl Sohn eines römischen Caesaren, noch nie zuvor in Rom gewesen und sehr gespannt auf die Hauptstadt, die immer noch die größte und prächtigste Metropole des Reichs war, auch wenn die Kaiser nicht mehr so gern in ihr residierten.

Kaum war er durch das Stadttor geritten, sah er zur Rechten über den Wipfeln der Bäume und den Dächern der niedrigen Gebäude eine große Erhebung mit einem von Zypressen umsäumten, festlich beleuchteten runden Säulenbau, auf dessen Dach eine riesige Statue thronte. Als er näherkam, stellte sich die Erhebung als monumentaler weißer Marmorsockel heraus, und die Statue auf dem Dach des Rundbaus als bronzene Kaiserstatue. Dahinter glänze der Tiber rötlich in der Abenddämmerung. Das muss das Mausoleum des Augustus sein! Konstantin war eigenartig ergriffen, am Grabmal des größten aller Kaiser vorbeizureiten, des einzigen Herrschers, mit dem er sich vergleichen wollte.

Als er kurz darauf durch den Triumphbogen des Marcus Aurelius hindurch war, lagen vor ihm die riesigen Kuppeln, Säulen und Portiken des Marsfelds und dahinter waren schon ganz nah die von unzähligen Lichtern erleuchteten Hügel des Kapitol und des Palatin mit ihren prächtigen Tempelbauten und Palästen zu sehen, die er aber an diesem Abend noch nicht betreten würde, denn die Grenze zur inneren Stadt durfte ein Feldherr in Waffen mit seinen Soldaten nur im Rahmen eines Triumphzugs überschreiten.

Er ließ seine Truppen um die große Markthalle des Marsfelds lagern, der Saepta Julia, einer großen Säulenhalle, die in früheren Zeiten als Versammlungsort der Wahlbevölkerung gedient hatte, und rief Laktanz zu sich.

»Lass uns ins Pantheon gehen!«

Laktanz schaute verdutzt.

»Es ist nur ein paar Schritte entfernt und soll ein unvergleichliches Bauwerk sein. Außerdem können wir dort ungestört reden.«

Die Dämmerung war schon weit fortgeschritten, als der siegreiche Kaiser mit seinem alten Lehrer vorbei an salutierenden Offizieren und erschöpft auf dem nackten Boden liegenden Soldaten unter den im Herbstwind rauschenden immergrünen Bäumen des Marsfelds auf das Pantheon zusteuerte, geführt von einem ortskundigen Offizier.

»Die alte Hauptstadt des Reichs und der Sitz des Nachfolgers Petri … wo das Reich und die Kirche begründet sind«, wiederholte Konstantin die Worte seines Lehrers vom Morgen nachdenklich und machte eine ausgreifende Bewegung mit seinem Arm in Richtung der leuchtenden Hügel der inneren Stadt. Dann fragte er: »Was ist das für eine Stadt?«

Laktanz schien zuerst verblüfft ob der seltsamen Frage, dann antwortete er: »Nachdem die Reiche des Ostens schon lange in Blüte gestanden hatten, wollte Gott, dass auch ein westliches Reich entstehe, noch weiter und glanzvoller, die Herrin der Welt …«

»Gott wollte es? Trotz des absurden Aberglaubens der Römer?«

Sie waren mittlerweile auf dem von prächtigen Portiken umrahmten Vorplatz des Pantheons vor dem über mächtigen Stufen sich erhebenden Portal mit seinen gewaltigen Granitsäulen angekommen. Der Offizier, der sie geführt hatte, ließ sie allein.

»Alle Herrschaft ist von Gott gegeben. Nichts geschieht ohne Gottes Willen und Zustimmung, mein Kaiser. Und die früheren Reiche des Ostens waren nicht ärmer an Aberglauben, aber reicher an Lastern«, gab Laktanz ruhig zurück, während sie die Stufen hinaufschritten, und setzte mit Bestimmtheit hinzu: »Außerdem machte Gott Rom groß, um dereinst mit Petrus hier seine Kirche zu errichten.«

»Und um von hier aus mit meiner Hilfe die Völker des Erdkreises vom Jahrtausende währenden Aberglauben zu befreien!«, ergänzte Konstantin, trat durch die offenstehende, mehr als drei Männer hohe Bronzetür in das riesige Rund des Innenraums und schwieg dann ebenso wie Laktanz ergriffen. Über ihren Köpfen erhob sich auf einer von Säulen und Statuen geschmückten umlaufenden Wand die Kuppel wie eine gigantische Halbkugel aus vergoldeten und bemalten Kassetten, die von den in der Dunkelheit angezündeten Öllampen flackernd beleuchtet glänzten.

»Diese Stadt ist unvorstellbar prächtig, aber alle Pracht in ihr ist absurden Götzen geweiht!«, stieß Konstantin schließlich hervor.

»Grause Gespenster, des Faunus und Numa Pompilius' Erfindung, wecken ihm Furcht und Grauen, als wären sie wahr und lebendig. Wie von Bildern aus Erz bedünkt unmündigen Kindern, dass sie leben und atmen, so dünken alle Gebilde diesen als wahr; sie legen Verstand in die ehernen Bilder. Werke der Maler und Künstler, nichts Wirkliches, lauter Gespinste«, rezitierte Laktanz offensichtlich klassische lateinische Verse, vor einer golden glänzenden Statue des Mars stehend und zu ihr aufblickend.

»Ist das der Ort für einen christlichen Kaiser, umgeben von grausen Gespenstern?«, fragte Konstantin und zeigte in das von Götterbildern überbordende weite Rund.

»Rom ist mehr als die Gespenster.«

»Mehr als die Gespenster, aber genug für die Hauptstadt eines christlichen Erdkreises?«

Laktanz drehte sich zu ihm um und meinte verwundert: »Genug jedenfalls für den Sitz des Nachfolgers Petri. Wollt Ihr etwa eine neue Hauptstadt bauen?«

»Diese Frage stellt sich für mich vorerst nicht, da ich noch nicht einmal die Alleinherrschaft im Gesamtreich innehabe, aber ich werde jedenfalls den grausen Gespenstern dieser Stadt keine Aufwartung machen.«

Laktanz nickte zufrieden. »Aber dafür dem Nachfolger Petri.«

»Ja. Und natürlich dem Senat und dem Volk der Stadt, das noch gar nicht weiß, dass ich es von viel mehr befreit habe als nur von der Herrschaft des Maxentius.«

Als dann später die Senatoren zur Saepta Julia kamen, um über den feierlichen Einzug des siegreichen Feldherrn mit seinen Truppen am nächsten Tag zu verhandeln, waren sie sehr erstaunt, dass er es ablehnte, zum Kapitol heraufzufahren.

Ein Senator bemerkte mit einem Kopfschütteln: »Ein Triumph oder auch nur ein Adventus führt immer am Ende über die Via Sacra und dann über das Forum Romanum hinauf zum Kapitol – das wurde schon immer so gemacht.«

Konstantin sagte streng: »Bei mir nicht!«

»Aber wo wollt Ihr denn dem Jupiter Optimus Maximus das feierliche Opfer bringen, das der Höhepunkt und Abschluss des feierlichen Einzugs ist?«, fragte ein anderer Senator erstaunt.

»Ich werde dem Jupiter kein Opfer bringen!«

Ein Raunen ging durch die Reihen der Senatoren, und Konstantin hörte, wie manche murmelten: »Er ist tatsächlich ein Christ« – »Ein Christ ist er« – »Er gehört zu diesen Gottesleugnern« und ähnliches, denn jeder wusste, dass nur Christen das Opfer verweigerten. Er spürte die erstaunten und feindseligen Blicke der Senatoren, doch schaute weiter starr und streng geradeaus, ohne sich zu rechtfertigen.

Dann sagte ein weiterer Senator: »Dann können wir auch nicht über das Forum Romanum fahren, denn der

Zug kann dort nicht drehen, um dann wieder die Via Sacra zurückzufahren und dann zum Palatin abzubiegen.«

»Dann fahren wir eben nicht über das Forum Romanum.«

»Aber das Volk wird enttäuscht sein, wenn der Zug nicht über das Forum Romanum fährt«, wandte derselbe Senator ein.

Der Kaiser erhob sich und sagte ärgerlich: »Das Volk sollte froh sein, diesen Usurpator Maxentius los zu sein, der es jahrelang unterdrückt hat! Und nicht enttäuscht, dass sein von göttlicher Gnade geführter Befreier nicht über einen Platz fährt oder einem dummen Götzen kein Opfer bringt!«

Ein empörtes Murmeln ging durch die Reihe der Senatoren. Dann sagte einer von ihnen laut: »Das Volk liebt die Traditionen ...«

»Ich liebe Gott – und das Reich!«

Tatsächlich hörte Konstantin Murren und sogar laute Proteste aus der Volksmenge, als am nächsten Tag bei seinem feierlichen Einzug die Senatoren an der Spitze des Zugs auf seine Anweisungen hin beim Titusbogen von der Via Sacra nach links abbogen und direkt zum Palatin hinaufgingen. Er selbst fuhr am Ende des Zugs auf einem vierspännigen Prunkwagen, in voller Kampfmontur, das Christuszeichen auf dem Helm, und war umgeben von seinen höchsten Offizieren, die, festlich geschmückt und in schimmernden Rüstungen, das Chi-Ro auf ihren Schilden aufgemalt trugen. Eben noch umjubelt, war er überrascht und verärgert vom plötzlichen Unmut der Menge um sich herum, was ihn dazu bewog, den Rest des Tages im Palast zu bleiben und erst am nächsten Tag hinunter zum Forum zu kommen, um zuerst zum Senat und dann von der Rostra hinab zum Volk zu sprechen.

Seine Rede vor dem Senat war diplomatisch: Er erklärte zwar unumwunden, dass er sich persönlich zum Gott der Christen bekannte und dessen Gnade und Macht auch den Sieg verdanke, aber er machte ebenso klar, dass das keinerlei Auswirkungen auf die Politik in der Stadt habe. Maxentius mochte zwar ein übler Diktator gewesen sein und ein illegitimer dazu, aber kein Christenverfolger, im Gegenteil: Er hatte mehr getan als das Toleranzedikt des Galerius vorschrieb, nämlich nicht nur die Verfolgungen beendet, sondern den Christen sämtliche beschlagnahmte Güter zurückgegeben.

Außerdem hatte er einen heftigen Konflikt in der christlichen Gemeinde Roms durch sein Eingreifen beendet: Nach den Verfolgungen stritten sich die Christen nämlich, ob Presbyter ihrer Kirche, die nicht ganz standhaft geblieben waren und unter Todesangst heilige Schriften und Kultgegenstände ausgeliefert oder gar den heidnischen Göttern geopfert hatten, weiterhin ihr Amt ausüben könnten, oder ob sie aufgrund ihres Verhaltens so unwürdig seien, dass ihre Weihen und auch die von ihnen gespendeten Taufen und anderen »Sakramente«, wie die Christen die heiligen Handlungen ihrer Priester nannten, ungültig waren. Der offizielle Bischof von Rom war nicht so streng, so dass die Gegenpartei einen Gegenbischof ernannte, womit es nun zwei Bischöfe von Rom mit jeweils erbittert kämpfenden Anhängern gab. Als die Lage so weit eskaliert war, dass es zu Tumulten und Straßenkämpfen kam, griff Maxentius ein, setzte beide Bischöfe ab und stellte die Bedingung, dass es so lange keinen neuen Bischof gab, bis sich beide Parteien auf einen Kompromisskandidaten geeinigt hätten – was dann über ein Jahr dauerte.

Konstantin hatte schon am Abend vor seiner Senatsrede auf dem Palatin ein Gespräch mit diesem nun seit zwei Jahren im Amt befindlichen neuen Hirten auf dem Stuhl Petri geführt, einem sympathischen und gebildeten Africaner, in welchem er ihm versprach, seiner Kirche den Lateran als neuen repräsentativen Sitz der römischen Bischöfe zukommen zu lassen. Dies teilte er jetzt auch den Senatoren mit, wobei er ihnen versicherte, dass dieses persönliche Geschenk an die römische Kirche seine einzige zusätzliche Anerkennung für die Christen in der Stadt sei. Ansonsten bleibe es bei der bisherigen Religionspolitik, dem einzigen positiven Aspekt der Herrschaft des Maxentius.

Das darauf folgende leichte Murren der Senatoren ignorierte er ebenso wie die befremdeten und missbilligenden Blicke zu Beginn seiner Rede, als er sich zum christlichen Glauben bekannt hatte, und ging dann bald zu anderen Themen der Verwaltung und Tagespolitik über, bei denen er mit sachlichen Vorschlägen die Senatoren wieder hinter sich bringen und ihre Gemüter beruhigen konnte.

Bevor er dann hinaustrat, um auf dem Forum von der Rostra zum Volk zu sprechen, ließ er sich – wieder zum großen Befremden der ihn begleitenden Senatoren – seine volle Kampfrüstung anlegen mitsamt des Helms mit dem vorn aufgemalten Christuszeichen.

Als er sich dann auf dem Rednerpult dem Volk zeigte, stiegen aus der lebhaften Menge verschiedene Sprechchöre zu ihm auf, einerseits jubelnde wie »Sieger und Befreier – unser neuer Kaiser!« oder »Konstantin, der Retter, senkt jetzt unsre Steuern und gibt uns wieder Brot!«, andererseits auch Spottgesänge über seinen zur Schau getragenen christlichen Glauben. Als er die Stimme erhob, schwieg die Menge.

»Volk von Rom!«, schrie er und breitete die Arme aus. »Volk von Rom! Hier stehe ich als ein Soldat vor euch, als ein Kämpfer für die Einheit und Größe des großen römischen Reichs!«

Jubel brandete auf. Einige Gruppen skandierten wieder: »Sieger und Befreier – unser neuer Kaiser!«

Der Kaiser erhob die geballte Faust und rief: »Den nichtswürdigen Usurpator habe ich geschlagen und Rom befreit! Ihr selbst habt gestern bei meinem Einzug seinen Kopf auf einer Stange aufgespießt gesehen. Seine Leiche haben wir aus dem Tiber fischen lassen, nachdem ihn Gott«, dieses Wort brüllte er besonders laut, bevor er noch einmal wiederholte, »nachdem ihn Gott zur Strafe für seine Anmaßung in den Fluss geworfen hat!«

In der Menge gab es vereinzelt Unruhen und lautes Murmeln.

Doch Konstantin ließ sich nicht beirren. Er breitete wieder die Arme aus und rief: »Volk von Rom! Gott hat mich auserwählt, euch von diesem Tyrannen zu befreien und in eine goldene Zukunft zu führen! Mir kommt es zu, Gott zu gehorchen, dem Herrscher des Universums, und euch kommt es zu, mir zu gehorchen, dem Herrscher des Reichs!«

Wieder protestierten Teile der Menge, andere jubelten und ließen ihn laut hochleben.

Konstantin erhob seinen Zeigefinger demonstrativ weit in die Höhe und brüllte noch lauter als zuvor: »Gott, der Urheber und Herrscher des gesamten Universums, hat mich auserwählt, und er wird mir weiter gnädig beistehen und mich von Sieg zu Sieg führen! Ich werde Rom und das Reich größer machen als je zuvor!«

Erneut brandete Jubel auf.

»Lang lebe Rom! Lang lebe Rom! Lang lebe Rom!«, begann er zu rufen, und nach und nach stimmte die gesamte Menge mit ein.

Konstantin war tief beglückt. Er hatte es geschafft. Genauso wie Gott ihm gegen alle Wahrscheinlichkeit den Sieg in der Schlacht gegen Maxentius geschenkt hatte, so brachte er es auch zuwege, dass der heidnische römische Senat und das in seiner Mehrheit die Christen verabscheuende römische Volk ihn als christlichen Kaiser akzeptierte und ihm begeistert zujubelte. Er musste nur Gott vertrauen und ihm gehorchen, denn dieser war der eigentliche Urheber seiner Siege und seines Erfolgs – er selbst war nur ein Werkzeug Gottes. Er ballte beide Fäuste und reckte sie in den Himmel.

Dann winkte er der Menge zu und verließ das Rednerpult.

V.

Das dreimalige Untertauchen

Er ging langsam, Stufe für Stufe, hinunter ins Wasser, in dasselbe Badebecken, in dem er sich früher oft, wenn er in diesem Palast war, erholt und von Gespielinnen hatte verwöhnen lassen. Doch das Wasser, das jetzt in dem Becken war, hatte nichts mit diesen vergangenen Vergnügungen zu tun: Heute frisch eingelassen, war es von Bischof Eusebius geweiht worden und sollte ihm zum Bad der Wiedergeburt werden und alle seine ererbten und erworbenen Sünden abwaschen.

»Im Namen des Vaters …«, hörte er mit geschlossenen Augen den Bischof sprechen und spürte dessen großen warmen Hände, eine an seiner Stirn, eine an seinem Hinterkopf. Die Hand an seiner Stirn drückte ihn rückwärts hinunter. Als er untertauchte, geriet ihm versehentlich etwas Wasser in die Nase und brannte ihm an den Schleimhäuten. Sonst konnte er gar nicht viel denken, hatte nur das befreiende Gefühl, sich in etwas hineingeben zu lassen, nicht mehr alles selbst in der zu Hand zu haben, zu regieren, Entscheidungen zu fällen wie früher jeden Tag, oder wie auch vorhin zu Beginn der Zeremonie zunächst öffentlich zu sprechen, Bekenntnisse oder Erklärungen zu verkünden. Nein, jetzt *ließ* er einmal an sich handeln und gab sich dem Entscheidenden einfach hin.

Nach einem kurzen Moment zog die Hand an seinem Hinterkopf seinen Schädel wieder aus dem Wasser heraus. Er tauchte auf, blies das Wasser aus seiner Nase, schnappte nach Luft – und fühlte endlich Vergebung und Erlösung. Sein ganzes Leben hatte er sich danach gesehnt, und das war vielleicht der tiefere Grund, warum er von Anfang an vom Christentum fasziniert war, sobald er etwas von dessen Lehren gehört hatte. Das war alles so märchenhaft unerhört gewesen, auch wenn es andererseits so lächerlich zu sein schien, was ihm zunächst Laktanz und später dann die Bischöfe, besonders sein Hofbischof Ossius, dieser asketisch-wache Iberer, von Christus, seiner Kirche und der christlichen Doktrin erzählten: Ein Gott, der sich um jeden Menschen persönlich kümmert, der jeden Menschen liebt, jeden einzelnen Menschen! Wann hat man so etwas je gehört?

Konstantin hatte zuvor von dutzenden Göttern gehört, auch von Halbgöttern, von Menschen, die Wunder taten, das war alles nichts Besonderes, nichts, was ihn furchtbar in Erstaunen versetzte. Aber dass es *einen* Gott gab, universell, transzendent, allmächtig, und dieser sich zugleich um die Sorgen einer zahnlosen Bettlerin kümmerte, wenn diese sich im Gebet an ihn wandte, sich für jeden Menschen interessierte, für den Geringsten wie für den Mächtigsten und für jeden eine Aufgabe und einen Sinn vorgesehen hatte – so etwas war ihm völlig neu gewesen; und ihm schien immer klarer zu werden, dass diese Idee so abwegig war, dass sie sich kein Mensch hätte selbst ausdenken können.

Und dann die Vergebung, das war ja noch unerhörter! Egal was ein Mensch verbrochen hatte, wenn er das alles vor Gott brachte und es vor der Gemeinde und dem Priester öffentlich bereute, dann wurde ihm alles vergeben. Noch besser war es natürlich, sich taufen zu lassen, denn dann wurde noch zuverlässiger alles weggewaschen, was vorher war, und man war ein neuer Mensch, unschuldig wie ein Säugling, ja noch unschuldiger, denn die

Menschennatur trug doch den Keim der Verderbnis schon vom Moment der Empfängnis in sich.

Deshalb hatte er ja so lange gewartet damit, bis jetzt, bis er nicht mehr herrschen, kämpfen und töten musste, sich hingeben und danach rein bleiben konnte und damit unfehlbar in die ewige himmlische Herrlichkeit eingehen würde. Auch wenn die Bischöfe es natürlich lieber gesehen hätten, wenn er sich nach seinem Bekenntnis zum Christentum gleich hätte taufen lassen, aber das konnte und wollte er nicht.

Er erinnerte sich daran, wie er in seinem Palast in Trier auch mit Ossius von Cordoba über dieses Problem diskutiert hatte, im zweiten Jahr nach seinem Sieg vor den Toren Roms. Diesen Ossius hatte er, wie am Tag seiner Vision innerlich beschlossen, sofort nach Trier kommen lassen und zu seinem Hofbischof gemacht. Nun verfügte er an seinem Hof über Laktanz und Ossius und führte mit ihnen intensive Gespräche, so oft es seine Regierungsgeschäfte und sonstigen Verpflichtungen erlaubten. Diese waren allerdings beträchtlich, denn er musste jetzt einen viel größeren Reichsteil, den gesamten Westen, von Britannien bis Africa, von Hispanien bis zum römischen Teil Germaniens kontrollieren, Barbareneinfälle abwehren, innenpolitische Probleme lösen, Unruhen im Keim ersticken, und gleichzeitig das Ausschalten seines letzten verbliebenen Mitkaisers, seines Schwagers, des flachköpfigen alten Offiziers Licinius, vorbereiten.

Aber er liebte es, wenn er Zeit fand, sich mit Ossius über die göttlichen Dinge zu unterhalten, einerseits weil dieser so eine ungemein einnehmende Persönlichkeit und ein anregender Gesprächspartner war, und andererseits, weil er noch mehr lernen wollte über die christlichen Lehren, die göttlichen Geheimnisse und diese irdische Institution, die von Gott selbst gestiftet worden war, die Kirche – die obendrein ein höchst komplexer menschlich verwalteter Machtapparat war, dessen Regeln und Funktionen er verstehen lernen musste, da er jetzt als christlicher Kaiser mit dazu berufen war, die Ordnung in ihm aufrechtzuerhalten. Das hatte ihm Ossius gleich zu Beginn klargemacht, und er hatte es gerne gehört.

Sein Hofbischof hatte ihm weiter erklärt, dass die Kirche einig sein müsse, da das ihr Auftrag vom Herrn sei, aber schon immer hätte es Irrlehren und Abspaltungen gegeben, die mit ihrer hartnäckigen Unbelehrbarkeit die Kirche und damit das Heil der ganzen Menschheit in große Gefahr brächten. Von daher sei es extrem wichtig, dass nur die Mehrheitskirche – die katholische, die einzig wahre und orthodoxe – kaiserliche Unterstützung erhalte, und abtrünnige Fanatiker, wie aktuell die »Donatisten«, die sich selbst den anmaßenden Titel »Kirche der Märtyrer« gaben, keinesfalls materiell oder machtpolitisch gefördert würden. Diese Irrenden solle Konstantin stattdessen streng zur Ordnung rufen und ihnen befehlen, zur kirchlichen Einheit zurückzukehren.

Diese Donatisten seien rigorose Sturköpfe ohne rechtes Verständnis der göttlichen Barmherzigkeit gegenüber der sündigen Natur des Menschen, die doch von Christus und seinen Aposteln so deutlich herausgestellt wurde. Sie hätten sich von der Kirche abgespalten, weil diese ihrerseits reumütige Sünder, die in der Zeit der Verfolgung schwach geworden waren, nach einer Bußzeit wieder in ihren heilbringen Schoß aufgenommen hatte. In Karthago hätten sie einfach einen Bischof abgesetzt, weil dieser angeblich auch von einem Presbyter mitgewählt worden war, der heilige Schriften an die Verfolger ausgeliefert hatte. In ihrer Verbohrtheit hingen sie der Meinung an, dass sämtliche Wahlen und Weihen, die von solch unwürdigen Personen vorgenommen wurden, nun ungültig seien, während die katholische Kirche doch lehre, dass Weihen und

Sakramente und auch Bischofswahlen unabhängig von der Person und ihrer Sündhaftigkeit, die im letzten Grunde ohnehin nur Gott kenne, gültig seien.

Der christliche Kaiser ließ sich alle diese Probleme genau erklären und versuchte zu verstehen, wie die Lehre der wahren Kirche genau beschaffen war, und wie ihr Recht und ihre Organisation funktionierte. Er hatte ja nun ihre Streitigkeiten zu richten, obwohl er selbst kein vollgültiges Mitglied war, da er sich nicht taufen ließ.

»Ihr wisst, hochgeschätzter Kaiser, dass Ihr nur durch die Taufe in wirkliche Gemeinschaft mit der Kirche tretet, nur mit der Taufe Zugang zu ihren heilsamen Sakramenten erhaltet«, hatte Ossius ihn einmal gemahnt, wobei er ihn mit der ihm oft eigenen milden Strenge anschaute, eine seltsame, aber eindringliche Mischung.

»Aber ich bin Christ, wenn ich mich zu Christus bekenne, das ist doch richtig?«

»Ja, schon …«

»Das reicht mir zunächst, das ist das Wichtigste.«

»Ja, aber Ihr steht nicht in wirklicher Gemeinschaft mit den Gliedern der Kirche und könnt daher den Leib Christi nicht empfangen.«

»Ich weiß … aber damit möchte ich vorerst noch warten. Ich fühle mich noch nicht würdig, und ich weiß noch zu wenig …«

Er war hier nicht ganz ehrlich, denn er hielt sich schon durchaus für recht gut informiert im Vergleich zu den alten Weibern, die er in den Gottesdiensten sah, die er manchmal besuchte, wo er sich allerdings zu seinem großen Ärger als Ungetaufter ganz hinten in einen Vorraum setzen musste. Und für würdig hielt er, dem Gott die Herrschaft über den ganzen Erdkreis bestimmt hatte, sich natürlich auch.

Er hatte nur verschiedene Bedenken, auch wenn es ihn ungemein nach dem Leib Christi verlangte: Zunächst hatte er noch viele Kriege zu führen, Blut zu vergießen und

Todesurteile zu sprechen. Würde er sich jetzt taufen lassen und dann diese Sünden begehen, müsste er sich immer wieder vor der christlichen Gemeinschaft demütigen, seine Sünden bekennen und Buße tun – das empfand er trotz aller Sympathie für die hochheilige christliche Gemeinschaft als eines Kaisers unwürdig. Und es wäre machttaktisch höchst unklug, sich in eine Position zu begeben, wo er von den Bischöfen erpressbar war, die ihm dann jederzeit mit der Exkommunikation hätten drohen können.

So begeistert er von der christlichen Sache war, so sehr er seinen Gott und dessen Kirche liebte, so wichtig schien ihm doch, als Herrscher Prioritäten zu setzen, das Nützliche vom Unnützen zu unterscheiden und mit strategischem Geschick vorzugehen, um seine Ziele zu erreichen. Und eins war ihm völlig klar: Die höheren Weihen der Taufe waren nichts für einen Kaiser, solange er noch regieren musste.

»Ihr nicht würdig? Verehrtester Kaiser …« Ossius lächelte etwas süffisant, aber gerade noch so, dass es nicht respektlos dem Herrscher gegenüber wirkte.

»Vielleicht habe ich mich falsch ausgedrückt. Ich halte mich persönlich nicht für zu unwürdig, um die Taufe zu empfangen, aber ich bin Kaiser, ich muss regieren, und ich muss der Kaiser aller sein, der Kaiser der Christen und der Heiden. Auch wenn die Heiden einen lächerlichen Aberglauben praktizieren, so bin ich doch auch ihr Kaiser. Und doch bin ich Christ, ja, ich bin als christlicher Kaiser sogar etwas wie ein Bischof, aber ein Bischof für die, die außerhalb der Kirche stehen.«

Sein Hofbischof schaute etwas perplex. Dann begann er lautlos, aber innig zu lachen, und erwiderte: »Das ist ja eine sehr interessante Theorie! Wahrlich, Ihr seid der größte Philosoph auf dem Kaiserthron seit Marc Aurel …«

Konstantin lachte auch. »Wobei ich die bessere philosophische Schule gewählt habe.«

»Das gewiss, das gewiss!«, gab Ossius heiter zurück, worauf er wieder ernst wurde und sagte: »Ihr müsst wissen, was Ihr tut, erhabenster Augustus. Sich zur Wahrheit des christlichen Glaubens zu bekennen, aber mit der Taufe zu warten und sich erst im Alter oder gar kurz vor dem Tod die Sündenschuld abwaschen zu lassen, ist zwar eine immer verbreitetere Praxis, aber die Kirche sieht das nicht gerne. Das ist nicht der Sinn der Taufe und des christlichen Lebens. Dieser Sinn ist, als getaufter Christ, in Kommunion mit der Gemeinschaft der Heiligen, in der steten Gnade der Sakramente zu leben – und nicht aus Angst vor dem Fallen gar nicht erst aufzustehen, oder anders ausgedrückt, den Lichtstrahl des Heiligen Geistes erst in seiner ganzen Fülle zu spüren, in dem Moment, wenn man diese Welt schon wieder verlässt. Wir sollen auch ein Licht in *dieser* Welt sein, und dabei helfen uns die Gnadenmittel, welche die Kirche aus ihrer von Christus selbst geschenkten Fülle reichlich austeilt.«

Konstantin schwieg eine Weile und nickte nachdenklich vor sich hin. Immer, wenn er die Bischöfe von der geheimnisvollen Kraft der Sakramente sprechen hörte, spürte er ein großes Verlangen nach ihnen, aber wenn er eines in der langen harten Schule unter Diokletian gelernt hatte, dann war es Selbstbeherrschung, Disziplin und die Fähigkeit, seine persönlichen Wünsche dem großen Ganzen unterzuordnen. Schließlich gab er in einem Tonfall herrschaftlicher Würde zurück:

»Ja, das weiß ich. Aber ich bin in einer ganz besonderen Position, und ich habe einen ganz besonderen göttlichen Auftrag. Und ich kann in dieser Position viel besser für Gott und seine heilige Kirche wirken, wenn ich zunächst ungetauft verbleibe, aber als treuer Knecht Gottes, Beschützer der Kirche und Bruder ihrer Bischöfe. Alles hat seine Zeit – hast du nicht einmal erwähnt, dass das in den heiligen Schriften steht?«

In Ossius' Augen blitzte sofort ein waches Entzücken, und er rezitierte in rhythmisch-singender Betonung: »Ein jegliches hat seine Zeit, und alles Vorhaben unter dem Himmel hat seine Stunde: geboren werden hat seine Zeit, sterben hat seine Zeit; pflanzen hat seine Zeit, ausreißen, was gepflanzt ist, hat seine Zeit; töten hat seine Zeit, heilen hat seine Zeit; abbrechen hat seine Zeit, bauen hat seine Zeit; weinen hat seine Zeit, lachen hat seine Zeit; klagen hat seine Zeit, tanzen hat seine Zeit; Steine wegwerfen hat seine Zeit, Steine sammeln hat seine Zeit; herzen hat seine Zeit, aufhören zu herzen hat seine Zeit; suchen hat seine Zeit, verlieren hat seine Zeit; behalten hat seine Zeit, wegwerfen hat seine Zeit; zerreißen hat seine Zeit, zunähen hat seine Zeit; schweigen hat seine Zeit, reden hat seine Zeit; lieben hat seine Zeit, hassen hat seine Zeit; Streit hat seine Zeit, Friede hat seine Zeit.«

Der Kaiser war zwar beeindruckt von der Schönheit der Worte und der Gelehrtheit des Bischofs, doch er sagte nur beherrscht und trocken: »Siehst du, und auch Getauftwerden hat seine Zeit, und die ist für mich noch nicht gekommen!«

»Und des Sohnes!«, hörte er die laute Stimme des Bischofs trotz des Wassers in seinen Ohren, nachdem er schnell tief eingeatmet hatte, und wurde umgehend wieder von der Hand an seiner Stirn sanft, aber kräftig unter Wasser gedrückt. Diesmal passte er besser auf und konnte es vermeiden, Flüssigkeit in die Atemorgane zu bekommen, aber ließ sich ansonsten genauso hingebungsvoll gehen wie beim ersten Untertauchen. Sein alter Mensch sollte in diesem Wasser begraben werden und seine Sünden abgewaschen, völlig getilgt werden.

Die Hand an seinem Hinterkopf führte ihn sofort wieder aus dem Wasser herauf, während er noch kurz an die Sünde und die Diskussion über die Sünde, die er mit den verfeindeten Bischöfen der katholischen Kirche auf der einen Seite und der »Kirche der Märtyrer«, den Donatisten, auf der anderen Seite hatte führen müssen, damals auf der Synode, die er keine zwei Jahre nach der Eroberung Roms in Arles einberufen hatte, um die Spaltung der Kirche, vor allem in der Provinz Africa, aufzuheben.

Aber schon damals musste er feststellen, wie schwer es war, Probleme in der Kirche zu klären, und dass eine erzwungene Klärung dort in der Regel nicht bewirkte, dass danach die Streitigkeiten wirklich beigelegt waren. Das ganze Terrain war ein ganz anderes, ein wesentlich komplizierteres als das politische, und die Parteien waren viel fanatischer, kaum durch weltliche Drohungen einzuschüchtern und schon gar nicht käuflich.

Schon ein paar Monate vor der von ihm persönlich im gallischen Arles geleiteten Versammlung hatte er eine Synode nach Rom einberufen, damit unter dem Bischof von Rom, dem Inhaber des Stuhles Petri, das Problem ein für alle Mal geklärt werde. Er hielt es für ausreichend, außer diesem zehn Bischöfe der Donatisten und zehn Bischöfe ihrer Gegner aus Africa, dem Konfliktherd, vorzuladen und dazu drei ihm gut bekannte Bischöfe aus Gallien zu senden, unter ihnen nicht seinen Hofbischof Ossius, aber Maternus, den Bischof seiner Hauptstadt Trier, der aber schon kurz vor seinem vom Kaiser selbst veranlassten Wechsel nach Köln stand und deshalb als Bischof von Köln in den Dokumenten geführt wurde.

Konstantins Anweisungen waren klar: Die Mehrheit solle entscheiden, die Entscheidung sei dann unwiderruflich. Da es klar war, wie die jeweils zehn Bischöfe der beiden Konfliktparteien stimmen würden, entschied also der römische Bischof zusammen mit den drei gallischen, und alle diese vier stimmten gegen die Donatisten, so dass der Kaiser, glücklich über dieses klare Votum, verfügte, der angeblich von einem sündigen Presbyter mitgewählte Bischof Caecilianus von Karthago sei endgültig wieder in sein heiliges Amt einzusetzen und die Lehre der Donatisten für verworfen zu erklären.

Doch er hatte sich getäuscht: Die fanatischen Anhänger des Donatus akzeptierten weder die kirchliche Mehrheitsentscheidung der Synode unter dem Nachfolger des Apostels Petri noch das Urteil und die Verfügungen des Kaisers, sondern behaupteten, dass nur einige wenige Bischöfe ihr Gutachten abgegeben hätten und ohne vorherige genaue Prüfung aller notwendigen Fragen allzu rasch zur Fällung des Urteils geschritten wären.

Daraufhin nahm Konstantin die Sache selbst in die Hand und lud drei Dutzend wichtige Bischöfe aus vielen Ländern zu einer Synode mit seiner und seines Hofbischof Ossius' Anwesenheit unter dem Vorsitz des Ortsbischofs Marinus in ein großes öffentliches Versammlungshaus im gallischen Arles ein, darunter auch den nach der Synode von Rom rechtmäßigen Bischof von Karthago, Caecilianus, und dessen »Gegenbischof«, den Unruhestifter Donatus persönlich. Der Bischof von Rom kam allerdings nicht selbst, sondern schickte nur zwei Presbyter zu seiner Vertretung und richtete aus, für ihn als »Hüter der Tradition« sei es nicht möglich, »Rom, den Sitz der Apostel« zu verlassen, und er könne nur Versammlungen in Rom unter seinem eigenen Vorsitz beiwohnen, was Konstantin zwar verärgerte, aber nicht am Erfolg der Synode zweifeln ließ.

Als zu Beginn der Versammlung die Lage dargelegt wurde, stellte sich zum großen Erstaunen der Teilnehmer heraus, dass mittlerweile in Karthago der Nachweis erbracht worden war, dass der angeblich abtrünnige Presbyter, der Caecilianus mitgewählt hatte, unschuldig war und keine heiligen Schriften an die Verfolger ausgeliefert hatte.

Der Kaiser war erleichtert und dachte schon, das Problem habe sich nun ohnehin erledigt, aber er hatte sich abermals getäuscht und die verbissene Neigung christlicher Bischöfe und Gelehrter, über Grundsätzliches zu diskutieren, deutlich unterschätzt. Der ursprüngliche Anlass für das Aufkommen des Problems war zwar hinfällig, aber das aufgekommene Problem aus Sicht der Donatisten noch lange nicht: Waren die von unwürdigen Bischöfen und Presbytern gespendeten Weihen und Sakramente ohne Ansehen der Person gültig, also sozusagen durch die ihnen innewohnende objektive Autorität, oder waren sie ungültig, wie es dieser Donatus auch jetzt vor Konstantins Augen zum Missfallen fast aller anwesenden Bischöfe vehement behauptete?

Nachdem dieser in einer längeren Rede noch einmal alle seine Argumente in beeindruckender rhetorischer Eleganz und mit brennender, dem Kaiser etwas zu fanatisch brennender Leidenschaft dargelegt hatte, ergriff zum ersten Mal Ossius, der als der persönliche Berater des christlichen Kaisers direkt neben diesem saß, das Wort:

»Mein lieber Bruder Donatus – ich sage ›mein lieber Bruder‹, da ich hoffe, dass du bald Vernunft annehmen wirst und zur gesunden und menschenfreundlichen katholischen Lehre zurückkehren wirst –, mit der von dir vertretenen Lehre bringst du die gesamte Kirche und die ihr anvertrauten Seelen in allergrößte Unsicherheit! Hast du darüber schon einmal nachgedacht? Denn wenn die Sakramente, auch die der Taufe und der Eucharistie, ungültig wären, wenn sie ein sündiger Presbyter gespendet hätte – ganz davon abgesehen, dass wir alle mehr oder weniger sündhaft sind –, so ist es doch immer möglich, dass ein Presbyter schwer gesündigt hätte, ohne dass jemand davon wüsste, und dann müssten alle Gläubigen ständig in größter Unsicherheit leben, ob ihre Taufen und anderen Sakramente überhaupt gültig seien. Hast du diese Folgen deiner Rigorosität denn jemals bedacht?«

Donatus, ein kleiner energischer Africaner mit offensichtlich barbarisch-berberischer Abstammung, pechschwarzen Augen und Haaren und dunkelbrauner Haut, reagierte auf die besonnen vorgebrachten Worte des Hofbischofs mit überraschender Schärfe und Impulsivität. Er brüllte fast: »Ist das ein Argument? Ob die Wahrheit jemanden verunsichern könnte? Steht in den Schriften nicht, dass Christus gesagt hat, der Geist der Wahrheit wird kommen und uns in alle Wahrheit leiten? Und hat der Apostel Paulus nicht geschrieben, dass Gott uns nicht den Geist der Furcht gegeben hat, sondern den der Kraft?«

»Und den der Liebe und der Besonnenheit!«, warf Ossius, immer noch ruhig, aber schon etwas strenger ein.

»Aber Liebe und Barmherzigkeit, die in der Wahrheit lebt, in der *Wahrheit,* nicht in sündiger Lüge!«, rief Donatus aus, worauf sich empörte Unruhe im Saal breitmachte, in der einige Zwischenrufe wie »Was denkt er eigentlich, wer er ist!« oder »Ein Pharisäer und ein Judas ist er!« zu hören waren.

Nun schaltete sich der Ortsbischof Marinus in seiner Eigenschaft als Versammlungsleiter ein und rief »Ruhe! Ruhe im Saal!«, um dann in die eingekehrte Ruhe selbst das Wort an Donatus zu richten: »Mein guter Donatus, wenn die Sakramente nicht an sich gültig sind, sondern abhängig von der Würdigkeit des Spenders, dann sind sie gar nicht mehr aus sich heraus gleich gültig, sondern desto gültiger, je würdiger der Spender ist. Das ist nicht die katholische und apostolische Lehre, die du hier vertrittst. Und ganz nebenbei: Steht in den heiligen Schriften nicht mehrmals, dass nur Gott alle Sünden der Menschen kennt? Wer soll denn unfehlbar feststellen, welcher Bischof oder Presbyter sündig ist und welcher nicht?«

Donatus schüttelte widerwillig den Kopf. Er wirkte auf Konstantin wie ein in die Enge getriebenes wildes Tier, schien durch den immer breiter werdenden Widerspruch nur störrischer und kämpferischer zu werden. Er rief: »Wir bekennen, dass wir an die Gemeinschaft der Heiligen glauben, nicht an die Gemeinschaft der Sünder!«

»Aber unser Herr sagt: Wer unter euch ohne Sünde ist, werfe den ersten Stein! Bist du dir so sicher, ohne Sünde zu sein, Donatus?«

Donatus entblößte unter allgemeinem Raunen der Versammlung seine Beine, so dass seine zerschmetterten und schief zusammengewachsenen Knie zu sehen waren. Dann rief er: »Ich behaupte nicht, ohne jede Sünde zu sein, aber ich habe mir lieber die Knie zerschmettern lassen und viele Monate in dunkler Haft ohne jedes Sonnenlicht gelitten, als heilige Schriften an die schändlichen Verfolger unseres Glaubens auszuliefern! Und vielen ist es noch schlimmer ergangen, sie wurden langsam und qualvoll getötet! Das Blut der Märtyrer ist der Samen der Kirche! Wie sollen denn Hirten, die so schwach im Glauben sind, dass sie aus Angst vor Schmerzen und Leiden das Heiligste den Säuen zum Fraß vorwerfen, die Sakramente der Kirche gültig spenden und kirchlichen Diözesen vorstehen können?«

Konstantin beobachtete diese Streitigkeiten, dieses ihm teilweise unverständliche Theater mit wachsendem Missvergnügen. Wie sollte die Kirche das Reich einen, wenn sie selbst dermaßen uneinig war? Und warum konnten sich denn nicht einfach alle Bischöfe nach getroffenen Entscheidungen klaglos unterordnen, wenn es *eine* heilige katholische und apostolische Mehrheitskirche der Christen gab und *eine* Mehrheitsmeinung innerhalb ihrer Bischöfe? Warum konnten diese unnötigen Streitereien nicht beiseitegelassen werden, um sich dem eigentlichen Ziel zu widmen, das Reich Gottes auf Erden zu verbreiten, jetzt wo der Staat dem nicht mehr entgegenstand und sogar der Kaiser auf der Seite der Kirche stand? Schließlich erhob er sich von seinem Sitz und meldete sich zum ersten Mal selbst zu Wort:

»Meine lieben Brüder Bischöfe, ich denke, die Sache ist klar und entschieden. Bei allen bisherigen Synoden über diesen Streitfall, zuerst in Karthago, dann in Rom und jetzt hier kam die Mehrheit der Bischöfe zum selben Ergebnis: Caecilianus ist rechtmäßiger Bischof, und die Sakramente und Wahlen gültig bestellter Bischöfe und Presbyter sind unabhängig von deren persönlichen Verfehlungen gültig. Ich spreche jetzt zu euch als von Gott erwählter Herrscher über den Erdkreis, als euer Kaiser und als Bruder von euch Bischöfen: Die Sache ist entschieden, und die unterlegene Partei hat sich zu fügen!«

Er spürte, wie sich alles ehrfürchtig erstaunt zu ihm umdrehte, und für eine Weile herrschte völlige Stille.

Dann stand Donatus erneut auf, schaute mit eindringlich funkelnden Augen in die Runde und fragte wütend: »Was hat der Kaiser mit der Kirche zu schaffen?«

Ein Flüstern unter den Bischöfen begann, und in Konstantin wuchs die Wut auf diesen widerspenstigen Eiferer. Er war gerade im Begriff, ihm eine Rüge für seine Respektlosigkeit auszusprechen, als Ossius wieder aufstand und sich zu Wort meldete.

»Dieser Kaiser«, sagte er streng und zeigte mit der flachen, nach oben offenen Hand auf Konstantin, »dieser Kaiser hat uns Christen im ganzen Reich die Freiheit geschenkt!«

Er machte eine Pause, während der völlige Stille herrschte. Dann fuhr er fort, immer noch auf den Herrscher weisend: »Dieser Kaiser hat sich als erster Kaiser des Reichs selbst zu Christus bekannt!«

Weiterhin herrschte ergriffenes Schweigen unter den Bischöfen, und Ossius fuhr fort, dabei in einen hymnischen Tonfall verfallend: »Dieser Kaiser hat den anderen Kaiser, der im Osten regiert, dort wo die Zahl an Bischöfen und christlichen Brüdern und Schwester um ein Vielfaches höher ist als hier im Westen, und wo die Kirche viel mehr unter den Verfolgungen zu leiden hatte, diesen anderen Kaiser, der ein heidnischer Soldat ohne höhere Bildung und ohne Wissen um die Wahrheit Christi ist, letztes Jahr in Mailand getroffen und ihn dazu bewegt, mit ihm zusammen eine gemeinsame verbindliche Erklärung abzugeben, um – ich zitiere – ›sowohl den Christen als auch allen Menschen freie Vollmacht zu gewähren, ihre Religion zu wählen, damit die himmlische Gottheit uns und allen gnädig und gewogen bleiben kann.‹ – und ich zitiere weiter aus dieser Vereinbarung der beiden Kaiser: ›Wir sind seit langem der Ansicht, dass Freiheit des Glaubens nicht verweigert werden sollte. Vielmehr sollten jedermann seine Gedanken und Wünsche gewährt werden, so dass er in der Lage ist, geistliche Dinge so anzusehen, wie er selbst es will. Darum haben wir befohlen, dass es jedermann erlaubt ist, seinen Glauben zu haben und zu praktizieren, wie er will.‹ – Solches hat dieser Kaiser für die Kirche Christi bewirkt, und du, Donatus, erdreistest dich zu fragen, was dieser Kaiser mit der Kirche zu schaffen hat?«

Donatus, der sich nicht wieder hingesetzt hatte, sondern die ganze Zeit stehengeblieben war, ging jetzt einen Schritt auf Ossius zu und zischte diesen an: »Er ist nicht einmal getauft! Was hat er sich in die inneren Angelegenheiten der Kirche einzumischen!«

»Ihr selbst habt doch den Kaiser in dieser Sache angerufen!«, rief ein anderer Bischof aus dem Rund.

Donatus drehte sich um und erklärte: »Ja, das haben zwei meiner Unterstützer getan, das stimmt, und ich habe sofort gewusst und es ihnen gesagt, dass das ein Fehler war!« Dann hielt er kurz inne, schaute zornig in die Runde und rief laut aus: »Jesus Christus, unser Herr spricht: Gebt dem Kaiser, was des Kaisers – und Gott, was Gottes ist!«

Ein großes Raunen ging durch den Saal. Konstantin lief es kribbelnd den Rücken herunter. So etwas konnte er sich nicht bieten lassen. In diesem Moment war ihm endgültig klar, dass dieser Mann ausgeschaltet werden musste, und zwar mit weltlicher Macht. Doch zuerst musste die Kirche selbst sprechen.

Daher erhob er sich und verkündete mit gönnerhafter Würde, ohne sich seine Wut anmerken zu lassen: »Nicht der Kaiser, sondern die Kirche selbst wird entscheiden!«, und nickte Bischof Marinus, dem offiziellen Versammlungsleiter zu, der sich daraufhin ebenfalls erhob und laut ausrief: »Die Argumente sind ausgetauscht! Ich bitte nun die Bischöfe abzustimmen – der Heilige Geist wird unser Urteil leiten!«

Donatus setzte sich kopfschüttelnd hin und rief dabei ärgerlich: »Der Heilige Geist! Eine vom ungetauften Kaiser einberufene Versammlung von Bischöfen entscheidet über die heiligsten Angelegenheiten der Kirche und beruft sich auf den Heiligen Geist!«

»Es reicht!«, sagte Marinus streng in Richtung des Donatus und fuhr dann an alle gewandt fort: »Wer von euch ist der Meinung, dass die Sakramente, die von rechtmäßig eingesetzten und bestellten Presbytern gespendet wurden, objektiv und unbestreitbar gültig sind, unabhängig von der persönlichen Würdigkeit der Spender?«

Alle Bischöfe mit Ausnahme des Donatus und seiner wenigen Anhänger standen auf.

»Damit hat die heilige Synode entschieden!«, verkündete Marinus freudig lächelnd.

»Amen!«, kam es aus der Runde.

»Ich frage dich, Donatus«, wandte sich Marinus immer noch lächelnd, aber mit strengerem Ton zu diesem um, »akzeptierst du das Urteil der heiligen Synode?«

»Nein. Diese Synode ist nicht heilig, sie ist weltlich, von einem Kaiser einberufen und von einem Kaiser beeinflusst!«, gab der entschlossen zurück.

Ein Raunen, Flüstern und Rufen ging durch die weite Runde der Bischöfe. »Anathema!«, riefen einige.

»Ruhe!«, rief Marinus. »Wir werden den Beschluss schriftlich in die Schlussakte der Synode aufnehmen. Jeder anwesende Bischof, der nicht unterschreibt, sei ausgeschlossen!«

Auf diesen Moment hatte Konstantin gewartet. Er erhob sich und rief feierlich: »Als von Gott erwählter Herrscher, als Kaiser des Reichs, als Knecht Gottes, unseres Herrn, und als euer demütiger Bruder, geliebte Bischöfe der wahren heiligen apostolischen und katholischen Kirche, biete ich euch meine Hilfe an gegen alle, die die Einheit der Kirche gefährden, ihre Reinheit und Heiligkeit beschmutzen und damit das Heilswerk Gottes gefährden! Kaiserliche Polizeikräfte und Soldaten werden Anweisung erhalten, dass sie euch zu Diensten stehen, wenn ihr sie gegen die Häretiker braucht. Damit die Ordnung Gottes im Himmel und auf Erden, soweit es in unseren Kräften liegt, wiederhergestellt wird!«

Er spürte, wie sich ungläubige Blicke auf ihn richteten. Zuerst blieb es still, dann brach Jubel unter den Bischöfen aus, unter allen außer unter den Anhängern des Donatus. Dieser rief wütend: »Nicht besser als sein Ziehvater ist er! Ein Verfolger, der Staat und Religion vermischt! Dass es jedermann erlaubt ist, seinen Glauben zu haben und zu praktizieren, wie er will – nichts als leere Worte!«

Er schnappte noch tiefer nach Luft als nach dem ersten Mal, als er jetzt wieder aus dem heiligen Bad auftauchte, spürte sein Fieber noch stärker als zuvor, während durch seinen Geist die Frage zuckte, wie das denn sein konnte, dass wirklich alle Sünden durch dieses Wasserbad vergeben waren, selbst der Mord an seinem eigenen Fleisch und Blut und der an der einzigen Frau außer seiner Mutter, die er jemals wirklich geliebt hatte.

Doch jetzt war nicht mehr der Zeitpunkt, um Zweifeln nachzuhängen. Er musste an sich handeln lassen und daran glauben, so wie er sein ganzes Leben gehandelt und daran geglaubt hatte.

»Und des Heiligen Geistes!«, rief Bischof Eusebius aus, und Konstantin wurde wieder unter Wasser gedrückt, zum dritten und letzten Mal, wie er wusste.

Und des Heiligen Geistes! Wie hatte ihn dieser Geist des heiligen Gottes befeuert in der ersten Zeit nach seiner Vision und seinem Sieg über Maxentius, nach seinem Bekenntnis zur christlichen Religion, nach seinen ersten intensiveren Gesprächen mit Ossius, bevor die kirchenpolitischen Probleme sich so mächtig in den Vordergrund drängten! Wie hatte er in dieser Begeisterung alles aufgesaugt und was war ihm alles klar geworden! Die ganze Heilsgeschichte nach dem Sündenfall: von Abraham über Moses, die Propheten des kleinen Volkes der Israeliten, über die Menschwerdung des göttlichen Logos, des Christus, und die zwölf Apostel, bis zu ihm, dem Auserwählten, dem dreizehnten Apostel, der dazu ausersehen war, die Welt zur Umkehr zu bewegen!

Am Karfreitag des Jahres 314, wenige Monate vor der Synode in Arles, hatte er schon einmal sämtliche Bischöfe von Gallien in seinen Palast in Trier eingeladen, um ihnen, seinem Hofbischof Ossius, seinem alten Lehrer Laktanz und christlichen Hofleuten selbst von dieser seiner Rolle im Plan der göttlichen Vorsehung zu künden.

Der große Prachtsaal war festlich geschmückt für diese Versammlung der Heiligen, diese Zusammenkunft der ehrwürdigen Bischöfe mit ihrem Kaiser am wichtigsten Tag der Christen, am Tag des Kreuzes.

Er selbst saß auf seinem Thron, umgeben von seinem Hofbischof Ossius, seinem Lehrer Laktanz, dem neuen Trierer Bischof Agritius, den seine Mutter Helena zu Beginn des Jahres aus Syrien mitgebracht hatte, und seiner Familie: eben seiner Mutter Helena, seiner noch jugendlichen Frau Fausta und seinem neunjährigen Sohn Crispus. An der Rückwand hinter seinem Thron hatte er hoch oben ein riesiges vergoldetes Christuszeichen anbringen lassen, und in den Ecken des Saales wurden in befeuerten Schalen wohlriechende Kräuter und Harze verbrannt.

Als alle Zuhörer Platz genommen hatten – in den ersten Reihen die Bischöfe, dahinter die übrigen Ehrengäste, ganz hinten die Gläubigen aus seinem Hofstaat –, erhob er sich von seinem Thron und trat ein paar Schritte vor zum Rednerpult, auf dem seine selbstgeschriebene Rede lag, bei deren Abfassung ihm Laktanz beratend zur Seite gestanden hatte.

Das Räuspern und das Hüsteln klangen ab. Er schaute auf die ehrfurchtsgebietende Reihe der bärtigen Bischöfe in ihren prächtig bestickten Gewändern, die wiederum ehrfurchtsvoll zu ihm aufschauten, was ihn mit Glück und Stolz erfüllte.

In einem Tonfall ergriffener Rührung begann er zu reden: »Der heller als das Tageslicht und die Sonne erstrahlende Glanz, das Vorspiel der Auferstehung, die Stütze der Verheißung und der zum ewigen Leben führende Pfad – der Tag des Leidens ist da, o geliebte Lehrer und ihr, all meine übrigen Freunde…«

Er breitete die Arme aus, so als ob er die Anwesenden im ganzen Saal umarmen wollte, senkte sie dann wieder, machte eine gewichtige Pause und fuhr dann fort: »Zu sehr hatte ja die Verirrung überhandgenommen: Niemand verehrte nach Gebühr den allmächtigen Gott, und man glaubte, nicht durch die Vorsehung, sondern zufällig, ordnungslos und fehlerhaft sei das All entstanden. Und während überall auf der Welt der Geist Gottes durch Propheten, denen man hätte folgen sollen, es verkündete, leistete die gottlose Schlechtigkeit auf jede nur mögliche Weise Widerstand, feindselig gegen das Licht der Wahrheit, doch betört vom Unerforschlichen der Finsternis.«

Er machte eine Pause, dann klagte er mit rhetorisch dosierter Bitterkeit an: »Dies ging aber auch nicht ohne Gewalt und Grausamkeit vor sich, besonders dadurch, dass die Autorität der Herrschenden die blindwütige Raserei der gemeinen Volksmassen förderte, ja mehr noch dadurch, dass sie die Führung des sinnlosen Wütens übernahm. Eine solche Lebensweise, die viele Generationen hindurch vorherrschend war, hat der Menschheit größte Übel gebracht!«

Daraufhin hielt er inne, blickte sich nach links und rechts zu den neben ihm Sitzenden um, erhaschte ein wohlwollendes Nicken seines Hofbischofs Ossius, das ihm weitere Sicherheit gab, und fuhr dann mit rhetorisch dosierter Begeisterung fort:

»Als dann aber das Licht des Erlösers erstrahlte, da trat Gerechtigkeit an die Stelle der ungerechten Werke, an die Stelle von vielerlei Meerestoben ruhige See, und alles, was durch die Propheten vorhergesagt war, ging in Erfüllung. So gründete er dann auch, nachdem er den ganzen Erdkreis mit dem Glanze der Gottesfurcht und Besonnenheit geziert hatte und in die Wohnung seines Vaters aufgefahren war, auf Erden in der Kirche einen heiligen Tempel der Tugend, einen ewigen, unzerstörbaren, in dem in Frömmigkeit praktiziert wurde, was Gott, dem höchsten Vater und seinem Sohn, unserem Retter, gebührt.«

Den nun anhebenden Beifall aus dem Publikum ließ er ausklingen, atmete mehrmals tief durch, der dramatischen Wirkung und seines Atems wegen, um dann zornig rhetorisch zu fragen: »Und was hat daraufhin die verrückte Verruchtheit der Heiden bewerkstelligt?«, und ebenso zornig selbst zu antworten: »Sie mühte sich intensiv, die Gnadengaben Christi zum Verschwinden zu bringen und die zur Rettung aller gegründete Kirche zu zerstören. Sie brachte ihren eigenen Aberglauben wieder zur Geltung, um bald mit glänzenden Hoffnungen zu verlocken, bald durch Furcht einzuschüchtern!«

Er hielt inne, schaute in die nun nachdenklicher gewordenen Gesichter der Bischöfe, nahm einen Schluck Wasser und rief dann triumphierend: »Doch soll die Schlechtigkeit, wie es die Gerechtigkeit verlangt, am Boden liegen, überwunden von der Tugend, voller Reue sich selbst zerfleischend! Wir aber haben jetzt die Aufgabe, auszusprechen, was dem göttlichen Wort angemessen ist!«

Und während er sich nach diesen Worten mit dem rechten Daumen demonstrativ ein Kreuzzeichen an der Stirn machte, begann plötzlich der ganze Saal begeistert Beifall zu klatschen, und der letzte Rest an Unsicherheit, ob er vor dieser ehrwürdigen Versammlung mit einer Rede über eine solche Materie bestehen könnte, fiel von ihm ab.

Er redete lange, sehr lange, denn seine Rede umfasste sechsundzwanzig Kapitel, mit einer während dieser zwei Stunden niemals nachlassenden Begeisterung und – das spürte er – auch nicht nachlassenden gespannten Aufmerksamkeit des Publikums.

Er sprach von der Schiffsherrin, der Kirche, die sich um die Wahrheit sorgt wie um die Liebe, und »aus deren ewig fließendem Quell der Trank des Heiles träufelt«. Er sprach von Gott als dem unerschaffenen Guten, nach dem alles strebt. Er geißelte den Wahn des Götzendienstes, entlarvte die Absurdität der Anbetung von erdichteten, von und nach Menschen gebildeten Götterwesen, die heiraten, die Ehe brechen und Lust an Ausschweifungen haben, zeigte auf, dass es dabei nur um menschliche Eitelkeiten und Bedürfnisse ging. Dann rief er aus:

»Doch warum besudele ich meine Zunge mit verunreinigenden Wörtern, da ich doch den wahren Gott preisen will? Ich will daher zuerst mit heiligem Trank Bitteres aus meinem Mund ausspülen. Der heilige Trank fließt aber durch die nie versiegende Quelle der Machttaten des von uns gepriesenen Gottes, und meine besondere Aufgabe ist es, Christus zu preisen mein Leben lang und durch die Dankbarkeit, die wir ihm für seine großen Wohltaten schulden!«, woraufhin wieder Applaus und Jubel im Saal aufbrandete.

Je länger er redete, desto stärker spürte er das Feuer des Geistes in sich, desto weniger hatte er das Gefühl, bewusst rhetorisch vorzutragen. Auch wenn die Rede vorbereitet und abgelesen war, füllte er sie doch mit einem spontanen Leben, das aus der aufrichtigen Dankbarkeit kam, für all dies hier auserwählt worden zu sein.

Er kam auf die falsche Lehre zu sprechen, dass alles der blinden Gewalt des Zufalls unterworfen sei, während sich doch überall in der Schöpfung Fügung, Sinn und Ordnung zeige. In echter Empörung darüber, dass man die Vorsehung leugnen könne, deren Wirken er schon längst erfahren hatte, bevor er Christ geworden war, rief er den in gespannter und freudiger Aufmerksamkeit vor ihm sitzenden Bischöfen zu:

»Es ist ja in Wahrheit der Zufall ein Wort von Menschen, die ziellos und irrational denken, den Sinn mit ihrem schwachen Verstand nicht erfassen können und darum meinen, es sei alles ohne vernünftige Ursache geordnet, weil sie sich den Sinn nicht erklären können!«

Dann kam er auf die Philosophen zu sprechen, die zu erforschen suchten, was ihre Kräfte überstieg, und daher auf Irrwege geraten waren, die viel Schaden in der Welt anrichteten: ja, selbst der alles überragende Plato, der so viel von einem Weltschöpfer und seinem Logos verkündete, habe sich geirrt, da er mehrere Götter einführte und dadurch die Unvernünftigen verleitet habe, nicht Gott die Ehre zu geben, die ihm gebührt.

Er drehte sich unversehens zu seinem selig und gerührt nickenden alten Lehrer Laktanz um, als er sagte: »*Einer* ist also, wenn man klar sieht, der für alles Sorge tragende und vorsehende Gott, der durch den *Logos* alles geordnet hat. Der Logos selbst aber ist auch Gott und Gottes Sohn! Denn welch einen anderen Namen könnte man ihm beilegen als den Namen Sohn, ohne schwere Fehler zu machen? Der Vater aller Wesen muss ja wohl auch Vater seines eigenen Logos sein!«

Nachdem er noch kurz davor gewarnt hatte, den Fabeln der Dichter bei ernsten und letzten Dingen Glauben zu schenken, sprach er von der Rettung der verirrten Seelen und seine und der Bischöfe Aufgabe dabei. Ja, er schloss sich als christlichen Kaiser mit in die Reihe der Bischöfe ein, als er diesen stolz verkündete: »*Wir* wollen uns wenigstens nach bestem Können eifrig bemühen, alle, die in diese Lehren noch nicht eingeweiht sind, mit guter Hoffnung zu erfüllen, rufen aber zuerst Gott als unsern Helfer bei dieser Aufgabe an. Denn es ist keine leichte Aufgabe, den Sinn unserer Untertanen, wenn er schon gut ist, zur Frömmigkeit hinzulenken, wenn er sich aber schlecht und unwissend zeigt, ihn zum Gegenteil zu bringen und aus Schlimmen Gute zu machen.«

Er lächelte, da jetzt sein Redetext ganz offen seine eigene Erwählung und Berufung ansprach. Er dehnte die Pause lang aus, wendete sich zu seiner Mutter um, die ernsthaft und wohlwollend nickte, grinste noch einmal für sich, warum wusste er auch nicht, wohl vor irrem Glück, und fuhr dann mit liebenswürdigem Ton fort:

»Da ich mich also einer solchen Aufgabe freue und es für das Werk eines trefflichen Mannes halte, den Erlöser zu preisen, wende ich mich ab von allem, was das schlechte Geschick auf fatale Weise an Unwissenheit verhängt hat. Denn ich halte die Sinnesänderung für den besten Weg zur Rettung. Ich hätte gewünscht, mir wäre diese Erkenntnis schon früher geschenkt worden, denn selig ist, wer, schon als Kind belehrt, sich der Wahrheit der göttlichen Lehren und der Schönheit der Tugend erfreuen kann. Aber dies sei von uns mit Bescheidenheit gesagt: Denn wenn auch nicht von der frühesten Kindheit und nicht von der Wiege an die tüchtigen Menschen weise werden, so muss man sich doch damit zufriedengeben, wenn sie in der Blütezeit ihres Lebensalters glücklich in den Besitz der Weisheit gelangen.«

Mit seinem eigenen Vortrag zufrieden, blickte er durch die Reihen und sah überall wohlwollendes Kopfnicken und hier und da ein kennerhaftes Schmunzeln für seine geglückten Formulierungen. Er drehte sich, wie so oft während seiner Rede, zu Laktanz um, der mit tränenfeuchten Augen beständig nickte und nickte, dann fuhr er selbstbewusst im Pluralis Majestatis fort: »Uns hat jedoch nicht menschliche Belehrung geholfen, sondern einzig Gottes Geschenk ist alles, was an unserem Charakter und unserer Gesinnung gutgeheißen wird von denen, die Einsicht besitzen. Wir aber halten jedem Unheil, das der böse Feind plant, als Schild die Erkenntnis Gottes entgegen, und daraus wollen wir, was für die gegenwärtige Rede passt, auswählen, um den Vater der Welt zu preisen.«

Daraufhin hob er theatralisch beide Arme gen Himmel und rief laut aus: »Du selbst aber komm herbei und hilf mir in meinem Bemühen um Reinheit, Christus, Erlöser aller, schmücke meine Worte über Deine Kraft, lehre mich, wie ich Dir Lobpreisung darbringen soll!«

Wieder applaudierten die Bischöfe, einige standen auf, und Konstantin sah Tränen der Rührung in den Augen des einen oder anderen, als er ihre Gesichter überflog. Von seiner Wirkung berauscht, widerlegte er darauf leidenschaftlich die Reden der Gottlosen, die behaupteten, Christus, also Gott selbst, sei ja des Lebens beraubt worden, wo es doch der klare Plan Gottes aufgrund seiner Liebe zu den Menschen gewesen sei, der dem zugrunde lag.

Dann ging er noch auf weitere Anwürfe der Gottlosen ein, entkräftete sie und warf ihren Urhebern vor, die göttlichen Geheimnisse aus eigener Schuld nicht erkannt zu haben, da Gott dem Menschen einen freien Willen gegeben und die Möglichkeit zwischen Gut und Böse, Wahrheit und Lüge zu wählen. Außerdem habe Gott klare Zeichen gesandt, denn der Erlöser habe nachweislich in der Welt gelehrt, Wunder gewirkt und denen, die ihm treu blieben, Gutes getan. Diese Wunder Christi müssten den Gläubigen unerschütterliches Vertrauen geben, dass sie nicht überwunden werden können, egal wie groß das äußere Unglück auch sei, und das sei am schönsten beim siegreichen Leiden Christi zu sehen.

Sein Kopf wurde immer heißer und heißer vom stundenlangen Reden, doch seine Kraft und seine Begeisterung ließen nicht nach, im Gegenteil, je länger er redete, desto kräftiger fühlte er sich und desto kraftvoller erschien ihm seine Stimme. Er ließ sich nur hin und wieder neues Wasser bringen, da sein Mund immer wieder trocken wurde.

Er zeigte noch ausführlich auf, wie die Propheten des Alten Israel die Ankunft Christi vorausgesagt hatten und wie die Weisheit des Moses von den heidnischen Philosophen nachgeahmt worden sei, bevor er darlegte, dass sogar die erythräische Sibylle der Heiden selbst in prophetischen Versen den Herrn und sein Leiden vorverkündet hätte, wozu er ein langes Akrostichon, ein Leistengedicht eben dieser Sibylle komplett vortrug und es dann auslegte. Dieses Gedicht sei eben von keinem Juden oder Christen verfasst worden, sondern von Cicero ins Lateinische übersetzt, außerdem habe auch Vergil dieses Orakel und seine Botschaft gepriesen. Daraufhin trug er viele weitere Verse des Vergil vor, in denen dieser den Erlöser pries und feierte, ohne dessen Namen zu nennen, da er sich vor den Machthabern fürchtete.

Nachdem er ausführlich die Verse des Vergil analysiert hatte, kam er wieder auf sich selbst zu sprechen und darauf, dass er all sein Glück nur Gott zu verdanken habe. Er rief noch einmal die Grausamkeit in Erinnerung, die zuvor geherrscht hatte, die Verfolgungen der Kirche, der Gläubigen des wahren Gottes, die Bewährung der christlichen Religion, die durch nichts zu bezwingen war, nicht durch Kriege, nicht durch Folterwerkzeuge. Er pries die tugendhafte Lebensweise der Christen, die daher rührte, dass sie ein jüngstes Gericht erwarteten und Gott und sein Gericht liebten. Daher würden sie am Ende als Lohn das ewige Leben erhalten, während die Schlechten die ewige Strafe ereilte.

Er führte aus, wie übel die Verfolger der Christen schon hier auf Erden geendet waren: Decius, Valerian und zuletzt Diocletian, sein eigener Vorgänger und Ziehvater. »Laut redet Nikomedia, und auch die es gesehen haben, schweigen nicht, und zu diesen gehöre auch ich«, rief er und zeigte mit der flachen, nach oben offenen Hand an seine eigene Brust. »Denn ich sah es, wie er voll Furcht vor jedem Anblick und vor jedem Geräusch jammerte, seine Unvernunft sei die Ursache des drohenden Unheils geworden, er selbst habe Gott provoziert, den Gerechten gegen ihn zu Hilfe zu kommen. Und wirklich wurden sein Palast und seine Wohnung verwüstet, da der Sturmwind sie mit himmlischem Feuer niederbrannte.«

Er drehte sich ein weiteres Mal in Richtung des Laktanz um, dem die Tränen der Rührung mittlerweile in dicken Tropfen über beide Wangen kullerten, was Konstantin wiederum mit noch größerer Rührung befeuerte, und sagte, auf seinen alten Lehrer zeigend: »Und dieses Ende war schon von den verständigen Leuten vorhergesagt worden. Sie sprachen zueinander: ›Was ist das für ein Wahnsinn? Welch eine Anmaßung, dass Menschen es wagen, gegen Gott zu kämpfen, dass sie die heiligste und gerechteste Gottesverehrung verfolgen und die Vernichtung einer so großen Schar von gerechten Menschen befehlen, ohne dass irgendeine Schuld vorliegt? Die Rache und die Strafe für das zu Unrecht vergossene Blut wird kommen, denn zurecht zürnt Gott den Übeltätern!‹«

Dann ließ er sich ein letztes Mal etwas zu trinken bringen, nahm einen großen Schluck, schaute dann lange in die Runde, deren Gesichter von Überraschung, Freude und Liebe geradezu überflossen – nur in den letzten Reihen schienen einige Zuhörer eingenickt zu sein, worüber er großzügig hinwegsah – und schloss dann seine Rede in siegesgewissem und souveränem Pathos ab:

»Wenn die Menschen aber meinen Dienst loben, der doch mit einer von Gott kommenden Inspiration begann, wird damit nicht bestätigt, dass Gott der Urheber all meiner Heldentaten ist? Ganz gewiss! Denn es gehört zum Wesen Gottes, das Beste vorzuschreiben, zum Wesen der Menschen aber, Gott gehorsam zu sein. Und es wissen ja alle Menschen, dass wir diesen heiligsten Dienst Gott in reinem und aufrichtigem Glauben schulden und dass alles, was zum Besten der Menschen vollbracht worden ist, dadurch erreicht wurde, dass sich menschliche Arbeit mit Gebeten und Litaneien verband. Daraus entsprang für den einzelnen wie für den ganzen Staat so großer Nutzen, wie ihn nur ein jeder sich und seinen Liebsten hätte wünschen können. Alle Menschen haben den Krieg gesehen, in dem die Fürsorge Gottes dem Volk der Christen den Sieg verliehen hat, und haben die Erfahrung gemacht, dass Gott unsere Gebete erhörte. Denn eine unbesiegbare Sache ist das gerechte Gebet, und keiner verfehlt sein Ziel, der gottgefällig fleht. Es bleibt nämlich keinerlei Raum mehr für Misserfolg, außer dort, wo der Glaube zusammenbricht. Daher ist es menschlich, bisweilen Fehltritte zu begehen, während Gott keine Schuld an menschlichen Verfehlungen trägt. Es müssen darum alle, die frommen Sinnes sind, dem Erlöser der Welt Dank sagen für unsere eigene Rettung und für den glückhaften Zustand des ganzen Staates. Sie müssen mit gottgefälligen Gebeten und häufigen Bitten Christus uns gnädig machen, damit er sich uns weiterhin wohltätig zeigt. Denn er ist ein unbesiegbarer Kampfgenosse, der Beschützer der Gerechten, er ist der beste Richter, der Führer zur Unsterblichkeit, der Spender ewigen Lebens!«

Die Bischöfe und alle anderen Zuhörer, sein Lehrer Laktanz, seine Mutter, seine Frau und auch sein Sohn standen auf und klatschten begeistert. Konstantin nickte eine Weile zum nicht enden wollenden Applaus, dann verbeugte er sich kurz, machte demonstrativ das Kreuzzeichen auf seiner Stirn und setzte sich zurück auf seinen Thron. Dann erst traten ihm selbst die Tränen in die Augen und rannen eine nach der anderen seine Wangen hinab. Er war noch nie so glücklich gewesen.

VI.

Die Geistsalbung

Als er zum dritten Mal wieder aus dem Wasser auftauchte, väterlich von der Hand des am Beckenrand knienden Bischofs geführt, der sich jetzt, wie er aus dem Augenwinkel wahrnahm, wieder aufrichtete, wusste er, dass es nun geschehen, dass er endlich ein Christ war, nicht nur der Herrscher und weltliche Vorsitzende der Bischöfe, sondern auch wirklich Teil der Gemeinschaft der Gläubigen und der Heiligen, der Engel und der Erzengel.

Er zitterte noch mehr als zuvor, aber es war ein glückseliges Zittern, ein geistdurchströmtes. Sein ganzes Leben war auf diesen Moment zugelaufen, und wenn es auch nicht der Jordan war, wie er es in seinem repräsentativen herrschaftlichen Denken vorgesehen hatte, so war ihm jetzt endgültig klar, dass dies der Sache nicht im geringsten abträglich war, da Bischof Eusebius dieses kleine profane Becken im Palast seiner Residenz für die Taufzeremonie in den Jordan verwandelt hatte. Er reckte die Hände in die Höhe vor Glück, ließ sie dann langsam wieder ins Wasser sinken, um sich dann umzudrehen und wieder aus dem Becken zu steigen.

Oben erwartete ihn schon der ebenso freudestrahlende Eusebius, der ihm laut verkündete: »Nun seid Ihr in Christus hineingetauft und habt Christus angezogen, gottbegnadeter Kaiser! Da Ihr also Teilhaber Christi geworden seid, werdet Ihr nun auch mit vollem Recht ein Christ genannt!«

Jetzt trat wieder einer der Diakone mit einer Schale neben den Bischof, doch diesmal, so wusste Konstantin, war ein anderes Öl in ihr, nicht nur ein exorzisiertes, sondern ein mit duftendem Balsamöl versetztes, am Gründonnerstag vom Patriarchen von Antiochia geweihtes und mit dem Heiligen Geist angehauchtes Olivenöl – ein kostbares Öl, das nur für die Salbung mit dem Heiligen Geist direkt nach einer Taufe verwendet wurde.

Bischof Eusebius fuhr fort, während ein Diener Konstantin mit einem großen wollenen Tuch abtrocknete: »Nachdem Christus sich nämlich im Jordanfluss gereinigt und den Wassern vom Wohlgeruch seiner Gottheit mitgegeben hatte, stieg er aus diesen heraus und erlebte, dass der Heilige Geist selbst auf ihn herabkam. So soll es auch bei Euch sein, großer Kaiser!«

Der Diener war mit dem Abtrocknen des frisch Getauften fertig, und der Bischof tunkte Zeige- und Mittelfinger seiner rechten Hand in das Öl, sprach mit singender Betonung: »Mit sichtbarem Myron wird der Leib gesalbt, mit heiligem, lebensspendendem Geist wird die Seele geheiligt!«, und strich mit den ölbenetzten Fingern ein Kreuz auf Konstantins Stirn und flüsterte dazu leise: »Damit Ihr mit unverhülltem Angesicht die Herrlichkeit des Herrn widerspiegelt …«

Dann tunkte er erneut seine Finger in die Schale und machte ein öliges Kreuz über seine beiden Ohrmuscheln, zuerst über das rechte Ohr, dann über das linke, dabei weiterflüsternd: » damit Ihr die Ohren bekommt, von denen Jesaja sagte: Und der Herr gab mir ein Ohr zum Hören«, worauf er dasselbe auch an der Nase vollzog, dabei leise, aber eindringlich hauchend: »denn Christi Wohlgeruch sind wir für Gott«, und schließlich auch an der Brust, in der Mitte auf dem Brustbein, dabei abschließend und wieder lauter sprechend: »damit Ihr angetan seid mit dem Panzer der Gerechtigkeit, der Rüstung des Heiligen

Geistes und sagen könnt: Alles vermag ich durch den, der mir Kraft gibt – Christus!«

Konstantin seufzte befreit und spürte eine ungeheure Wärme in seiner Brust und in seinem Kopf aufsteigen, wobei er nicht wusste, ob diese von der Nachwirkung des Bades im fiebrigen Zustand oder von der gerade erhaltenen Salbung mit dem Heiligen Geist herrührte, der ja auch ein Feuer sein oder ein Feuer in sich tragen sollte.

Eusebius trat einen Schritt zurück, erhob beide Arme und verkündete feierlich: »Nun seid Ihr also mit dem heiligen Myron gesalbt! Bewahrt es unverfälscht und rein in euch! Werdet ein Mensch, der dem Urheber unseres Heils, Jesus Christus, gefällt! Ihm sei die Herrlichkeit von Ewigkeit zu Ewigkeit! Amen!«

Konstantin schmunzelte ungewollt etwas in sich hinein. Ein Mensch werden, der Christus gefällt ... Er war doch gerade dabei, seine fleischliche Menschlichkeit hinter sich zu lassen. Der Mensch, der auf Erden wirken konnte, der war er ungetauft gewesen. Ob ihm deshalb so viele Fehler und Grausamkeiten unterlaufen waren, wusste er nicht.

Wenn er die christlichen Gottesdienste als Gast besuchte, war er immer seltsam angerührt von den gesprochenen Worten, den Gebeten, den Anrufungen – und vom unbegreiflichen Mysterium, in dem Moment, in dem der Presbyter Brot und Wein in Leib und Blut Christi wandelte und die ganze versammelte Gemeinschaft der Getauften nach vorne zum Altar trat und die Gottheit leiblich in sich aufnahm.

Er war kein wirklicher Teil dieser Gemeinschaft gewesen, aber doch etwas wie ein Bischof für die Nichtgetauften und dazu der weltliche Herrscher, was ihn insgesamt auf eine andere Art auch innerhalb der Gemeinschaft der Christen auf eine höhere Stufe als die eines Bischofs hob. Ja, selbst der Bischof von Rom, nach

Ansicht der lateinischen Kirche der höchste christliche Würdenträger, der Nachfolger Petri, erkannte diesen höheren Rang Konstantins bei seinem Rombesuch anlässlich seines zehnjährigen Regierungsjubiläums im Jahr 315 an.

Den neuen Bischof von Rom, der sich Silvester nannte – der Africaner Miltiades war im Vorjahr an einer kurzen und heftigen Krankheit bereits im mittleren Alter verstorben –, hatte er dort wenige Tage vor Beginn der offiziellen Feierlichkeiten auf den Palatin zu einem längeren persönlichen Gespräch mit ihm und seinen beiden Beratern Laktanz und Ossius, die er mit nach Rom genommen hatte, eingeladen.

Dieses Gespräch sollte keine offizielle herrschaftliche Audienz, sondern ein vertrauter Austausch zwischen Freunden und Verbündeten sein, weshalb er als Ort dafür nicht die repräsentative Domus Flavia, in welcher die Kaiser normalerweise Gäste empfingen, sondern den großen Innenhof der Domus Augustana, des kaiserlichen Wohnquartiers, wählte.

Es war ein lauer Sommerabend und dämmerte bereits, als Papst Silvester, wie ihn Laktanz nannte, um den besonderen Vorrang des römischen Bischofs auszudrücken, zusammen mit zweien seiner wichtigsten Presbyter, den mit Bäumen und Orchideen bewachsenen, mit einem großen Zierbrunnen und festlichen Fackeln geschmückten und bequemen Sitzgelegenheiten, Speisen, Getränken und Dienern ausgestatteten Hof betrat.

Laktanz trat ihm als erster entgegen, machte vor ihm einen Kniefall und küsste seine Hand, dabei »Segnet mich, Vater!« rufend, woraufhin Silvester seine gerade geküsste rechte Hand auf dessen Kopf legte und dabei mit sonorer Stimme sprach: »Sei gesegnet, mein Sohn! Ich habe viel von deinen Arbeiten gehört und einige deiner lehrreichen Schriften gelesen. Möge der Geist der Wahrheit dir weiterhin beistehen, wie er es bisher getan hat!«

Daraufhin trat Bischof Ossius vor, der zwar keinen Kniefall vollzog, aber bei der Begrüßung einen kurzen Knicks machte und dabei ebenfalls die Hand des Papstes küsste.

Konstantin blieb sitzen. Er wusste, dass er trotz seines Bekenntnisses zur von Gott selbst gestifteten christlichen Kirche nicht den Fehler machen durfte, sich vor dem Nachfolger Petri zu demütigen, diesen aber auch keinesfalls wie einen Untergebenen behandeln sollte. Also wartete er, bis Silvester mit seinen Begleitern vor seinen Stuhl trat, stand dann aber auf, schaute Silvester in die Augen, nur einen Mundwinkel leicht nach oben ziehend, und nickte ihm zum Gruß zu.

»Seid gegrüßt, großer Kaiser!«, sagte Silvester, dabei seinen Oberkörper leicht nach vorne beugend. Die beiden Presbyter zu seiner Linken und Rechten vollzogen dagegen den obligatorischen Kniefall vor dem Kaiser.

Konstantin war mit dem Verhalten Silvesters zufrieden, da beide ihre Würde gewahrt hatten, dem Bischof eine höhere Stellung als jedem anderen Untertan zugebilligt wurde und Konstantin trotzdem klar gemacht hatte, dass er im Rang auch weiterhin dem höchsten Würdenträger der Christenheit überlegen war, und antwortete: »Seid gegrüßt, Bischof von Rom, Inhaber des Stuhles Petri!«

Dann setzte er sich wieder, worauf sich Silvester auf den Stuhl zu seiner Rechten setzte – dessen mitgebrachte Presbyter blieben beide neben diesem stehen, da sie es, und zwar zurecht, nicht wagten, sich in Gegenwart des Kaisers zu setzen – und dann Ossius auf den Stuhl zu seiner Linken und Laktanz neben diesen.

Konstantin musterte Silvester eindringlich. Er war ein völlig anderer Typ als sein Vorgänger, der leicht dunkelhäutige, grazile und schon auf den ersten Blick enorm gebildet wirkende Miltiades: ein stämmiger, fast ein wenig bäurisch wirkender Römer mit entschlossenen, kugelrund hervorstehenden braunen Augen, einem breiten Mund mit dicken Lippen, einem struppigen grauschwarzen Bart und kräftigen schwarzbehaarten Händen, die man vielleicht treffender als Pranken bezeichnen konnte. Es hatte etwas Majestätisches, wie er jetzt breitbeinig und mit würdigem Blick neben ihm saß, und der Kaiser spürte sofort, dass er es hier auch mit einem machtbewussten Führer zu tun hatte, nicht nur mit einem Geistlichen.

Silvester kam dann auch nach einer kurzen einleitenden Plauderei gleich auf die politische Lage zu sprechen: »Wie ich hörte, wollt Ihr den größten Teil unseres schönen Italiens mitsamt Africa einem anderen Regenten überlassen, dem Senator Bassianus, den Ihr zu diesem Zweck schon mit Eurer Stiefschwester Anastasia verheiratet habt, werter Kaiser?«

Konstantin war erstaunt, auch wenn das alles nicht mehr ganz geheim war und schon Boten zwischen ihm und seinem Mitkaiser Licinius hin- und hergeschickt worden waren, um die Sache in die Wege zu leiten. Allerdings war Licinius immer noch ausgesprochen zögerlich, was Konstantins Vorschlag einer neuen Reichseinteilung anging. »Ihr seid aber sehr gut informiert, Heiliger Vater!«

Silvester lächelte geschmeichelt. Dann meinte er etwas süffisant: »Meine Quellen sind zahlreich und weit verzweigt …«

Laktanz, der, obwohl viel näher am Kaiser, davon anscheinend noch nichts mitbekommen hatte, schaute leicht schockiert und fragte: »Ein dritter Kaiser? Ich dachte, Ihr wolltet die Herrschaft vereinigen, nicht aufspalten?«

»Das will ich doch. Das will ich doch auf Dauer, mein guter Laktanz. Manchmal muss man eben einen Schritt zurückgehen, um dann zwei vorwärts gehen zu können.«

»Welche Länder soll Bassianus denn dann genau regieren?«, fragte Silvester interessiert nach, allerdings mit einem Blick, der offen ließ, ob er nicht schon alles wusste.

»Außer großen Teilen von Italien und Africa von meinem Reichsteil das schöne Pannonien vom Reichsteil des Licinius.«

»Und dadurch, dass Ihr großzügig mehr von eurem Teil für den dritten Herrscher gebt, wollt Ihr doch Licinius schwächen, weil Ihr den von euch eingesetzten Bassianus, der jetzt auch noch euer Schwager ist, zu kontrollieren glaubt?«

»Ihr seid ein sehr kluger Mann, Vater Silvester …«

»Ich wäre mir da aber nicht zu sicher, denn sein Bruder Senecio ist ein enger Vertrauter des Licinus.«

»Das ist ja der Grund, warum ich ihn ausgewählt habe. Er soll für Licinius akzeptabel sein durch diese Verbindung. Aber der alte bäurische Sturkopf Licinius geht bislang nicht auf mein Angebot ein«, gab Konstantin ärgerlich zurück.

»Mein hochverehrter Kaiser, so spricht man gemeinhin nicht über seinen Schwager und Mitkaiser«, warf sein Hofbischof mit milder Strenge ein.

»Du hast Recht, mein werter Ossius«, erwiderte Konstantin und nickte diesem zu, um dann in maliziösem Ton anzufügen: »Aber mein Schwager und Mitkaiser ist ein sturköpfiger Sohn dakischer Bauern, und schon Tacitus sagte von den Dakern, sie seien ›ein stets unzuverlässiges Volk‹. Außerdem ist er ein alter Freund des von Gott so grausam gestraften furchtbaren Christenverfolgers Galerius!«

»Mein Kaiser!«, meldete sich jetzt Laktanz wieder zu Wort. »Licinius hat immerhin die asiatischen Provinzen, die nicht nur zu den wohlhabendsten und kulturträchtigsten des Reichs gehören, sondern auch den größten Anteil an Christen beherbergen, von der Herrschaft des Gotthassers Maximinus Daia befreit!«

»Ach, ich kenne diese Offiziere vom Balkan und aus Dakien, sie haben alle keinen Sinn für das Göttliche, keinen Sinn für Philosophie und keine Visionen für die Zukunft! Ich kenne sie, von Jugend an, Diokletian war ja auch so einer … Wobei, verglichen mit Licinius war ja der alte Diokletian noch ein Philosoph!«, lachte Konstantin und bemerkte, dass Silvester ebenfalls lachte und zustimmend nickte, während Ossius weiter streng, Laktanz nachdenklich dreinschaute.

Der Kaiser griff sein Weinglas und prostete in die Runde hinein: »Auf die Kirche, das Reich und die über kurz oder lang kommende Einheit des Kaisertums!«

Ossius und Laktanz griffen etwas zaghafter ihre Gläser, prosteten höflich zurück und nippten nur etwas, während Silvester den halben Becher hinunterstürzte und sich danach den tropfenden Bart mit dem dichtbehaarten Handrücken abwischte.

»Die Einheit des Kaisertums, eines christlichen, eines katholischen Kaisertums ist anzustreben, ja, und es lehrt schon die Philosophie wie die Natur, dass die einheitliche Führung besser ist als eine zersplitterte«, begann Laktanz, zwar mit mittlerweile alter und leicht zitternder Stimme, doch immer noch genauso eloquent wie früher, zu dozieren. »Aber, mein Kaiser, Licinius hat sich als wahrhafter Verbündeter der wahren Religion erwiesen und ist darum hoch zu achten! Er hat mit Gottes Hilfe den größten Feind der Kirche auf einem Kaiserthron, schlimmer noch als Diokletian, ja schlimmer als Galerius in seinen schlimmsten Zeiten, zurückgeschlagen und für immer vernichtet!«

Der alte Magister blieb sitzen, stand nicht auf wie früher in seinem Redeschwall, aber gestikulierte ausladend, während er weiter ausführte: »Maximinus war von Anbeginn ein Gottfeind, Verfolger und Tyrann, wie man ihn sich schlimmer nicht denken kann. Keiner der Mitkaiser setzte die Verfolgungsedikte so streng um wie er, keiner dachte sich so satanische Qualen für die Gläubigen aus. In Syrien und Ägypten, wo er regierte, mussten alle, vom Säugling bis zum Greis, den öffentlichen Opfern beiwohnen und vom Fleisch der Opfertiere essen. Alle Waren auf den öffentlichen Märkten hatten mit dem Blut der Opfertiere besprengt zu werden. Und dann, als Galerius unter unvorstellbaren Todesqualen die Verfolgungen beendet und das Toleranzedikt erlassen hatte, an das sich alle anderen Kaiser hielten, nahm sich Maximinus, kaum war Galerius gestorben, nicht nur Kleinasien, die Region mit dem reichsten Glaubensleben des ganzen Erdkreises, sondern setzte sofort das Toleranzedikt in seinem Herrschaftsbereich außer Kraft und führte die Verfolgungen fort. Ja, er ließ sogar falsche Beweise gegen die Christen unters Volk bringen, die angeblichen Pilatusakten …«

»Das weiß ich doch alles, mein guter Laktanz, und ich selbst habe ihm doch noch am Tag meines gottgeschenkten Sieges hier vor den Toren Roms die Forderung zukommen lassen, die Verfolgung der Christen unverzüglich einzustellen. Ich habe ihm mit Krieg gedroht und er hat nachgegeben.«

»Vordergründig hat er nachgegeben, vordergründig …«, gab sein alter Lehrer zu bedenken, schüttelte dabei den Kopf. »Ich bin in ständiger Korrespondenz mit Gelehrten und Bischöfen in Kleinasien, Syrien und Ägypten, und sie klagten weiterhin über schwere Repressalien … Und dann rüstete er gegen Licinius, nachdem Ihr Euer Bündnis mit diesem durch dessen Heirat mit eurer Schwester bekräftigt und durch das Edikt von Mailand zusammen mit ihm eine christenfreundliche Religionspolitik festgelegt hattet … da zog er gegen Licinius, um diesem das ganze östliche Europa zu nehmen und den Christen dort ihre Freiheit, die sie unter Licinius genossen. Und als sich die Heere nahe standen«, Laktanz wurde immer hymnischer und pathetischer in seinem Redeschwung, und seine alten grüngrauen, mittlerweile fast von den dichten weißen buschigen Augenbrauen überwachsenen Augen leuchteten aus seinem faltenzerfurchten Runzelgesicht, »da machte Maximinus ein Gelübde an Jupiter, dass er den Namen der Christen ausrotten und von Grund aus vertilgen werde, wenn er den Sieg gewinne. Zu Licinius trat aber in der nächsten Nacht ein Engel Gottes ans Lager und mahnte ihn, schnell aufzustehen und zum höchsten Gott mit seinem ganzen Heer zu beten, denn dadurch werde ihm der Sieg zufallen. Nachdem der Engel ihm die genauen Worte gelehrt hatte, befahl Licinius diese Worte niederzuschreiben und an alle Befehlshaber und Tribune zu verteilen, damit diese sie allen Soldaten lehren sollten: ›Höchster Gott, wir bitten Dich! Heiliger Gott, wir bitten Dich! Alle Gerechtigkeit befehlen wir Dir! Unsere Wohlfahrt befehlen wir Dir! Unser Reich befehlen wir Dir! Höchster Gott, erhöre unsere Bitten!‹ Und daraufhin schlug Licinius den ärgsten Verfolger der Kirche und trieb ihn über den Bosporus zurück bis nach Tarsos, wo er kläglich unter Qualen zugrunde ging, wie alle Feinde Gottes!«, schloss Laktanz befriedigt und blickte mit überlaufender Wonne in die Runde.

»Na, gut, dass der Engel daran gedacht hat, dem alten Flachkopf die genauen Worte mitzuteilen. Selbst wäre er nämlich nie auf sie gekommen!«, lachte Konstantin in die Runde und nahm noch einen Schluck von seinem Wein.

Daraufhin richtete er sich in versöhnlichem Ton an den alten Magister: »Ich weiß, dass Licinius seine Rolle im Plan Gottes hatte und dass er sich bisher nichts hat zu Schulden kommen lassen. Aber denke nicht, mein guter Lehrer, dass er dies aus Einsicht in eine höhere Wahrheit oder aus reinem kindlichen Herzen getan hätte. Er hat es aus Machtstrategie getan, und wenn ihm wirklich ein Engel erschienen ist, so hat er ihm wahrscheinlich nur gehorcht, weil der ihm bis ins Kleinste vorgerechnet hat, welchen Vorteil er daraus ziehen wird. Man kann sich nämlich keinen kleinlicheren, geizigeren und ungebildeteren Menschen vorstellen als diesen dakischen Bauernschädel! Ja, er ist sogar noch stolz auf seine Unbildung, er verachtet alles Göttliche, wenn es nicht mit Opfern und Erlangen von Kriegsglück zu tun hat, und spottet über jede höhere Erkenntnis und Philosophie! Und wenn er irgendwann einen Vorteil für sich darin sehen wird, die Christen zu verfolgen, dann wird er das genauso berechnend und leidenschaftslos tun, wie er sie damals vom Joch des Maximinus befreit hat.«

»Die Verfolgungen des letzten Jahrzehnts haben uns dankbar werden lassen für jeden dakischen Bauernschädel auf dem Thron, der uns aus welchen Gründen auch immer nicht verfolgt, uns unsere Gottesdienste und Synoden abhalten lässt und uns im öffentlichen Leben nicht wie Menschen zweiter Klasse behandelt«, meldete sich Ossius ruhig zu Wort, machte dann das Kreuzzeichen auf seiner Stirn und sprach feierlich: »Denkt an das Wort, das ich euch gesagt habe: Der Sklave ist nicht größer als sein Herr. Wenn sie mich verfolgt haben, werden sie auch euch verfolgen – so sprach zwar unser Herr Jesus Christus, aber die meisten Christen wollen doch lieber in Frieden und Freiheit auf dieser Welt leben, als in der Verfolgung ihrem Herrn nachzufolgen.«

Laktanz nickte zustimmend, Silvester runzelte die Stirn und trank sein Glas Wein leer, welches ihm sofort wieder vollgeschenkt wurde.

Konstantin atmete tief durch und verkündete dann: »Liebe Brüder, Gott will sicherlich kein gespaltenes Reich, in dessen einer Hälfte die wahre Religion Gottes von einem abergläubischen dakischen Dickschädel auf dem Thron aus kleinlichen taktischen Gründen geduldet wird! Der Wille Gottes ist ein christliches Reich, ein heiliges römisches Reich mit Gesetzen, die gottgefällig sind und der christlichen Religion entsprechen! Mit einem Knecht Gottes auf dem Thron, der das bewerkstelligt! Und *mich* hat Gott dafür auserwählt, und Gott wird mir auf diesem Weg beistehen und mir Sieg um Sieg schenken, und jeden, der sich mir dabei in den Weg stellt, furchtbar bestrafen!«

Zuerst herrschte ergriffenes Schweigen in der kleinen Runde. Kaum ein Atmen war zu hören, nur der Wind in den Platanen des Hofs und das Knistern der Fackeln. Ossius und Silvester schauten sich mit leicht erstaunten großen Augen an, Laktanz lächelte leise vor sich hin. Die Presbyter standen stramm und sahen würdig und ehrfurchtsvoll geradeaus, wirkten wie Statuen.

»Eine christliche Gesetzgebung?«, fragte Ossius schließlich vorsichtig. »Wie soll die aussehen, hochverehrtester Kaiser? Dem Wesen der christlichen Religion entspricht es, die Erneuerung der Welt durch die innere Wandlung der Menschen zu bewirken. Ihre Botschaft ist die göttliche Offenbarung von der Freiheit des Gewissens und vom Gesetz der Liebe, aber ein göttliches Gesetz für die Welt wie die Juden haben wir nicht mehr, denn wie der Apostel Paulus sagt: Christus hat uns vom Fluch des Gesetzes losgekauft, dass wir nicht länger unter dem Gesetz sind, sondern unter der Gnade …«

Und Silvester ergänzte: »Mein verehrter Kaiser, neun von zehn Bürgern des Reichs sind keine Christen, und die sind sehr misstrauisch unserer wachsenden Gemeinde gegenüber. Hier in Rom wächst der Argwohn uns gegenüber, seit der Kaiser dieses Reichsteils sich zum christlichen Gott bekennt. Wie wollt Ihr das Christentum zur Staatsreligion machen, ohne dass es Aufstände und Bürgerkrieg gibt?«

Konstantin gab ruhig und mit heiterer Miene zurück: »Ich will das Christentum gar nicht zur Staatsreligion machen. Sollen die unbelehrbaren Heiden ihrem dummen Aberglauben weiter frönen, so lange sie es nicht anders können! Ihre Verstockung kann nur Gott lösen, kein Zwang …«

Er wandte sich zu Laktanz: »Jemanden gegen seinen Willen zur Verleugnung oder zur Ausübung einer Religion zwingen zu wollen, ist pure Unvernunft! Hast du das nicht vor über einer Dekade zu mir gesagt? Im Palast des Diokletian in Nikomedia?«

»Ja, das habe ich gesagt, verehrter Kaiser, und meine Meinung hat sich in dieser Sache nicht geändert.«

»Verehrter Bischof Ossius!«, wandte sich Konstantin nun diesem freundlich zu. »Ihr erinnert Euch sicherlich an unsere zahlreichen Gespräche über verschiedenste Punkte in der Gesetzgebung, die aus christlicher Sicht bedenklich sind oder geändert werden könnten. Die blutigen Gladiatorenkämpfe zum Beispiel, die auch die Stoiker schon aus moralischen Gründen verwerflich fanden …«

»Genau!«, warf Laktanz ein. »Diese staatlich organisierten Massenmorde zur Volksbelustigung sind Gott ein Gräuel und sollten verboten werden!«

Der Kaiser wandte sich seinem alten Lehrer zu und sagte beschwichtigend: »Ich werde sie nicht ganz abschaffen können, denn, wie schon Juvenal erkannte, muss man, um vom Volk geliebt zu werden, Brot und Spiele bieten. Aber ich kann die Gladiatorenkämpfe einschränken und sie wenigstens in Friedenszeiten und im bürgerlichen Bereich verbieten.«

Der Magister nickte kurz, und Konstantin fuhr, wieder zu Ossius gewandt, fort: »Genauso verhält es sich mit der Sklaverei: Sie ganz abzuschaffen, wäre unmöglich, denn unsere Gesellschaftsordnung beruht darauf, und es hat zu allen Zeiten Sklaven gegeben. Aber ich kann sie abmildern, ich kann die Freilassungsregeln erleichtern, da viele Christen es mit ihrem Glauben nicht mehr vereinbaren können, Sklaven zu halten. Ich kann die Freilassung in der Kirche durch Bischöfe gesetzlich einführen und genaue gesetzliche Vorschriften zur Züchtigung erlassen, die eine vernünftigere und würdigere Behandlung der Sklaven sicherstellen, zumal sich in diesen Punkten die christliche Ansicht doch mit der stoischen Humanitätsidee weitestgehend deckt …«

»Nein!«, warf Laktanz ein. »Das hat ganz andere philosophische Gründe! Wir Christen wissen, dass alle Menschen Ebenbilder Gottes sind, und alle Christen Brüder in Christo, und dass da nicht mehr ist Sklave noch Freier, sondern alle eins sind in Christo – während es den Stoikern nur um die Sorge des Menschen um sich selbst in Übereinstimmung mit der Natur und damit um ihre eigene Seelenruhe geht!«

Konstantin sagte mit einer leichten Genervtheit, die er aber versuchte, sich nicht anmerken zu lassen: »Jajaja, guter Laktanz, das mag ja philosophisch so sein, aber praktisch und politisch fällt dieser Unterschied doch gar nicht ins Gewicht …«

»Das stimmt«, lenkte Laktanz lächelnd ein. »Trotzdem ist es nicht unwichtig!«

Der Herrscher erwiderte das Lächeln und sprach dann, wieder Ossius anblickend, weiter: »Außerdem kann ich die christliche Kirche von der Grundbesitz- und Bodenertragssteuer befreien. Und schließlich …« Er machte eine bedeutungsschwere Pause, wandte sich zu Silvester um und verkündete mit Stolz in der Stimme: »… werde ich einen staatlich geschützten arbeitsfreien Herrentag für alle Bürger des Reichs einführen!«

Er machte wieder eine Pause, sah nach oben in den mittlerweile tief dunkelblauen Sommerabenddämmerungshimmel und schloss mit leichtem Seufzen: »Das sind nur einige Projekte, die ich jetzt langsam und mit äußerster Vorsicht angehen werde, um die Heiden nicht zu sehr zu provozieren. Stück für Stück werde ich diese Gesetze reformieren, ohne den Nichtchristen das Gefühl zu geben, sie würden unter christliche Gesetze gezwungen.«

Seine Gesprächspartner nickten teils nachdenklich, teils zustimmend, nahmen einen Schluck Wein und eine Kleinigkeit zu essen von den bereitstehenden Tellern. Einige Momente war nur der Wind in den Platanen und das leise Kauen und Schmatzen der Gäste des Kaisers zu hören.

Dann wandte Silvester ein: »Wie wollt Ihr einen arbeitsfreien christlichen Herrentag für alle einführen, ohne dass sich die Heiden unter ein christliches Gesetz gezwungen fühlen?«, und wischte sich den fettigen Mund mit der haarigen Rückseite seiner Pranken ab.

Konstantin lachte wieder, fast ein bisschen schelmisch. Darüber hatte er schon eine Weile nachgedacht, auch mit verschiedenen Beratern gesprochen, und langsam hatte sich in ihm ein raffinierter Plan herauskristallisiert, der ihn geradezu von sich selbst und seinem eigenen Genie begeisterte. Mit leichtem Triumph in der Stimme verkündete er: »Indem ich ihnen sage, dass es kein christlicher Feiertag ist, und ihm einen heidnischen Namen gebe!«

Die Bischöfe und Laktanz waren offensichtlich erstaunt. »Wie das?« – »Einen heidnischen Namen für den Herrentag?« – »Welchen Namen denn?«

»Ich werde ihn den Tag der Sonne nennen!«

»Ein Tag, der offiziell dem Sonnengott geweiht ist, soll ein christlicher Feiertag sein?«, fragte Silvester mit leichter Empörung in der Stimme.

»Nicht dem Sonnengott, der Sonne«, gab Konstantin dem römischen Bischof mit einem Zwinkern zurück, griff wieder seinen Weinbecher, nahm einen Schluck und fuhr zu seinem alten Lehrer gewandt fort: »Und ist nicht

Christus die Sonne der Gerechtigkeit, das Licht der Welt, das wahre Licht, das jeden Menschen erleuchtet?«

»Amen. So ist es.«

»Nun, meine lieben Mitbrüder: Wenn ich die ohnehin mittlerweile im ganzen Reich gebräuchlich gewordene Siebentagewoche gesetzlich einführe, und zwar als die orientalische Planetenwoche, und dann den ersten Tag der Woche, der ja der Herrentag ist, an dem alle Christen ihre Versammlungen abhalten und das Herrenmahl feiern, zum Tag der Sonne erkläre, des wichtigsten Planeten und des Symbols des von Alters her verehrten Sonnengottes, und in ihn gleichzeitig die Tradition des biblischen Sabbaths, des arbeitsfreien Tages, der dem Gottesdienst und dem Gebet und der Familie gewidmet sein soll, aufnehme, so können die Heiden schlechterdings nichts dagegen einwenden, zumal dieser Tag auch der heilige Tag der Anhänger des Mithraskultes ist, dem ein Großteil des römischen Heeres anhängt. Und wenn nun alle Bürger den Tag heiligen und als Gebetstag nutzen sollen, an dem die Christen ihre heiligen Versammlungen abhalten, dann ist das nicht nur für die Christen ein ungemeiner Vorteil, sondern auch die anderen könnten so durch Gewöhnung langsam frommer werden und die christlichen Versammlungen besuchen!«

Er schaute, von sich selbst und seinem eigenen Plan begeistert, in die Runde, auf Anerkennung und Huldigung wartend, doch zunächst sah er in den Gesichtern nur Verwundern und Staunen.

Silvester schüttelte leicht den Kopf: »Ich weiß nicht, ob es eine so gute Idee ist, all diese Dinge zu vermischen, so dass nachher nicht mehr jedes einzelne klar zu erkennen ist. Die Planeten, den Sabbath, den Herrentag, den Sonnengott …«

»Lieber Vater Silvester«, gab Konstantin beherrscht zurück, die Enttäuschung über das Unverständnis seines ihm selbst genial scheinenden religionspolitischen Schachzugs verbergend, »das ist Politik, und in der Politik muss man immer klug und geduldig vorgehen, manchmal auch mit List. Die Christen können ihren Tag ja auch weiterhin Herrentag nennen, auch wenn er offiziell Sonntag heißt, das sind nur Namen …«

»Ich verstehe den Plan«, meinte schließlich Ossius nachdenklich, um mit einem leichten Funkeln in den Augen fortzufahren: »Und ich finde das alles auch gar nicht so unpassend: Schaut, liebe Brüder, wie lange schon Christen in vielen Teilen des Reiches Christus als den wahren Sonnengott verehren, auf ihre Gräber einen Christus als Sol mit Strahlenkranz abbilden lassen, ich habe solche Mosaike gesehen …«

»Eine Verschmelzung der Vorstellungen und der Verehrung, die die Kirche *nicht* gutheißt!«, warf Silvester streng ein.

»Ja, die Kirche heißt diese spezielle Form der Volksfrömmigkeit nicht gut, das weiß ich, und ich befördere diese Dinge auch nicht, aber sie sind nun einmal da, und Tatsache ist: Sie haben die Menschen nicht von der Kirche weg, sondern viele Anhänger des Sonnenkultes zur Kirche hin gebracht. Genauso wird in manchen östlichen Teilen des Reichs die Geburt Christi am Tag der Geburt der Sonne gefeiert, da Christus die wahre Sonne ist, die uns erleuchtet, und daher, so schrieb schon vor etwa hundert Jahren Iulius Africanus, müsse nach Meinung einiger Gelehrter Christi Geburt an diesem Tag gewesen sein, und könne daher auch an diesem Tag gefeiert werden …«

»Christen feiern nicht Christi Geburt, sondern Christi Tod und Auferstehung!«, fuhr Silvester wieder etwas schroff dazwischen.

»Ja, mein verehrter Vater Silvester, das ist wohl wahr, doch die Zeiten ändern sich, und die Menschen lieben Feste und verzichten ungern auf diejenigen, die sie schon immer gefeiert haben, und ich habe gehört, dass auch in diesen Regionen nicht wenige Seelen zur Kirche gefunden haben, weil sie ihr Fest weiter feiern und trotzdem Christen sein können. Dieses Fest der Geburt Christi am 25. Dezember wird immer populärer …«

»Kein Mensch weiß, wann Christus geboren wurde. Davon steht nichts in den Schriften, und es gibt auch sonst keinerlei Überlieferungen dazu aus der frühesten Zeit der Kirche. Auch wurde solch ein Fest in der alten Kirche nie gefeiert«, wandte jetzt Laktanz mit seinem gewohnt schulmeisterlichen Ton ein.

»Liebe Brüder, das weiß ich doch alles«, winkte Ossius ab und fuhr unbeirrt fort. »Aber es geht doch nicht darum, dass es der Tag ist, an dem Christus wirklich geboren wurde, obwohl es dafür noch andere Argumente gibt, wie die Berechnungen der Empfängnis Christi am 25. März, da bei allen großen Patriarchen in den Schriften bezeugt ist, dass sie aufgrund ihrer Vollkommenheit nur volle Jahre leben und daher der Tag der Empfängnis auf den Todestag fällt – und wenn schon die großen Patriarchen eine solche Vollkommenheit beanspruchen, wieviel mehr dann der Logos Gottes selbst, wenn er Fleisch geworden ist. Und da dann auch die Vollkommenheit einer genau neunmonatigen Schwangerschaft zugestanden werden müsse, sei der Geburtstag am 25. Dezember zumindest wahrscheinlich. Ich hatte dazu einmal einen höchst interessanten Brief eines Presbyters aus Ägypten bekommen … Und lieber Vater Silvester«, wandte er sich mit ehrerbietig gesenktem Haupt diesem zu, »auch unter Euren Schäfchen hier in Rom verbreitet sich diese Feier äußerst rasch, und früher oder später werdet Ihr Euch überlegen müssen, ob Ihr wollt, dass die Glieder Eurer Gemeinde zur Feier der Geburt der Sonne gehen, weil die Kirche die christliche

Feier an diesem Termin strikt ablehnt, oder ob sie am Tag der Geburt der Sonne die Geburt Christi feiern. Und wenn diese Entwicklungen ohnehin so sind, dann passt es auch gar nicht schlecht, dass wir den Sonnentag gleich mit übernehmen, zumal er ja tatsächlich im Grunde mit unserem Herrentag übereinstimmt, wenn man die Siebentagewoche zugrunde legt …«

Silvester und Laktanz wirkten zwar nicht überzeugt, aber nachdenklich und schienen Ossius' Argumente zumindest zu erwägen.

Der Kaiser hatte im Lauf der Rede des hispanischen Bischofs eine immer zufriedenere Miene bekommen und strahlte jetzt geradezu, wie er selbst merkte. Er wusste, warum er diesen Mann zu seinem Hofbischof und engsten Berater in allen religiösen und gesellschaftlichen Fragen gemacht hatte:

Dieser Iberer war nicht nur hochgebildet und charakterstark, sondern er war auch fähig, Synthesen und Kompromisse zu entwickeln und diese auch noch in anspruchsvoller Rede zu begründen. Er hatte einen Sinn für die Realität und das Machbare, obwohl er doch eigentlich ein Mensch des Geistes und des Glaubens war und sich unablässig mit hochverwickelten theoretischen, philosophischen und theologischen Fragen beschäftigte. Fragen, die Konstantin jedoch nicht wirklich verstand und die ihn auch nicht besonders interessierten, da sie seiner Meinung nach für die Religion unnötig und für die Politik und die Einheit der Kirche des Reichs gefährlich waren. Lediglich eine gewisse akademische Schulungswirkung für den gelehrten Geist gestand er diesen verfeinerten theologischen Fragen zu, und er hatte durchaus Respekt vor der intellektuellen Raffinesse der Theologen. Doch fand er diejenigen Bischöfe, die nicht wie Ossius auch auf die praktische Ebene wechseln konnten, lästig, verdächtig oder zumindest schwierig.

Silvester räusperte sich, seine Miene hatte sich langsam aufgehellt. Konstantin hatte sich zu Beginn ihrer Begegnung nicht getäuscht: Auch er war ein Mann, der machtpolitisch und praktisch denken konnte, kein abgehobener Akademiker, im Gegenteil, nur brauchte er wohl ein bisschen länger, Gedankengänge nachzuvollziehen, zu verarbeiten und zu integrieren als Ossius mit seinem brillanten, höchst beweglichen Geist.

Silvester räusperte sich noch einmal, dann sagte er: »Mein lieber Bruder im Herrn Ossius ...« Er machte eine bedeutungsschwere Pause. »Ich sehe natürlich durchaus die praktischen Vorteile dieser Überlegungen, auch die Möglichkeit, Menschen zu fischen, wie es meinem ersten Vorgänger von unserem Herrn und Gott prophezeit wurde und was ich damit als Nachfolger auf dem Stuhle Petri als meine vornehmste Aufgabe ansehe ...«

Konstantin nickte.

»Menschen fischen, sehr gut, Menschen fischen ist unsere Aufgabe als Bischöfe und Herrscher.«

Silvester fuhr gravitätisch fort: »Ich sehe nur die Gefahr des Missbrauchs, der Vermischung der Lehre und des Abfalls, wenn die Hirten nicht darüber wachen, dass die Glieder der Herde diese neuen Bräuche nicht falsch verstehen ...«

Sehr gut, dachte Konstantin, ein guter Mann für solch einen Posten! Er versucht, den Eindruck zu erwecken, dass er alles schon von Anfang an verstanden, aber noch tiefer geblickt hat und akzeptiert nicht einfach die Idee eines anderen, ohne den Eindruck zu erwecken, erst mit seinen eigenen Ergänzungen und zusätzlichen Mahnungen sei sie akzeptabel. Ein echter Anführer, dieser Bischof von Rom! Und einer, mit dem man verhandeln kann!

Silvester indes räusperte sich wieder etwas schwerfällig, strich seinen dichten struppigen Bart, und meinte abschließend: »Ich denke, wir können das alles akzeptieren, wenn wir gleichzeitig als Bischöfe unseren Gemeinden pastorale Ermahnungen mitgeben, klar und deutlich Grenzen der Praxis aufzeigen und Missbräuche entschieden ahnden!«

Nur Laktanz schaute immer noch skeptisch mit seinen alten grüngrauen Augen aus seinem runzligen Magistergesicht hervor. Aber er war kein Bischof und hielt sich in diesen praktischen kirchenpolitischen Fragen mit Schulmeistereien etwas zurück. Er sagte nur mit langsamem Kopfwiegen: »Naja, naja …«

»Meine werten Brüder Bischöfe«, hob der Kaiser in die Stille hinein an. »Ich schätze Eure Glaubensfestigkeit und Eure theologische und philosophische Bildung überaus, aber in der Politik, mit der ich mich jeden Tag herumplage, müssen immer Kompromisse gemacht und, wenn es geht, einvernehmliche Lösungen gefunden werden … Jetzt bei den Feierlichkeiten zum Beispiel. Wundert Euch nicht, wenn der Triumphbogen, der morgen enthüllt wird, keinerlei Hinweise auf Christus und das wahre Siegeszeichen jener folgenreichen Schlacht enthält. Es ist der vom Senat gestiftete Bogen, und der Senat ist nicht christlich, also habe ich mich mit dem Senat verständigt, dass auf der Inschrift weder Jupiter oder ein anderer heidnischer Gott genannt wird, aber ebenso wenig Christus oder der eine wahre Gott, sondern allgemein von ›göttlicher Eingebung‹ die Rede ist, der ich meinen Sieg zu verdanken hatte. Außerdem wurden die traditionellen dekorativen Bildwerke des früher an diesem Platz stehenden Bogens aus der Zeit Hadrians übernommen, welche frühere Kaiser und heidnische Opferszenen zeigen. Es sind aber Opferszenen früherer Kaiser, ich selbst wurde, da ich ja nach meinem Sieg das Opfer verweigerte, nicht in einer Opferszene dargestellt, und …«, er machte eine Pause und schaute mit einem Anflug eines

Triumphes in die wieder skeptischer schauende Runde, »ich werde zum größten Verdruss des Senates auch morgen kein Opfer auf dem Kapitol darbringen!«

»Eine Erwähnung von Christus auf dem Bogen des Triumphs, den er Euch beschert hat, wäre allerdings schon angebracht«, wandte Silvester etwas mürrisch ein, nachdem er sich wiederum geräuschvoll geräuspert hatte.

»Versteht doch, verehrtester Vater Silvester: Hätte ich darauf nicht verzichtet, wäre der Senat vollends gegen mich aufgebracht gewesen, wenn ich dann auch noch angekündigt hätte, das Opfer zu verweigern! Der Senat war auch so schon verärgert, weil ich eine große Statue von mir in Auftrag gegeben habe, die ebenfalls morgen auf Roms belebtestem Platz enthüllt werden wird, in der ich das Zeichen Christi als Feldzeichen in der Hand halte. Ich konnte dem Senat allerdings erklären, dass Christus mein persönlicher Gott ist und er mir verbietet, anderen Göttern zu opfern, und auch als mein persönlicher Schutzgott an meiner Statue und auf meinen Münzen mit seinem Zeichen abgebildet wird. Auf einem öffentlichen, vom Senat gestifteten Bogen dagegen wird nichts von ihm zu sehen sein, und ich toleriere auch die heidnischen Opferszenen des alten Bogens, die in ihn eingearbeitet wurden. Das eine ist der heidnische Senat, das andere der christliche Kaiser! So habe ich es den Senatoren erklärt, und deshalb murrten sie nur, aber waren nicht völlig gegen mich eingenommen.«

Ossius nickte wieder als erster, aber diesmal schien auch Laktanz angetan von den Ausführungen seines ehemaligen Schülers und seines verehrten Kaisers, denn er begann auch bald heftig zu nicken und erklärte in rhythmischem Redefluss: »Ein kluger Kaiser, der die Freiheit der Religion respektiert! Ein kluger Kaiser, der sich auf Diplomatie und Kompromisse versteht!

Ein kluger Kaiser, der nicht fahrlässig oder mutwillig Bürgerkrieg und religiöse Unruhen in Kauf nimmt! Ein kluger Kaiser, der keine Religion verfolgt, sondern zu überzeugen sucht durch weise Worte und gutes Beispiel! Ein solcher Kaiser wird nicht von Gott bestraft werden wie die Verfolger und Tyrannen vor ihm!«

Konstantin nickte befriedigt, und Silvester erhob sein Glas und rief: »Auf den christlichen Kaiser und das kommende heilige christliche Reich!«

VII.

Der Friedenskuss

Nun ließ sich Bischof Eusebius von einem Diakon das Taufkleid, eine schlichte weiße überknielange Tunika, reichen, hielt es in die Höhe, so dass der Stoff herunterfiel und sich ausbreitete und sprach: »Dieses weiße Kleid soll dir ein Zeichen dafür sein, dass du in der Taufe neu geschaffen worden bist und – wie die Schrift sagt – Christus als Gewand angezogen hast. Bewahre diese Würde für das ewige Leben.« Woraufhin er wieder zu Konstantin herantrat und diesem, der dazu zitternd seine Arme vorstreckte, die Tunika überzog. Dabei verhedderte er sich einige Male und musste ruckeln und zerren, doch der altersschwache, kranke Kaiser war angestrengt darauf bedacht, nicht zu wanken.

Schließlich war das blütenweiße Taufkleid angelegt, von dem Konstantin wusste, dass es sein Sterbekleid sein würde, sein Reiserock in die ewige Seligkeit. Er atmete erleichtert aus, nicht nur weil er beim Ankleiden nicht gewankt hatte, so schwach er auch auf den Beinen war und so stark der Bischof auch an ihm geruckelt hatte, sondern weil er nun nicht mehr nackt und der Kleidertausch vom blutbefleckten violetten kaiserlichen Purpur zum makellos weißen Gewand der Unschuld vollzogen war.

Der Bischof trat wieder zurück und einer der Diakone mit einer Schale, in welcher sich diesmal kein Öl, sondern nur Wasser befand, zu diesem heran. Eusebius drehte sich um und verbeugte sich vor dem kleinen Altar, den die Diakone vor Beginn der Zeremonie in einer Art Prozession feierlich hereingetragen hatten, einem hölzernen Tisch mit verzierten Marmorplatten an den Außenseiten, in den ein Splitter des Kreuzes Christi, das Konstantins Mutter Helena vor elf Jahren in Jerusalem entdeckt hatte, eingearbeitet war. Dann drehte er sich zur Seite, wusch sich die Hände in der vom einen Diakon hingehaltenen Wasserschale und trocknete sie sich mit einem weißen Tuch, das ihm der andere Diakon reichte, ab.

Der Kaiser hatte vom Bischof selbst am Tag zuvor erklärt bekommen, dass dieses Waschen der Hände nichts mit dem Abwaschen körperlichen Schmutzes zu tun hatte, sondern eine symbolische Handlung war, die für die Reinigung von allen Sünden und allem Unrecht stand und damit die Aufrichtigkeit und Reinheit der nun folgenden Handlungen andeuten sollte.

Nachdem sich Eusebius nun wieder zum Altar umgewendet hatte, verbeugte er sich noch tiefer, so tief, dass er dessen Oberseite mit den Lippen berührte, küsste die blankpolierte Holzplatte einige Sekunden lang und richtete sich dann wieder langsam auf.

Der Diakon, der die Wasserschale mittlerweile wieder auf einem seitlichen kleinen Tischchen abgestellt hatte, erhob in diesem Moment seine Stimme und rief laut: »Nehmt einander an und lasst uns einander den Friedenskuss geben!«, worauf der Bischof auf ihn zutrat, ihn umarmte und ihn links und rechts auf die Wangen küsste, was dieser erwiderte.

Dann trat Eusebius auch zum anderen Diakon und vollzog auch mit diesem dieses Versöhnungs- und Liebesritual. Schließlich trat er auch zum zitternd und ergriffen in seinem Taufkleid stehenden alten Herrscher heran, umarmte auch ihn und presste ihm links und rechts die Lippen zum Kuss auf die Wangen, auf denen der glattrasierte Konstantin die starken harten Barthaare des Bischofs kratzend spürte.

Der Kaiser erwiderte die Küsse auf die oberen Wangen des Bischofs, oberhalb des Bartansatzes. Bei dieser küssenden Umarmung unter christlichen Geschwistern musste er ungeachtet des stachligen Bischofsbartes daran denken, wie er damals seine Mutter in Trier ebenso begrüßt hatte, als er sie zusammen mit Bischof Agritius aus Antiochia am Orontes im nördlichen Syrien hatte holen lassen, etwa ein Jahr nach seinem Sieg über Maxentius vor den Toren Roms und seiner damit verbundenen Bekehrung zum Christengott.

Schon in den Jahren zuvor war er mit ihr in Briefkontakt getreten; damals hatte sie noch in Naissus auf dem Balkan, Konstantins Geburtsstadt, gelebt. Sie schrieben über persönliche Dinge, aber auch über Politik und Religion, und durch ihre Briefe konnte er gut verstehen, warum sein Vater seine Mutter sehr geliebt und sich ihr im tiefsten Wesen verwandt gefühlt hatte, obwohl sie aufgrund ihrer einfachen Herkunft als Tochter eines Herbergsvaters niemals seine Frau hatte werden können. Auch nachdem sich Constantius aus politischen Gründen mit der Stieftochter des Kaisers Maximian, der Kaiserin Theodora, verheiratete und sich daher von Helena trennen musste, hatte er in seinen Briefen an seinen Sohn von ihr in den wärmsten Tönen, als von der »lieben und sanften, schönen und guten Helena, deiner wundervollen Mutter« geschrieben.

Helena war wie sein Vater interessiert an allem Höheren, am Göttlichen, an Fragen nach der Wahrheit und dem Sinn des Menschen in dieser Welt, und wie sein Vater war sie überaus tolerant und lehnte die Verfolgung der Christen ab, ja zeigte sogar eine gewisse Sympathie für diese Sekte. Genau wie bei seinem Vater war ihr persönlicher Glaube schwer zu fassen: Sie brachte anstandslos die Opfer für die römischen Staatsgötter dar, schrieb aber darüber wie über eine lästige Pflicht oder eine selbstverständliche Konvention, die sie ohne große innere Beteiligung absolvierte. In wesentlich wärmeren Tönen erwähnte sie die Religion des Sonnengottes und des Mithras. Und auch die Christen, die sie kannte, hatten sie beeindruckt, sie nannte sie »außerordentliche, liebe und herzliche Menschen«, die sich in Naissus vorbildlich um die Armen kümmerten und auch sonst durch ihre Taten eine wohltuende Gesinnung zum Ausdruck brächten.

Auch Helena selbst, das konnte Konstantin aus vielen ihrer Briefe ersehen, neigte zum Mitleid mit Armen, Verfolgten, Gequälten, ja sogar mit Tieren, die schlecht behandelt wurden und sprach mit großer Abneigung von den Zirkusspielen. Aus ihren Briefen war herauszulesen, dass besonders die Verfolgungen ihre Sympathie für die Christen geweckt oder verstärkt hatten, das unverschuldete Leid, das über so viele dieser ihr sympathischen Menschen gekommen war.

In dem guten Jahr seines Feldzugs nach Rom inklusive Vor- und Nachbereitungen hatte der Kaiser keine Zeit für private Korrespondenzen gehabt und mit seiner Mutter keine Briefe gewechselt, und auch sie hatte sich in Schweigen gehüllt.

Doch wie überrascht war er, als einige Monate nach seiner Rückkehr nach Trier ein Brief von ihr ankam, in dem sie berichtete, dass sie von seiner Annahme des Christengottes gehört habe und sich sehr darüber freue, besonders, da sie selbst vor einem guten Jahr Christin geworden sei, noch vor ihm.

Sie habe bald nach dem Ende der Verfolgungen intensiveren Kontakt zur christlichen Gemeinde in Naissus aufgenommen, da sie diesen geschundenen Menschen, von denen viele entsetzlich gequält und gefoltert worden waren, unzählige ihre Freunde oder Angehörige verloren hatten und deren Versammlungsstätten zum größten Teil zerstört worden seien, hatte helfen wollen.

Da sie selbst ja aufgrund der lebenslangen großzügigen Alimentation, die Constantius ihr nebst einer Villa in Naissus gesetzlich zugesichert, mehr finanzielle Mittel hatte als sie zum Leben brauchte, habe sie einiges davon für den Wiederaufbau der christlichen Versammlungshäuser in der Stadt gespendet und außerdem zwei Christenkinder, deren Eltern den Märtyrertod erlitten hatten, bei sich aufgenommen. Durch viele Erlebnisse und Gespräche sei sie so zum Glauben an Christus gekommen, der ihr sogar einmal in Traum erschienen sei und ihr gesagt habe, dass sie bald mit ihrem Sohn im Glauben vereint sein werde.

Konstantin stockte beim Lesen der Atem. Das war wieder eines der vielen Zeichen, die er von seinem Gott erhalten hatte, um keinen Zweifel an der Richtigkeit seiner Entscheidung zu lassen! Seine eigene Mutter war fast gleichzeitig mit ihm erwählt worden, und sie hatte sogar im Traum eine Prophezeiung seiner eigenen Bekehrung von Christus selbst erhalten! Staunend, mit heißem Herzen und jedes Wort gierig aufsaugend las er weiter.

Seine Mutter schrieb ihm, dass sie nach ihrer Bekehrung und Taufe das Verlangen gehabt hatte, ins Heilige Land der Juden und Christen zu pilgern, um die Stätten des Wirkens Christi auf Erden zu besichtigen, doch auf dem Weg dorthin habe sie in der nordsyrischen Metropole Antiochia am Orontes eine Predigt des Bischofs Agritius gehört, die sie so tief berührte, dass sie dort geblieben sei, um diesen Mann als Hirten und geistlichen Lehrer und Begleiter zu haben. Seitdem lebe sie dort in Antiochia, besuche an jedem Tag des Herrn die von Agritius zelebrierte Liturgie, höre seine Predigten, suche ihn auch sonst oft mit ihren Fragen und Nöten auf und wachse jeden Tag im Glauben und in der Erkenntnis.

Ihre Villa in Naissus habe sie der Kirche gestiftet, und sie selbst lebe bescheiden, faste und bete die meiste Zeit und kümmere sich um Arme und Waisen, für die sie auch den größten Teil ihrer rechtlich verbrieften Rente aufwende. Antiochia sei eine sehr christlich geprägte Stadt, der Anteil der Christen und die Rolle der Kirche sei hier in Syrien, überhaupt im Orient viel stärker als auf dem Balkan oder in Europa allgemein, das segensreiche Wirken der Kirche hier schon viel stärker wahrzunehmen, die Armenfürsorge und andere Liebesdienste seien allgegenwärtig, und die Menschen sprächen hier auf der Straße viel von ihm, dem neuen Kaiser im Westen, der das Christentum angenommen habe und die Hoffnung der Menschen auf ein geeintes und christliches Reich sei.

Es sei sogar eine Statue von ihm in der Stadt errichtet worden von einem reichen christlichen Gönner, was der Statthalter des Licinius wohl ein wenig argwöhnisch sehe. Für die Christen hier sei Konstantin geradezu ihr eigentlicher Kaiser, den sie in der Zukunft auch für ihren Reichsteil herbeisehnten.

Konstantin atmete tief durch, als er den Brief zu Ende gelesen hatte. Er war die Hoffnung für die große Zahl der Christen im Osten des Reiches, das hatte er auch schon von kaiserlichen Boten gehört, die aus Licinius' Gebieten zu ihm kamen – das würde auch seinem Mitkaiser nicht verborgen geblieben sein und die Konflikte zwischen beiden verstärken, dessen war er sich bewusst. Und so wie er Licinius und seinesgleichen einschätzte, könnte diese Identifikation der Christen in seinem Reichsteil mit dem Konkurrenten Konstantin auch auf Dauer Repressalien gegen die christliche Kirche und ihre Anhänger nach sich ziehen.

Es würde in nicht allzu langer Zeit zu einer Entscheidung kommen müssen, einer Entscheidung zwischen zwei Herrschern, die zugleich eine Entscheidung der religiösen Frage für die Zukunft des Reichs bedeuten würde. Und daher war er sich sicher, dass er siegen würde, wenn er bis dahin klug und geduldig vorgehen würde, denn der wahre Gott war auf *seiner* Seite, hatte *ihn* auserwählt, um den Erdkreis dem wahren Glauben geneigt zu machen, während Licinius ein Relikt aus vergangenen Zeiten war, ein alter Bauernschädel, der eine überlebte Epoche und überkommene Götterkulte repräsentierte, eine Ära, die er, Konstantin, zu beenden ausersehen war. Dessen war er sich sicher; die Zeichen waren so zahlreich und eindeutig, dass er keine Angst haben würde, auch in jeder kommenden Schlacht in der ersten Reihe voranzureiten.

Seiner Mutter schrieb er jedoch von diesen Ahnungen und Plänen nichts, er antwortete ihr nur, dass es ihn sehr glücklich mache, dass auch sie zum wahren Glauben gefunden habe, und dass er sich über die Maßen freue, sie bald persönlich zu treffen, denn er wolle sie zu sich an seinen Hof holen, als Kaisermutter und enge Beraterin, da er aus jeder ihrer Zeilen eine große Weisheit und Wahrhaftigkeit herauslese und ihre mütterliche Liebe so lange vermisst und nun endlich wieder dauerhaft in seiner Gegenwart haben wolle.

Die Antwort seiner Mutter wirkte durchaus erfreut, allerdings klagte sie darüber, dass, wenn sie zu ihm nach Trier komme, sie ihren geliebten Bischof Agritius verlassen müsse, der ihr ein so guter Hirte und Freund sei. Sie schrieb sogar, dass ihr die Aussicht, über zweitausend Meilen von ihrem Seelenhirten entfernt leben zu müssen, das Herz brechen würde.

Der Kaiser war äußerst ergriffen von der Klage seiner Mutter und fasste sogleich einen Plan, den er in den folgenden Tagen in die Tat umsetzte: Er schrieb an den Bischof von Rom, den Bischof von Alexandria, an Bischof Agritius selbst und an den Ältestenrat der Gemeinde von Trier und leitete alles in die Wege, um Agritius zum neuen Bischof von Trier ernennen zu lassen. Maternus solle dafür auf den seit kurzem vakanten Bischofsstuhl von Köln versetzt werden.

Die kirchlichen Würdenträger waren von dieser kaiserlichen Einmischung nicht begeistert, wie Konstantin merkte, doch entsprachen sie den Wünschen des hochverehrten und ihrer Religion so zugetanen Herrschers. Um Maternus selbst zu gewinnen und dessen Stellung aufzuwerten, berief er diesen sogleich in die gallische Bischofsdelegation, die auf der wichtigen Synode in Rom über den Streit um Donatus und seine Anhänger entscheiden sollte.

Nur wenige Monate später waren alle Entscheidungen getroffen, alle Vorbereitungen abgeschlossen, und Konstantin empfing zusammen mit Laktanz, Ossius, seiner jungen Frau Fausta und einigen hohen Beamten die mit der kaiserlichen Post eingetroffene Delegation aus dem Orient im großen Empfangssaal seines Palastes: Neben seiner Mutter und dem Bischof Agritius waren noch drei Presbyter, enge Vertraute des Agritius, aus Antiochia gekommen.

Als seine Mutter hereintrat, saß Kaiser Konstantin noch auf dem leicht erhöhten Thronstuhl, doch als er sie erblickte, stand er sofort auf und ging ihr entgegen.

Er hatte nur eine schemenhafte, verklärte Erinnerung an seine Mutter gehabt, und jetzt, als er sie wiedersah, war er von der kindlichen Zartheit ihres doch schon über sechzig Lenze zählenden Gesichts überrascht. Auch wenn der größte Teil ihres hochgesteckten langen Haares längst grau war und ihre Haut die altersgemäßen Falten auf Stirn, um Mund und Augen aufwies, so war ihr Mund selbst immer noch schön, wohlgeformt und mit kräftigen, aber nicht zu dicken Lippen versehen. Um diesen anmutigen Mund herum bildeten sich von den Flügeln ihrer zierlichen Nase ausgehend zwei prägnante Falten, als sie ihn anlächelte, und ihre Augen strahlten mit einem kindlich-unschuldigen Leuchten.

Er verstand nun noch mehr, dass sein Vater diese Frau geliebt hatte, und er wusste nun auch, von wem er seine von allen gelobte außerordentliche Schönheit geerbt hatte. Denn auch wenn sein Vater sicher kein hässlicher Mann gewesen war, so musste seine Mutter sicherlich in ihrer Jugend eine wahre Rosenblüte gewesen sein, so bezaubernd wie sie jetzt noch in ihrem Alter aussah.

Sie trat an ihn heran, sagte: »Seid gegrüßt mein Sohn und mein Kaiser!«, umarmte ihn herzlich und küsste ihn sanft und warm zuerst auf die linke, dann auf die rechte Wange, was Konstantin mit klopfendem Herzen erwiderte.

»Grüßt euch untereinander mit dem Kuss der Liebe. Friede sei mit euch allen, die ihr in Christus seid! Das schrieb der heilige Petrus!«, sagte sie ihm daraufhin bestimmt und selbstbewusst, aber mit feiner, melodischer Stimme. Er erkannte die Stimme wieder, die ihm in seiner Kindheit die griechischen Lieder mit orientalischen Melodien vorgesungen hatte und war tief berührt.

»Das ist eine schöne Sitte«, erwiderte er aber trotz seines aufgewühlten Zustands ruhig und gefasst. »Sei gegrüßt, meine gute Mutter!«

Während seine Mutter noch seine junge Frau Fausta respektvoll begrüßte, trat hinter ihr der Bischof Agritius heran, der trotz der Aufforderung des heiligen Petrus wusste, was sich dem Kaiser gegenüber gehörte, und dessen von seiner Mutter zitierten Satz nicht zum Anlass nahm, seinem Glaubensbruder um den Hals zu fallen, sondern stattdessen vor seinem Herrscher einen ehrfurchtsvollen Knicks machte und sprach: »Seid gegrüßt, mein Kaiser, großer und hochgelobter Augustus Konstantin!«, während die Presbyter in seinem Gefolge auf den Boden niederfielen.

»Seid gegrüßt, mein guter Bischof Agritius!«, erwiderte Konstantin mit einem wohlwollenden Herrschernicken.

Agritius, ein mittelalter Syrer mit graumelierten schwarzen Haaren und durchdringenden blauen Augen, trug ein schlichtes Gewand, aber hielt in seinen Händen einen edelsteinverzierten, offensichtlich vergoldeten Kasten.

»Ich habe Euch und Eurer kaiserlichen Hauptstadt etwas besonders Kostbares mitgebracht«, sagte er ein wenig salbungsvoll. »Die größte und heiligste Kostbarkeit meiner an heiligen Kostbarkeiten so reichen Heimatstadt Antiochia!«

»Du meinst diesen Kasten?«, fragte Konstantin neugierig.

»Ich meine seinen Inhalt«, lächelte Agritius glückstrahlend.

»Was befindet sich denn in ihm?«

Agritius räusperte sich ein wenig und deklamierte mit einem gewissen Pathos: »Der ungenähte heilige Rock Christi!«

Konstantin hörte direkt hinter sich ein ergriffenes Aufseufzen von Ossius und Laktanz. Und auch er selbst war erregt und beeindruckt.

Er hatte schon davon gehört, dass die Christen die Überbleibsel ihrer Heroen, der Heiligen, verehrten und ihnen eine besondere Kraft zusprachen, nicht nur ihren sterblichen Überresten, auch Kleidern, die sie getragen, Gegenständen, die sie berührt hatten, auch dass sie ihre Kirchen meist auf den Gräbern der Heiligen bauten. Aber dass es ein Gewand Christi gäbe, das sich fast dreihundert Jahre erhalten hatte, davon hatte er noch nichts gehört. Und dieses Gewand sollte sich in diesem Kasten in den Händen seines Besuchs befinden? Er bekam eine leichte Gänsehaut am Rücken und den Nacken hinauf.

Eine ganze Weile herrschte Stille, dann fragte Konstantin bedachtsam: »Kann ich es sehen?«

Wieder seufzte es hinter ihm, es war wohl Laktanz, während sich Agritius behutsam mit dem Schatz in seinen Händen vor ihm auf den Boden kniete, den Kasten vorsichtig ohne ein Geräusch abstellte, ein Kreuzzeichen auf seiner Stirn machte und dann langsam das Behältnis öffnete.

Der erstaunte Kaiser sah im von innen mit samtigem Stoff ausgekleideten Kasten eine säuberlich zusammengelegte, scheinbar uralte einfache Tunika aus Leinen, die wohl einmal weiß gewesen, jetzt aber gelblich-bräunlich geworden war. Seine Mutter vor ihm und Ossius und Laktanz hinter ihm fielen auf die Knie und begannen Gebete zu murmeln, Konstantin blieb stehen.

»Und das soll ein Gewand Christi sein?«, fragte er ein wenig ungläubig.

»Nicht nur ein Gewand Christi …«, flüsterte Agritius ehrfurchtsvoll, aber gut hörbar. »Das ist das Untergewand Christi, das er trug, als er sein Kreuz zum Berge Golgatha hinauftrug, und das die Soldaten nicht zerteilten, sondern um das sie das Los warfen, da es ohne Naht von oben ganz durchgewoben war …«

Er mache eine Pause, näherte sich mit dem Mund langsam der vergilbten Tunika und formte – ob er sie ganz berührte, konnte Konstantin nicht erkennen – mit seinen Lippen einen zärtlichen Kuss. Dann zog er den Kopf wieder zurück und fuhr fort, weiterhin in ehrfurchtsvollem Flüstern: »Da sagten sie zueinander: Wir wollen es nicht zerteilen, sondern darum losen, wem es gehören soll. So sollte sich das Schriftwort erfüllen: Sie verteilten meine Kleider unter sich und warfen das Los um mein Gewand.«

Konstantin wusste nicht recht, was er von dieser Sache halten sollte, und fragte sich, wie man so sicher sein könne, dass diese Tunika hier wirklich das echte Gewand der irdischen Inkarnation des Weltschöpfers sein sollte. Aber er behielt diese Frage für sich, beugte sich nur wortlos hinab und schaute sich die Tunika aus der Nähe an. Sie müffelte recht streng.

Er streckte seine Hand vor und berührte die heilige Textilie mit dem Zeigefinger, hörte hinter sich wieder ein Aufseufzen, empfand dabei selbst aber nichts Außergewöhnliches, richtete sich wieder auf und sagte eher staatsmännisch als ergriffen: »Nun denn, ich danke dir, dass du mir diese heilige Kostbarkeit mitgebracht hast, werter Agritius! Ich werde sie in meinem Palast aufbewahren und in Ehren halten!«

»Dann wird Euer Palast zur Kirche, mein Kaiser«, gab der immer noch kniende Agritius nachdenklich zurück.

»Wenn Ihr das so sehen wollt, dann wird es wohl so sein.«

»Mein Kaiser!«, meldete sich jetzt Laktanz, immer noch schräg hinter ihm kniend, zu Wort. »Wenn Ihr das unzerteilte Untergewand Christi in Eurem Palast aufbewahrt, dann kann kein Schaden Eure Herrschaft treffen, denn alle unreinen Geister werden es fliehen und sich von ihm fernhalten.«

»So wird es sein. Der heilige Rock Christi, einst von einem heidnischen römischen Soldaten mit dem Los gewonnen, findet jetzt den Weg zum ersten christlichen Kaiser des römischen Reichs. Damit ist der Kreis geschlossen und die kostbarste Reliquie der Christenheit hat den ihr gemäßen Ort gefunden«, ergänzte Agritius in salbungsvollem Ton, schloss den Kasten behutsam, nahm ihn in die Hände und reichte ihn, immer noch kniend, dem vor ihm stehenden Kaiser.

Der nahm ihn mit einem Kopfnicken entgegen, drehte sich um und reichte ihn an Ossius weiter. Dieser wirkte sichtlich erregt, ein Zustand, in dem Konstantin ihn noch nie gesehen hatte, und sagte mit bebender Stimme: »Ich werde als Hofbischof hier im Palast einen Andachtsraum einrichten für diese heiligste Reliquie, einen Raum, der nur ihrer Verehrung dient.«

»Mein lieber Sohn und verehrter Augustus«, meldete sich jetzt Helena wieder zu Wort, die sich zusammen mit ihrer blutjungen Schwiegertochter einige respektvolle Meter von den Herren zurückgezogen hatte. »Wir haben noch ein besonderes Geschenk aus Antiochia für Eure Residenzstadt mitgebracht.«

Hierauf nickte Bischof Agritius seinen immer noch ehrfurchtsvoll bäuchlings auf dem Boden liegenden Presbytern zu, die sich daraufhin erhoben und durch das Hauptportal hinausgingen.

Konstantin war erstaunt und neugierig, was das andere Geschenk aus dem Orient sein würde. Seltene Gewürze? Erlesene Harze? Er wusste, dass Syrien ein reiches Land mit vielen Kostbarkeiten der Natur und einer uralten Kultur war, und war gespannt, welche exotischen Kleinode nun als Geschenk präsentiert würden.

Agritius hob schon an zu sprechen, bevor die Presbyter zurück waren: »Verehrter Augustus, soviel ich weiß, hat die Hauptkirche Eurer Residenzstadt, obwohl diese schon seit über 60 Jahren Bischofssitz und nun als Regierungssitz des ersten christlichen Kaisers so bedeutend für das Reich und den ganzen christlichen Erdkreis ist, noch keine wirklich bedeutende Reliquie aufzuweisen ...«

»So ist es«, bestätigte Ossius in ernstem Ton. »Die wirklich bedeutenden Reliquien, zumal der Apostel, befinden sich allerdings fast ausschließlich im Orient oder in Rom.«

»Wir haben gleichwohl«, warf Laktanz ein, »eine kleine Gruft mit den Gräbern einiger Märtyrer der letzten Verfolgungen unter dem Altar der Kirche errichtet. So ist der heilige Same der Kirche, das Andenken der Blutzeugen, dort immer gegenwärtig und in jeder Feier der heiligen Eucharistie anwesend.«

Der Kaiser hoffte nach diesen Vorreden schon nicht mehr auf weltliche orientalische Kostbarkeiten, als die

Presbyter mit einer größeren Kiste, nicht vergoldet, aber mit schöner Malerei verziert, zurückkamen. Sie stellten das Behältnis, das länglich geformt war wie ein kleiner Sarkophag, vor Konstantin ab, verbeugten sich, traten in gebeugter Haltung einige Schritte zurück und warfen sich wieder zu Boden.

»Das«, verkündigte Agritius stolz »sind die Gebeine des heiligen Apostels Matthias!«, und ging auf die Knie. Um Konstantin herum war erneut ein allgemeines Aufseufzen zu hören, und Ossius, Laktanz und seine Mutter Helena fielen ebenfalls wieder auf ihre Knie, leise Gebete murmelnd.

So sehr er auch beeindruckt war davon, dass in den beiden Kisten vor ihm eine Tunika des einzigen Sohnes des allmächtigen Gottes und die Gebeine eines seiner zwölf Apostel lagen, und auch wenn er wusste, dass für die Christen diese beiden sakralen Schätze mehr Wert besaßen als ganze Zimmer voll mit allen Reichtümern Syriens und des Libanons, so war der Kaiser doch ein wenig befremdet von der Vorstellung, über 300 Jahre alte Tücher und Knochen als ehrerbietigste Geschenke seiner Mutter und ihres Bischofs aus dem fernen Orient zu erhalten.

Er wusste zwar, dass auch die Griechen die Gräber ihrer Heroen verehrten, aber die Knochen selbst galten ihnen doch als unrein, während die Christen dagegen geradezu besessen von den Knochen, Haaren und alten Kleidern ihrer Heiligen zu sein schienen, wie ihm auch schon zuvor zu Ohren gekommen war.

Doch er war ein zu disziplinierter und gewiefter Staatsmann, um sich sein Befremden anmerken zu lassen. Er schaute nur würdig und achtungsvoll und sagte: »Danke, mein guter Agritius für dieses überaus kostbare Geschenk, das du ja nicht zuletzt deiner eigenen neuen Bischofskirche gemacht hast, in welcher diese heiligen Überreste des heiligen Apostels ihren angemessenen Platz finden werden.«

Seine Mutter lebte sich schnell in Trier ein, zumal sie hier ein weites Betätigungsfeld für ihren neugierigen, empfänglichen und beflissenen Geist vorfand: Mit Ossius, Laktanz und ihrem geliebten Bischof Agritius hatte sie gleich drei Gesprächspartner mit außergewöhnlichem Wissen um die göttlichen Dinge in ihrem näheren Umkreis, die sie oft aufsuchte, um sich unterweisen zu lassen und selbst aussprechen zu können; mit Konstantins junger, mittlerweile sechzehnjähriger Frau Fausta hatte sie etwas wie eine verspätete sehr junge nicht leibliche Tochter und mit seinem Sohn Crispus, bei ihrer Ankunft fast neun Jahre alt, einen leiblichen Enkelsohn gefunden, die sie beide ihrerseits unterweisen und in die richtigen Bahnen lenken konnte.

Wann immer Konstantin in Trier war und es seine Zeit zuließ, suchte er seine Mutter auf und war beeindruckt von ihrer milden Resolutheit, der nichts etwas anhaben und die nichts von ihren vielfältigen Aktivitäten abbringen konnte. Sie erzählte ihm dann von ihrem großen Glück, Mutter eines gottbegnadeten Kaisers, ja des wichtigsten Herrschers in der langen Geschichte des großen römischen Reichs zu sein, von ihren täglichen Besuchen in den Waisenheimen, die sie in der Stadt gestiftet und mit aufgebaut hatte, von der Liebe, die sie zurückbekomme von den armen Menschen, reichlicher als sie selbst sie gegeben habe, von ihren ebenfalls täglichen Visiten bei den von der Kirche betriebenen Armenspeisungen, bei denen sie mit den armen und bedrückten Menschen spreche und ihnen das Gefühl gäbe, dass auch sie von Gott geliebt würden.

»Denn weißt du, mein lieber Konstantin, es geht nicht nur um das Essen, das sie dort bekommen. Das Essen allein hilft ihnen zwar, aber doch nicht wirklich viel. Viel wichtiger ist, dass diese Menschen sich von Gott geliebt fühlen und von anderen Menschen liebevoll wahrgenommen werden, dass sie Aufmerksamkeit und Fürsorge bekommen«, hatte sie einmal gesagt und ihn dann mit diesem entwaffnenden kindlichen Blick angeschaut, der ihr eigen war und der etwas so Unschuldiges und Jungfräuliches hatte, dass Konstantin gar nicht glauben konnte, dass sie die jahrelange Konkubine seines Vaters gewesen war und seine eigene Mutter sei, sondern meinte, sie müsse im Innern immer ein junges unschuldiges Mädchen geblieben sein.

Für den ehrgeizigen Kaiser waren diese Besuche bei seiner Mutter eine Erholung von seinen täglichen Geschäften, den politischen Machtfragen und den Kriegsplänen, den theologischen Streitigkeiten der Bischöfe und den öffentlichen Problemen, die ihn täglich beschäftigten, und auch vom eigenen brennenden Ehrgeiz, den er ständig wie einen nadelspitzen Stachel in sich spürte. Allerdings hatte er nach diesen Besuchen oft ein schlechtes Gewissen dafür, dass er selbst nicht so sein konnte wie diese so ungebrochen ihre Mitmenschen liebende Frau, dass er nicht so selbstlos und ohne Hintergedanken an den eigenen Vorteil empfinden konnte, so ganz ohne Willen zur persönlichen Macht.

Er konnte alle diese Dinge, die die christlichen Bischöfe predigten und seine Mutter so glaubhaft lebte und ausstrahlte, diese Liebe, diese Fürsorglichkeit und Uneigennützigkeit zwar selbst mit ganzem Herzen lieben und sogar mit seinem Verstand gutheißen, aber er konnte nicht so *sein*, er würde niemals so sein können – dieses Dilemma wurde ihm dann immer schmerzlich bewusst.

Bei ihm wurde alle Bestrebungen hin zu einem reineren Leben immer wieder von Zielen und Zwecken, von Hintergedanken und Strategiefragen durchkreuzt. Er bereute das auch manchmal ernsthaft und fühlte sich dann zerknirscht, als ein armer ungetaufter Sünder, was ihm seltsamerweise guttat; doch diesen Impulsen weiter nachzuhängen, hatte er keine Zeit – schon bald musste er wieder arbeiten, regieren, kämpfen, und die Reue und die Sehnsucht nach Ruhe im Herzen waren völlig verflogen.

Aber er war ja auch Kaiser, er hatte eine ganz andere Aufgabe als seine Mutter oder als ein Diakon, sagte er sich dann wieder, wenn er, wieder zurück in seinem Handeln, an seine Reue erinnerte. Er musste herrschen, er musste das Reich und die Kirche gegen Feinde verteidigen und Ordnung schaffen, er musste erobern und richten. Nach der Bergpredigt zu leben war ihm so wenig von Gott gegeben, wie einem Löwen, der doch der König der Tiere war, das Fliegenkönnen eines Vogels vom Schöpfer bestimmt war, seine Arbeit für den Herrn war zunächst eine andere, aber eine nicht weniger gewaltige, so dachte er bei sich und hatte es auch einmal Ossius gegenüber geäußert, der daraufhin wieder etwas von einer »interessanten Theorie« sagte und nach kurzem Nachdenken erörterte, dass dieser Gedanke recht gut zu einer Briefstelle des heiligen Paulus passe, in welcher dieser von den unterschiedlichen Aufgaben der Glieder des Leibes Christi spreche.

Obwohl er selbst auch nicht gerade ein gewaltiger Liebhaber des Pomps und des Luxus war, so konnte er doch auch nicht die übergroße Bescheidenheit, ja regelrechte Askese seiner Mutter verstehen. Sie aß meist nur die einfachsten Speisen, noch einfacher als die Sklaven des Hofs und davon sehr wenig.

Als er sie einmal darauf ansprach, antwortete sie, dass sie viel glücklicher sei, wenn sie ein wenig hungere, da ein voller Bauch sie vom Beten abhalte und von der Konzentration auf das Wesentliche, auf Gott. Sie wolle alle ihre Freude aus Gott gewinnen, alle irdischen Freuden seien schal gegen die göttlichen, und wenn man sein Herz an irdische Genüsse hänge, dann bleibe man auf der Erde kleben, während man Flügel bekomme, die einen zum Himmlischen empor trügen, wenn man ihnen entsage.

Als Konstantin darauf antwortete, dass doch die meisten Bischöfe, die er kenne, an festlichen Tafeln mit großem Genuss die edelsten Speisen äßen und den besten Wein tränken, wenn er sie dazu einlade, antwortete sie nur mit einem nachsichtigen milden Lächeln, dass sie nicht darüber zu richten habe, wie es andere hielten, jeder Mensch habe seine Schwächen, und am schlimmsten seien die Sünden, die man von außen gar nicht sehe.

Freitags und in der ganzen vierzigtägigen Fastenzeit vor Ostern aß sie vollends fast gar nichts, was ihrer Energie und ihrer heiteren Ausstrahlung zu Konstantins Erstaunen keinerlei Abbruch tat. Im Gegenteil: Sie lief dann frühmorgens geradezu verzückt durch den Palast hinaus in die Stadt zu den Waisenhäusern, Armenspeisungen und sonstigen Liebesdiensten und kam spätabends noch munterer und glückstrahlender zurück – vor allem gegen Ende der Fastenzeit, wo sie fast nur noch Haut und Knochen war –, ihre grauen hochgesteckten Haare ein wenig wirr um den Kopf gekräuselt und ihre grünen Augen in einer sonderbaren Glückseligkeit flackernd.

Einmal genau in dieser Zeit, am Ende der Fastenzeit, es war der Tag vor dem Kreuzigungstag, zehn Jahre nach ihrer Ankunft in Trier, suchte sie ihren Sohn und Kaiser frühmorgens in äußerst aufgewühltem Zustand auf. Sie hatte sich noch nicht frisiert, ihre krausen langen grauen Haare standen weit vom Kopf ab, und ihr Blick flirrte und funkelte in heftiger Aufregung. Sie hatte sich offensichtlich nur schnell und notdürftig ein Gewand übergezogen und war direkt von ihrem Nachtlager zu ihm geeilt. So sonderbar sie sich auch sonst in diesen heiligen Wochen verhielt, in einem solch außerordentlichen Zustand hatte Konstantin seine Mutter bisher noch nicht gesehen.

»Was willst du, gute Mutter? Ist dir nicht wohl?«, fragte er ein wenig verstört.

»Nein, nein, mein liebster Sohn, mir ist sehr wohl, mir ist ungemein wohl!«, gab sie mit dem ihr eigenen kindlichen Lächeln zurück und kicherte darauf mit apart gespitztem Mund. Dann riss sie ihre großen Augen noch weiter auf und sagte: »*Er* ist mir heute Nacht im Traum erschienen!«

»Er?«, gab Konstantin ohne nachzudenken zurück.

»*Er*!«, wiederholte seine Mutter eindringlich, machte ein Kreuz auf ihrer Stirn und fuhr begeistert fort: »Jesus Christus ist mir erschienen, und er hat zu mir gesprochen!«

Konstantin machte ebenfalls ein Kreuz auf seiner Stirn und war mit einem Mal sehr gespannt auf die Botschaft, die seine Mutter vom göttlichen Logos bekommen hatte: »Was hat er denn gesagt?«

»Er hat mir gesagt, dass es nun endlich an der Zeit sei, meine Pilgerreise in die Heilige Stadt, die ich vor mehr als einem Jahrzehnt abgebrochen habe, zu Ende zu führen. Ich soll noch dieses Jahr nach Jerusalem gehen und dort sein wahres Grab und sein wahres Kreuz finden, welches unter einem heidnischen Venustempel verborgen liegt. Er hat mir genau beschrieben, wie ich es finde.«

»Aber geliebte Mutter, du bist über siebzig Jahre alt, und so eine lange Reise ist sehr beschwerlich. Außerdem ist das Klima in dieser Region äußerst ungünstig, und die Straßen sind schlecht dort.«

»Konstantin!«, erwiderte sie resolut und ein wenig streng. »Das ist ein Auftrag Christi! Er selbst hat es mir befohlen!«

Der Kaiser verlor bei diesen Worten sofort seine abwehrende Skepsis und alle weltlichen Skrupel, denn er erinnerte sich daran, wie er selbst einen Auftrag direkt von Christus bekommen hatte, damals vor der Schlacht an der Milvischen Brücke, und daran, wie eindringlich das und wie klar ihm dann alles gewesen war.

Seine Mutter begann unterdessen mit einem seligen Blick an ihm vorbei oder durch ihn hindurch zu schauen und schilderte ihm mit heller, begeisterter Stimme: »Er war wunderschön. Seine Augen … Seine Augen waren reines Licht und wahre Wärme. Er schaute mich an mit einem unsagbar liebevollen Lächeln, und sagte ganz sanft: ›Meine liebe Helena! Es ist an der Zeit, dass du deine Pilgerreise zu Ende führst und die Stätten meines Lebens und Leidens, meines Todes und meiner Auferstehung aufsuchst. Ich habe dich auserwählt, mein wahres Grab und mein wahres Kreuz zu finden!‹ Und dann schilderte er mir genau, wo ich es finden werde …«

Konstantin atmete kurz durch und nickte. Dann sagte er mit einem leichten Seufzen: »Also gut, liebste Mutter, du wirst fahren. Aber ich werde dich in die Obhut einer Truppe von zuverlässigen und erprobten Soldaten geben, die deinen gefederten Reisewagen bis nach Tergeste am Adriatischen Meer begleiten und dann auch mit dir das Schiff nach Palaestina besteigen und dich dort sicher nach Jerusalem bringen werden. Sie werden dann auch dort dafür sorgen, dass auf kaiserliche Anordnung alles so vonstattengeht, wie du es wünschst, gute Mutter.«

»Wie Christus es wünscht, wie Christus es wünscht«, gab diese mit flötender Stimme zurück und strahlte durch ihr runzliges altes Gesicht wie ein junges Mädchen.

VIII.

Die Wandlung

Die Diakone nahmen nun von einem Tischchen die Gaben, der eine einen Kelch, der mit süßem Wein gefüllt war, der andere eine goldene Schale mit einem kleinen Brotfladen, und traten zusammen mit dem Bischof zum Altar. Dort verbeugten sie sich alle drei, die Diakone stellten die Gaben auf den Altar, verbeugten sich nochmals, gingen ohne sich umzudrehen langsam mit gesenktem Haupt rückwärts und blieben schließlich links und rechts neben dem Kaiser stehen.

Bischof Eusebius drehte sich zu ihnen um, breitete die Arme zum Gebet aus und rief laut: »Erhebet die Herzen!«

Konstantin und die Diakone breiteten ebenfalls die Arme betend aus und antworteten: »Wir haben sie beim Herrn!«

»Lasset uns dem Herrn danksagen!«, intonierte Eusebius mit kräftiger Stimme und schaute nach oben.

»Das ist würdig und recht!«, antworteten Konstantin und die Diakone.

Voller Inbrunst fuhr der Bischof fort, er sang fast: »In Wahrheit ist es würdig und recht, dir, Herr, Heiliger Vater, immer und überall zu danken durch deinen geliebten Sohn Jesus Christus. Darum preisen wir dich mit allen Engeln und Heiligen und singen vereint mit ihnen das Lob deiner Herrlichkeit!«

Und jetzt begann er wirklich zu singen, in einem melodischen Sprechgesang nach Art der griechischen

Mysterienpriester: »Heilig, heilig, heilig bist du, Gott, und alle deine Werke verkünden dein Lob: Der Himmel, die Erde und das Meer, die Sonne und der Mond, die Sterne, die Pflanzen, die Tiere, die Menschen und die Engel, die Erzengel, die Mächte, Herrschaften und Gewalten, die Throne, die Cherubim und Seraphim. Heilig, heilig, heilig ist der Herr der Heerscharen. Hosanna in der Höhe. Gelobt sei der da kommt im Namen des Herrn. Hosanna in der Höhe!«

Der kranke Kaiser erschauderte in seiner fiebrigen Empfindsamkeit: Der Herr der Heerscharen! Gott ist ein Oberbefehlshaber im Himmel, wie ich es auf der Erde war, und mit seinen himmlischen Heeren kam er mir, seinem auserwählten Herrscher auf der Erde, immer zur Hilfe! – So auch in seinem letzten und größten Krieg um die Macht gegen seinen Schwager und langjährigen Mitregenten Licinius.

Dieser letzte Krieg um die Alleinherrschaft hatte sich viele Jahre angekündigt, und Konstantin, der ohnehin im Gegensatz zu Licinius von Anfang an nach der Alleinherrschaft gestrebt und das Zweckbündnis mit seinem Schwager immer nur als Provisorium gesehen hatte, war längst darauf vorbereitet.

Schon bald nach Konstantins zehnjährigem Regierungsjubiläum kam es zu einem ersten Bürgerkrieg, da Licinius das Spiel mit dem von Konstantin eingesetzten dritten Kaiser Bassianus nicht mitspielte und stattdessen über dessen Bruder, seinen Vertrauten Senecio, mit diesem eine Intrige gegen den christlichen Kaiser anzettelte, die aber von Bassianus dermaßen tölpelhaft ausgeführt wurde, dass sie aufflog, noch bevor sie diesem überhaupt gefährlich werden konnte.

Bassianus, der nicht nur ein Dummkopf, sondern auch noch feige war – genau aufgrund dieser

Eigenschaften hatte ihn Konstantin als perfekte Wahl für eine Marionette angesehen –, gestand sofort alles, verriet den kompletten Plan der Verschwörung und die Rollen, die Senecio und Licinius dabei gespielt hatten, um seinen Kopf zu retten. Es nutzte ihm natürlich nichts, Konstantin ließ ihn trotzdem hinrichten.

Konstantins Halbschwester Anastasia, die auf dessen Befehl hin erst zwei Jahre zuvor Bassianus geheiratet hatte, bat zwar um das Leben ihres Mannes und des Vaters ihres neugeborenen Sohnes, doch ihr Bruder antwortete ihr nur: »Ich bin der von Gott auserwählte Herrscher des Erdkreises, der die Menschheit dazu führen soll, die Religion des Allerheiligsten Gesetzes zu ihrer Rettung anzunehmen! Wer sich gegen mich und meinen göttlichen Auftrag stellt, hat sich schon selbst gerichtet!«

Nach der Hinrichtung des Bassianus forderte er Licinius auf, den an dessen Hof geflüchteten Senecio auszuliefern, doch Licinius weigerte sich. Daraufhin marschierte Konstantin schnell und ohne Vorwarnung mit eilig zusammengerufenen Truppen in Pannonien ein, worauf Licinius ebenfalls eilig eine mittelgroße Armee zusammenrief und mit dieser Konstantin entgegeneilte, um ihn wieder aus seinem Reichsteil zu vertreiben.

Obwohl Licinius mit etwa 35 000 Soldaten heranrückte und er selbst nur etwa 20 000 Mann in Pannonien zur Verfügung hatte, zweifelte Konstantin nicht einen Augenblick daran, dass er die Oberhand behalten würde.

Er war ja nicht nur, wie unzählige Zeichen ihm klargemacht hatten, von Gott auserwählt, sondern er hatte auch ein weitere Siegesgarantie, die er im wahrsten Sinne ins Felde führen konnte: Sein neues Feldzeichen, das Labarum: eine lange goldene Lanze, an der von einem Querbalken ein purpurfarbener Schleier mit seinem Bildnis und den Köpfen seiner beiden Söhne herabhing und an deren oberem Ende, von einem goldenen

Lorbeerkranz umrahmt, das Christusmonogramm, sein Siegeszeichen thronte.

In diesem Zeichen würde er siegen, das hatte ihm der Gott Christus selbst versprochen, und je ehrenvoller und prächtiger er das Zeichen Christi mit in die Schlacht führte, desto sicherer wäre sein Sieg, dachte sich Konstantin. Zur Bewachung dieser kostbaren Hauptheeresfahne, dieses Labarums, kommandierte er die fünfzig tapfersten Soldaten seiner Armee ab. Das Labarum durfte unter keinen Umständen fallen.

Und es fiel nicht. Konstantin traf mit seinen Truppen in einer Ebene zwischen den Flüssen Savus und Dravus auf die fast doppelt so starke Streitmacht des Licinius. Der Beginn der Schlacht verlief eher unspektakulär: Zunächst gab es einige Scharmützel der Vorhuten, dann stießen die Hauptkörper der beiden Armeen aufeinander und fochten im Nahkampf, ohne dass eine Seite klare Vorteile erringen konnte.

Konstantin wusste genau, was Licinius tun würde, da dieser ein völlig konventioneller Feldherr war, und er selbst das Kriegshandwerk samt allen üblichen Schlachtstrategien bei Diokletian und Galerius gelernt hatte. Da von seinem Gegner keine Überraschung zu erwarten war, plante er selbst eine, aber nicht zu früh, er musste Geduld haben.

Am Tag zuvor hatte er eine zusätzliche Reiterstaffel, die in Tridentum stationiert war, nach Pannonien beordert. Bis zu deren Eintreffen versuchte er die Schlacht möglichst in die Länge zu ziehen und bei Licinius den Eindruck eines langsamen Vormarsches zu erwecken, indem er seine eigenen Truppen langsam zurückweichen ließ. Außerdem gelang es ihm durch verschiedene Manöver, unter anderem durch einen etwas schnelleren und schräg zur Seite ausweichenden Rückzug auf seinem rechten Flügel, Licinius' linken Flügel in die Länge zu ziehen und damit aufzulockern.

Als dann am Abend die zusätzlichen Reiter da waren, vereinigte er sie auf einer kleinen Anhöhe oberhalb des Schlachtfelds mit der schon vor Ort wartenden Kavallerie und übernahm persönlich das Kommando. Bevor sie die Attacke ritten, erteilte Konstantin ihnen noch persönlich genaue Anweisungen, wie sie den Angriff auszuführen hätten, und schloss, schon auf seinem gepanzerten Schlachtross sitzend: »Folgt mir mit eurem ganzen Mut, und der Sieg ist uns sicher! Gott selbst ist auf unserer Seite! Seht dort unten in der Schlacht das Zeichen Gottes golden in der untergehenden Abendsonne leuchten! Und ich selbst, euer göttlich begnadeter Kaiser, werde euch mit dem Zeichen Gottes auf dem Helm voranreiten! Wenn ich den Tod nicht fürchte, warum solltet ihr es tun? Im Namen Christi, schlag, schlag!«

Die Attacke verlief wie von Konstantin geplant. Er kam mit seiner schweren und seiner leichten Kavallerie mit ungeheurem Schwung über seinen rechten Flügel und brach in den gedehnten und aufgelockerten linken Flügel der Truppen des Licinius hinein. Bei seinem wilden Ritt quer durch die Reihen der feindlichen Soldaten bemerkte er die weit aufgerissenen Augen in deren Gesichtern, ihr Erschrecken über diese plötzliche Attacke nach einem zähen ganztägigen ermüdenden Gefecht und ihr Erstaunen, dass der Kaiser selbst in vorderster Reihe voranritt.

Er zog mit seinen Reitern eine Schneise des Gemetzels quer durch den Hauptkörper der feindlichen Truppen, bei denen bald Panik ausbrach und die Ordnung mehr und mehr verlorenging. Auf seine Anweisung wechselten genau in diesem Moment auch die Fußtruppen in der Mitte der Schlacht vom Rückwärtsgang in den Vorwärtsgang. Immer mehr Soldaten des Licinius flohen, statt zu kämpfen, allen voran ihr Feldherr, der die Schlacht ohnehin abseits vom Frontverlauf beobachtet hatte. In weiter Ferne sah Konstantin ihn mit seiner Leibgarde davonreiten.

Diesen Schockzustand des Licinius nach der für ihn sicherlich überraschenden Niederlage wollte der christliche Kaiser ausnutzen. Er verfolgte mit seinen Truppen die flüchtenden Armeereste seines Widersachers und trieb sie über den Balkan vor sich her.

Licinius, mittlerweile in seiner Residenz Serdica in Thrakien angekommen, schickte Konstantin Boten mit Offerten zu Friedensverhandlungen, als dieser im Begriff war, von Mösien aus in Thrakien einzumarschieren, doch der ignorierte die Angebote, denn er hoffte, nach weiteren Siegen noch viel bessere Konditionen herausschlagen oder gar den Gegner endgültig bezwingen zu können.

Als Konstantin schließlich auf Serdica vorrückte, traf erneut ein Bote von Licinius mit einer in einem völlig anderen, harschen Ton gehaltenen Nachricht ein: Er, Licinius sehe Konstantin als abgesetzt an, solange er nicht Friedensverhandlungen zustimme. Er habe daher seinen General Valerius Valens als Caesar eingesetzt, der aus seiner Sicht auch anstelle Konstantins Augustus sei, bis dieser seine Legitimität wiederherstelle. Er habe mit seinen Truppen Serdica verlassen und vereinige sie mit denen des Valerius Valens auf dem Campus Ardiensis im südlichen Thrakien, wo er Konstantin erwarte, zu Verhandlungen oder zur entscheidenden Schlacht.

Konstantin konnte über diese Mitteilungen nur lachen. Er kannte Valerius Valens: Er war ein ebenso wie Licinius aus Dakien stammender General ohne Profil, der bisher als Militärkommandant für die Sicherung der thrakischen Grenzen zuständig gewesen war. Er hatte keinerlei Legitimation, ohne Rücksprache mit Konstantin zum Caesar oder gar zum Augustus erhoben zu werden.

»Der Bauernschädel Licinius neigt auch noch zur Hysterie«, sprach er laut vor sich hin, grinste seine Offiziere an und schüttelte den Kopf.

Doch die Schlacht auf dem Campus Ardiensis wurde nicht zum Triumph. Der neue Pseudo-Augustus Valerius Valens hatte zusätzliche Truppen aus Kleinasien über den Bosporus gebracht, so dass die Streitmacht des Licinius wieder deutlich in der Überzahl war, und diesmal war die Strategie der feindlichen Streitkräfte weitaus solider und vorsichtiger als im letzten Gefecht. Konstantin hatte diesmal auch keine Möglichkeit mit überraschenden Zügen zu punkten, die Flanken waren gut abgesichert und die Aufklärung des Gegners arbeitete besser.

Nach großen Verlusten auf beiden Seiten nahte endlich der Abend, ohne dass eine Entscheidung abzusehen war, und Konstantin, der mit der ihm eigenen militärischen Intelligenz sah, dass an diesem Tag keine Entscheidung mehr fallen würde, brach die Offensive ab. Auch die Truppen des Licinius zogen sich daraufhin in ihr Nachtlager zurück.

Am nächsten Morgen war Licinius überraschenderweise mitsamt seiner Armee verschwunden, nach Norden, wie die Späher des Konstantin bei dessen morgendlicher Lagebesprechung mit seinen Offizieren berichteten.

»Nach Norden?«, fragte Konstantin etwas verwundert.

»Nach Nordwesten, um genau zu sein, in Richtung des großen Balkangebirges«, bestätigte der Offizier, der die Meldung gemacht hatte.

»Er überlässt uns den Bosporus und damit den Zugang nach Asien«, meinte ein anderer Offizier, ebenfalls etwas verwundert. »Wir könnten nun ohne große Mühe nach Byzanz und dann nach Nikomedia vorrücken und dort einmarschieren.«

»Das ist seltsam«, meinte Konstantin nachdenklich und ging stirnrunzelnd auf und ab. »Sehr seltsam. Ich verstehe nicht genau, was er vorhat, und das macht mir Sorgen …«

»Wollen wir nach Kleinasien einmarschieren, wenn er es uns so leicht macht?«, meinte ein weiterer Offizier.

Konstantin ging weiter auf und ab. Er war müde von diesem Feldzug, und seine Truppen waren geschrumpft. Er hatte das Gefühl, dass es nicht gut sei, jetzt weiterzukämpfen.

»Er bietet es uns ja geradezu an«, sagte wieder der andere Offizier und lachte auf.

»Jaja …«, meinte Konstantin. »Gerade, dass er es uns anbietet, macht mich skeptisch. Er will wohl, dass wir weitermarschieren …«

»Warum?«, fragte der Offizier nach.

»Ja, warum?« Der Kaiser blieb in seinem Auf-und-Abgehen stehen und sagte mit gefasster Stimme: »Männer, ich denke, es ist Zeit für Friedensverhandlungen! Wir haben noch 10 000 Mann bei uns, Mösien und Thrakien sind groß, aber Kleinasien ist noch viel größer. Und Licinius über den Balkan zurück folgen und uns in weiteren Schlachten aufreiben, macht auch wenig Sinn. Wir haben uns in diesem Krieg eine äußerst gute Position für Verhandlungen erkämpft. Ich werde Licinius in diesen alles abverlangen und große Zugeständnisse fordern, und er wird darauf eingehen, denn er hat Angst um seine Macht. Und in ein paar Jahren werden wir in einer weit besseren politischen und militärischen Position sein und mit einer weit größeren Armee gegen Licinius ziehen. Manchmal muss man warten, bis die Zeit reif ist. Denn alles hat seine Zeit!«

Die nicht gewonnene Schlacht im Süden Thrakiens schien ihm ein Zeichen zu sein, dass jetzt noch nicht der richtige Moment war, um Licinius endgültig zu bezwingen, dass Gott von ihm Geduld forderte, Geduld und Klugheit, zu denen ihn ja auch sein Vater gemahnt hatte damals an der nordwestgallischen Küste.

»Alle pannonischen Provinzen, Dalmatien, Mösien, Dakien, Mazedonien und auch noch das westliche Thrakien mitsamt Serdica? Was bleibt mir da noch von Europa?«, fragte ihn sein mittlerweile völlig ergrauter und von den Niederlagen gezeichneter Schwager bei den Verhandlungen in dessen Hauptresidenz Sirmium und schaute Konstantin mit einer wütenden Entrüstung an, hinter der die Angst deutlich zu erahnen war.

»Das östliche Thrakien.«

»Das östliche Thrakien! Das ist kaum mehr als nichts! Meine sämtlichen Residenzen auf dem europäischen Kontinent verliere ich damit: Sirmium, Serdica, Thessalonike! Ich kann diesen Vertrag nicht annehmen!«

»Du musst.«

Licinius schluckte. Eine zornige Aufwallung ließ ihn kurz die Hand erheben, aber gleich darauf wieder sinken.

»Du musst, wenn du Augustus bleiben willst«, setzte Konstantin kühl, aber bestimmt nach.

Licinius' sonst meist stumpfen Augen blitzten auf: »Du hast nicht das Recht, mich abzusetzen, kein Recht zu entscheiden, ob ich weiter Augustus bleibe oder nicht!«

Konstantin lächelte süffisant und sagte dann in maliziösem Ton: »Du hast Recht, werter Schwager, ich habe kein Recht, dich abzusetzen, aber ich kann mit einer viel größeren Streitmacht als zuletzt und mit meinem Labarum und Gottes Hilfe gegen dich und deine aufgeriebenen Truppen ziehen. Dann wird auf beiden Seiten weit mehr Blut fließen als in den beiden letzten Schlachten, und du wirst weit mehr verlieren als Pannonien, Dalmatien, Mösien und Dakien!«

»Mit Gottes Hilfe.« Licinius stieß verächtlich etwas Luft aus. »Du und dein unrömischer gekreuzigter Sklavengott.«

»Dieser Gott«, erhob Konstantin seine Stimme pathetisch, »hat mich von Sieg zu Sieg geführt und wird alle grausam bestrafen, die sich mir und damit ihm in den Weg stellen. So wie er alle seine Verächter und Verfolger in der Geschichte grausam bestraft hat!«

Licinius lachte hämisch: »Vor diesem Gott habe ich gewiss keine Angst.«

»Aber vor meinen Truppen und meinem Kriegsglück solltest du Angst haben. Und vor einem weiteren Bürgerkrieg, den du nicht gewinnen kannst, und der das ohnehin von einer wachsenden Zahl von Feinden an vielen seiner Grenzen bedrohte Reich schwächen wird. Du solltest Angst davor haben, zwischen den Goten, den Persern und mir zermalmt zu werden!«

Licinius schaute zu Boden und zog seine niedrige breite Stirn in Falten. Er sagte eine Weile nichts, dann schüttelte er den Kopf und erklärte: »Ich werde die neue Gebietsaufteilung akzeptieren. Aber Valerius Valens bleibt Caesar!«

»Nein.«

»Ich brauche einen Caesar!«

»Ich werde akzeptieren, dass du deinen Sohn zum Caesar ernennst.«

»Mein Sohn ist nicht einmal zwei Jahre alt!«, rief Licinius entgeistert aus.

»Glaub mir, man kann nicht früh genug vorsorgen in solchen Dingen, mein guter Licinius«, gab Konstantin hämisch grinsend zurück.

Licinius schüttelte wieder den Kopf und entgegnete dann vorwurfsvoll: »Du willst die Erbfolge einführen, die vom göttlichen Diokletian niemals vorgesehen war, ja sogar ein absolutes dynastisches Prinzip …«

»Ja, das will ich. Und weil ich das will, wirst du im Gegenzug auch akzeptieren, dass ich meine Söhne Crispus und Konstantin ebenfalls zu Caesaren ernenne.«

Licinius zog wieder seine Stirn in Falten, ging einige Schritte auf und ab und fuhr sich mit zittriger

Hand durchs Haar, dann sagte er mit einem widerwilligen Gesichtsausdruck: »Also gut, ich akzeptiere diese Bedingungen. Um einen noch größeren Bürgerkrieg abzuwenden.« Dann drehte er sich um und ging zur Tür.

»Ach, übrigens, Valerius Valens …«, rief ihm Konstantin laut, aber ruhig hinterher.

»Ja?«, horchte Licinius auf, während er sich umdrehte.

»Ich erwarte, dass du ihn hinrichten lässt und mir seinen Kopf zum Beweis schickst.«

Licinius schaute kurz erschrocken, und sein immer noch kräftiges, fast derbes Gesicht mit der großen fleischigen Nase schien zu erbleichen. Doch dann sagte er nur in zynischem Tonfall: »Zu Befehl!«, drehte sich um und verließ den Raum.

Sieben Jahre hielt dieser Friedensvertrag der beiden Augusti, sieben Jahre, während derer sich beide für den nächsten Krieg rüsteten, und sieben Jahre, in denen sich die Gegensätze in der Religionspolitik immer weiter zuspitzten. Konstantin hatte als einziges eigenes Zugeständnis darauf verzichtet, als oberster Augustus die Gesetzgebung des gesamten Reichs zu bestimmen. Also gab es nun de facto zwei getrennte Reichsteile mit jeweils komplett eigenständiger Gesetzgebung. Und je mehr christenfreundliche Gesetze Konstantin in seinem Reichsteil erlies, desto mehr christenfeindliche Gesetze erlies Licinius in seinem.

»Siehst du, mein guter Laktanz, ich habe es dir doch damals in Rom schon gesagt, dass Licinius kein Freund der wahren Religion ist. Wenn sich der Wind dreht, wenn er es für angebracht hält, wird er die Christen wieder verfolgen. Und so ist es gekommen«, sagte Konstantin seinem auf dem Sterbebett liegenden alten Lehrer, als er ihn zum letzten Mal besuchte, genau in der Mitte dieses siebenjährigen Friedens. Laktanz war mit Crispus und Helena in Trier geblieben, während Konstantin seine Hauptresidenz nach Serdica verlegt hatte, nah an die bedrohte Donaugrenze und nah an die Grenze zu seinem Rivalen Licinius, schließlich sogar nach Thessalonike, direkt an dessen Grenze. Aber er war oft in Trier zu Besuch, und diesmal war er gekommen, weil sein geliebter und so wichtiger Lehrer im Sterben lag.

Laktanz lächelte aus seinem mittlerweile völlig verrunzelten und eingefallenen bleichen Gesicht, auf dessen Stirn dicke Schweißperlen standen und in dem die Augen vollends von riesigen buschigen weißen Augenbrauen überwachsen waren: »Dann …«

Er konnte kaum sprechen, er räusperte sich schwerfällig, doch dann bekam er, so schwach er war, doch wieder den alten dozierenden Tonfall in seine Stimme: »Dann wird er von Gott gestürzt und gestraft werden wie alle Verfolger der Kirche vor ihm. Wo sind jetzt jene hochtrabenden und bei den Völkern einst so gefeierten Beinamen der Jovier und Herkulier, die zuerst Diokletian und Maximian in Anmaßung sich beigelegt und die hernach auf ihre Nachfolger sich vererbt haben? Der Herr hat sie ausgetilgt und weggefegt von der Erde! Und so wird er auch Licinius hinwegfegen, wenn er sich gegen die Kirche Gottes wendet …«

Konstantin nickte. »Genauso wird es kommen, mein guter Laktanz.«

In den milchigen alten, fast erloschenen Augen unter den weißen buschigen Brauen des alten Magisters leuchtete es plötzlich auf, und er deklamierte fast mit dem gleichen wunderbaren Schwung und Pathos, mit dem er vor knapp zwanzig Jahren als sein Lehrer zum ersten Mal von der christlichen Religion zu ihm gesprochen hatte und redete ihn dabei wie damals ohne alle Förmlichkeit an:

»Du wirst es tun, Konstantin! Du bist der neue Moses, der nicht nur ein Volk, sondern das ganze römische Reich aus der Sklaverei ins gelobte Land führt! Durch deine Siege ist erwiesen, dass das Reich Gottes in der Welt wirksam geworden ist und eine neue Heilszeit anbricht. So wie der Logos in der Welt das Reich des Vaters vorbereitete, so bestellst du gottbegnadeter Herrscher durch deine Menschenführung, deine Gottverkündung und deine Siege das Reich des Logos auf Erden! Alle, die sich dir dabei in den Weg stellen, werden von Gott selbst in die Knie gezwungen werden!«

Konstantin war gerührt vom in begeisterter Rede sterbenden Laktanz genauso wie von der eigenen Rolle im Heilsplan Gottes. Hatte er das nicht immer geahnt? Dass er auserwählt war? Schon als Jüngling, als er noch gar nichts von dem Gott gehört hatte, der ihn schließlich auserwählte? Hatte er nicht schon als Kind davon geträumt, der größte, großzügigste, vom Volk geliebteste Kaiser aller Zeiten zu werden? Und erfüllte sich nicht alles, Stück für Stück, Schritt für Schritt? Tränen des Glücks und der Rührung standen in seinen Augen, doch er sagte nur leise, fast zärtlich zum nach seiner Rede wieder zusammengesunkenen sterbenden Greis, der vor ihm auf dem Bett lag, klein und hilflos wie ein Säugling:

»Ja, so wird es kommen. Mit mir als seinem auserwählten Werkzeug wird Gott Licinius in die Knie zwingen, schon bald …«

Und so kam es. Mit den Jahren erreichten Konstantin immer neue Nachrichten über Schikanen gegen Christen in Licinius' Reichsteil: Zuerst entfernte er alle Christen von seinem Hof, dann aus den vornehmen Regimentern und aus der Beamtenschaft. Daraufhin schränkte er die kirchliche Liebestätigkeit für die Armen ein, da er in dieser Missionierungsbestrebungen witterte. Schließlich bestimmte er, dass die Christen ihre Gottesdienste nicht mehr in den Kirchen abhalten durften, sondern nur noch auf freiem Feld außerhalb der Städte, und dass Frauen nicht mehr am Gottesdienst der Männer teilnehmen und nicht mehr von Männern religiösen Unterricht erhalten durften. Zuletzt verbot er auch noch die christlichen Bischofssynoden und sonstige Versammlungen kirchlicher Würdenträger.

Seine Statthalter bekamen weitgehende Handlungsfreiheit, weshalb es in einigen Provinzen seines Reichs wieder zu Martyrien kam, wenn Christen sich nicht an die staatlichen Zwangsmaßnahmen hielten. Wieder starben Priester und Diakone, die heilige Bücher und Geräte nicht ausliefern wollten, wieder wurden christliche Bekenner und Missionare öffentlich gequält und getötet. Ein Religionskrieg lag förmlich in der Luft, und einige Bischöfe aus Licinius' Reichsteil baten Konstantin in ihren Beschwerdebriefen regelrecht, einzugreifen und sie vom Joch des Licinius zu erlösen.

Doch der Krieg kam dann ganz anders zustande: Konstantin, der sich militärisch nur noch um die ständig bedrohte Donaugrenze kümmerte und die Verteidigung der Rheingrenze ganz seinem in Trier residierenden und mittlerweile zu einem tüchtigen Feldherrn herangereiften Sohn Crispus überließ, schlug in einem groß angelegten Feldzug die Goten, die nach Thrakien hereingeströmt waren, zurück. Dabei hatte er aus rein taktischen Gründen mit seinen Truppen auch das Territorium seines Mitherrschers betreten.

Da dies ein Verstoß gegen das Friedensabkommen war, schickte dieser Gesandtschaften, die eine förmliche Entschuldigung Konstantins für diese Grenzüberschreitung forderten und andernfalls mit Krieg drohten. Konstantin schickte seinerseits eine Delegation mit einer scharfen Note, in der er feststellte, dass er das Reich gegen eindringende

Barbaren verteidigt hätte, woran sich sein Mitregent, da sie auch über seine Grenzen gekommen waren, hätte beteiligen müssen, und wenn der das nicht täte, müsse er eben dessen Grenzen zum Schutz und Wohl des Gesamtreiches übertreten. Er denke nicht daran, sich für die Versäumnisse seines Mitkaisers auch noch zu entschuldigen. Daraufhin schickte erneut Licinius eine Gesandtschaft, die erklärte, Konstantin sei nicht für die Verteidigung des Gesamtreiches zuständig, nur für seinen Reichsteil, und kein Umstand könne ihn davon befreien, sich an geltende Verträge zu halten. Darauf antwortete Konstantin wiederum durch seine Gesandten, dass er sich nicht von Licinius über Verträge belehren lassen müsse, von einem Verfolger der Kirche, der sich nicht an die gemeinsam in der Mailänder Vereinbarung zugesicherte Religionsfreiheit der Christen halte. Daraufhin antwortete die nächste Gesandtschaft des Licinius, die Religionspolitik sei Sache der internen Gesetzgebung des jeweiligen Reichsteils, Grenzüberschreitungen aber seien ein Kriegsgrund. Daraufhin zog Konstantin mit einem Heer von 120 000 Mann Infanterie und 10 000 Mann Kavallerie zu Land gegen Licinius und übertrug seinem Sohn Crispus das Kommando über eine Flotte von 200 Kriegsschiffen und 2000 Transportern, mit denen dieser ebenfalls an den Bosporus segelte.

Wie er durch seine Kundschafter erfahren hatte, war Licinius natürlich auch nicht untätig geblieben und hatte aus dem ganzen Orient eine Armee von 150 000 Fußsoldaten und 15 000 Reitern zusammengezogen, außerdem eine Flotte von 350 Kriegsschiffen. Ein Massenaufgebot auf beiden Seiten, wie es das römische Reich seit der Schlacht von Actium vor 350 Jahren zwischen Augustus und Mark Anton nicht mehr in einem Bürgerkrieg gesehen hatte.

Konstantin war wieder einmal in der Unterzahl, aber das beunruhigte ihn nicht im Geringsten, denn er wusste Gott auf seiner Seite, und er spürte, dass jetzt der richtige Moment für die endgültige Entscheidung um die Alleinherrschaft und um die wahre Religion im Reich gekommen war. Der Zeitpunkt war nicht von ihm selbst gewählt, sondern war ihm von der Vorsehung und der Dummheit des Licinius geschickt worden, und er war militärisch sehr gut vorbereitet. Auch der göttliche Beistand war ihm sicher, denn er hatte nicht nur das Labarum, die christliche Hauptheeresfahne dabei, sondern auch ein kaiserliches Gebetszelt, in das er sich vor jeder Schlacht zusammen mit Ossius und dessen Presbytern zurückzog, um das Einvernehmen mit seinem Gott zu gewinnen.

Und dieses Einvernehmen schien zu bestehen, oder wie sollte er sich sonst erklären, dass seine Inspirationen denen des götzenverehrenden Licinius wieder einmal überlegen waren und sogar die Naturgewalten ihm und seinem Sohn zu Hilfe kamen?

Konstantin brach mit seinen Landtruppen aus Thessalonike nach Osten in Richtung Adrianopel auf, wo Licinius mit seinem Heer ein befestigtes Lager vor der Stadt errichtet hatte und ihn schon erwartete. Gleichzeitig ließ er die Flotte unter dem Kommando seines Sohnes Crispus ebenfalls von Thessalonike nach Osten, Richtung Hellespont auslaufen.

Zuerst kam es zur Landschlacht. Licinius hatte sich mit seiner Übermacht gut gerüstet, wie Konstantin von seinen Spähern und Kundschaftern erfuhr: Er hatte alle Anhöhen hinter dem Fluss Hebros, der die beiden Streitkräfte trennte, besetzt, auch das gesamte Gelände bis zur Stadt gut abgesichert. Außerdem hatte er, wie der christliche Kaiser ebenfalls erfuhr, sich mit positiv lautenden heidnischen Orakelsprüchen versehen lassen, hatte den römischen Staatsgöttern Opfer darbringen lassen und seiner Armee, in der sich mittlerweile kein einziger Christ mehr befand, im heiligen Hain beteuert, bereit zu sein für die Entscheidungsschlacht für die traditionellen Götter und gegen den unrömischen Christenkult.

Konstantin wartete, betete und überlegte einige Tage, wie er den gut postierten und zahlenmäßig überlegenen Feind überwinden könnte. Währenddessen lenkte er Licinius mit einigen kleinen Aufklärungsscharmützeln und dem vorgeblichen Versuch, eine Brücke bauen zu lassen, ab. Schließlich postierte er in einem Wald in einer nahen Flussbiegung im Rücken des Feindes nachts heimlich und unbemerkt 5000 Bogenschützen und einen kleinen Teil seiner Kavallerie und führte am nächsten Morgen seine restlichen Reiter persönlich über den Fluss in die Schlacht.

In dieser musste Licinius sein vorteilhaftes Gelände aufgrund der Angriffe der Bogenschützen preisgeben und außerdem versuchen, den Wald auf der anderen Seite des Flusses einzunehmen, in dem sie postiert waren, der aber von der dort stationierten Kavallerie gut verteidigt wurde. Konstantin sah berauscht, an seinem Stirnhelm wieder das Christuszeichen brennen spürend, wie sein Plan aufging und die Bogenschützen und die im Wald stationierten erfahrenen Veteranen ein Blutbad unter den Soldaten des Licinius anrichteten.

Trotzdem waren seine Soldaten auf dem Feld immer noch in der Unterzahl, aber Konstantin selbst ritt todesmutig jeder bedrohten Schlachtreihe zu Hilfe und beorderte immer das Labarum mit an die Front.

Licinius hatte mittlerweile eine abergläubische Furcht vor diesem Feldzeichen entwickelt und seinen Soldaten vor der Schlacht eingeschärft, dieses nicht anzugreifen, ja nicht einmal anzuschauen. Also wich das Heer des Licinius, wie von Gottes unsichtbarer Hand fortgeschoben, immer dort zurück, wo dessen Zeichen von den Truppen des christlichen Kaisers hingebracht wurde. Konstantin und seine Soldaten aber konnten das nicht anders deuten, als dass es die magische Macht des Labarums und des Christengottes war, die auf unheimliche Weise Licinius zurückdrängte.

So zogen sich die Truppen des Licinius unter riesigen Verlusten immer weiter zurück, und am Ende des Tages konnte Konstantin das feindliche Lager im Sturm einnehmen. Im Schutz der Dunkelheit flüchtete Licinius mit seinen verbliebenen Reststreitkräften zur Küste, zum Bosporus, der von seiner Flotte bewacht wurde. Der auf dem Land siegreiche Feldherr konnte also nicht nach Asien übersetzen, ohne die Flotte des Gegners zu schlagen.

Doch sein Gott half ihm wieder: Sein Sohn Crispus hatte eine Flotte von 80 kleineren Schiffen zum Hellespont geführt, der Amandus, der Flottenkommandeur des Licinius, mit einer Flotte von 200 viel größeren Schiffen entgegen zog. Amandus versuchte, mit seiner Übermacht an großen Kriegsschiffen die Flotte des Crispus zu umzingeln und einzuschließen, aber aufgrund der Enge des Meeres und der Wetterverhältnisse gelang es ihm nicht, ja, die kleinen wendigen Schiffe des Crispus fügten ihm sogar schwere Verluste zu, worauf sich zunächst einmal beide Parteien bei einsetzender Dämmerung in ihre Häfen zurückzogen.

Als Amandus am nächsten Morgen mit seiner Flotte auslaufen wollte, um auf einem günstigeren Terrain die Entscheidung zu erzwingen, hielt ihn ein starker Nordwind davon ab. Um die Mittagszeit schlug der Nordwind urplötzlich in einen heftigen Südsturm um, der fast die gesamte Flotte des Licinius im Hafen erfasste. Zahlreiche Schiffe strandeten oder zerschellten an Klippen, der Rest wurde zerstreut, und am Ende hatte Amandus von seinen am Morgen noch weit über 150 Schiffen noch ganze vier zur Verfügung. Crispus konnte daher, als sich der Sturm gelegt hatte, fast ungestört über das Marmarameer zum Bosporus segeln.

Welche Zeichen brauchte Konstantin noch? Er setzte eilig an der Schwarzmeermündung über den Bosporus und marschierte auf der asiatischen Seite nach Süden, während Licinius die Truppen des von ihm nach der Niederlage bei Adrianopel eilig als Augustus für das Westreich eingesetzten Martinianus vom Hellespont herbeirief, sie mit den seinigen vereinigte und Konstantin entgegenmarschierte.

Bei Chrysopolis an der Südseite des Bosporus trafen sie aufeinander. Konstantin erreichte mit seiner Armee das Umland der Stadt zuerst und ging sofort in die Offensive. Er wusste, dass dies nun die letzte, vernichtende Schlacht sein würde, die erste und letzte Schlacht im Kampf um die Alleinherrschaft, in der er nicht in Unterzahl war, die erste, die er mit voller Wucht frontal und offensiv, ohne List und Winkelzüge bestreiten konnte. Sein Heer war so siegessicher wie er selbst, es glaubte mittlerweile an die Unbesiegbarkeit seines Kaisers und an den mächtigen Beistand des Christengottes; selbst die Nicht-Christen unter seinen Soldaten glaubten an die Kriegsglück bescherende Macht dieses Gottes.

Als er von fern das Restheer des Licinius mit den unzähligen von diesem herbeigeschafften alten Götterbildern Roms sah, wusste Konstantin, dass er diese alten verbrauchten Götzen an diesem Tag endgültig zu Fall und das ganze Reich unter seine alleinige, Christus verpflichtete Herrschaft bringen würde. Der massive Frontalangriff seiner begeistert mit enormem Schwung heranstürmenden Armee entschied die Schlacht sofort, der Rest war ein höllisches Gemetzel, das einer Massenhinrichtung glich. Ohne Ordnung und in Panik irrten die Truppen des Licinius umher und wurden zu tausenden abgeschlachtet.

Nach kaum einer Stunde lag der riesige Kampfplatz voller Leichen und voller in den Staub gefallener, zerbrochener und verstümmelter Götterbilder der alten römischen Staatsreligion, und die Gefallenen trugen fast ausnahmslos die Farben des Augustus des Ostens. Die wenigen Überlebenden folgten ihrem schon zu Beginn der hoffnungslosen Schlacht nach Nikomedia geflüchteten Kaiser.

Der schickte einige Tage später seine Frau, Konstantins Halbschwester Constantia, in das Feldlager des Siegers, um für sein Leben und das ihres Sohnes zu bitten. Seiner Schwester zuliebe versprach er, das Leben seines Widersachers zu schonen, wenn dieser sich nie mehr politisch betätigte, und wies ihm mit seiner Familie einen Alterssitz in Thessalonike zu.

Doch im Verlauf des nächsten Jahres wuchsen seine Ängste, Licinius könnte sich wieder zum Augustus ausrufen und gegen ihn ziehen, sich vielleicht mit feindlichen Mächten verbünden, mit den Persern, den Armeniern oder den Goten. Als ihm dann nach einem Jahr das Gerücht zu Ohren kam, Licinius habe heimlich mit einem Anführer der Goten korrespondiert, ließ er sofort einen Trupp Soldaten zu ihm schicken und ihn erwürgen.

Constantia eilte darauf schnell zu ihm und warf sich unter Tränen vor ihm auf die Knie:

»So habe ich vor einem Jahr vor dir gekniet und um das Leben meines Mannes und des Vaters meines Sohnes gebettelt! Und du hast mir versprochen, es zu schonen!«

Konstantin spürte einen unangenehmen Stich der Reue, außerdem Mitleid mit seiner geliebten Schwester. Doch nur kurz, dann hatte er sich wieder im Griff:

»Unter der Bedingung, dass Licinius nicht gegen mich konspiriert. Er hat sein Versprechen zuerst gebrochen.«

»Er hat nicht konspiriert, er hat Gemüse gezüchtet und Hühner geschlachtet. Er hätte dir nie mehr gefährlich werden können.«

»Er wollte sich mit den Goten verbünden!«

»Wie hätte er sich mit den Goten verbünden sollen? Ohne Truppen im schwer bewachten Hausarrest? In welchem Wahn lebst du?«, rief sie aus.

In Konstantin schlug das Mitleid in kalte Wut um. Er herrschte sie an: »Was weißt du? Ich habe meine Quellen!« Dann schaute er über sie hinweg in die Ferne und konstatierte: »Mein göttlicher Auftrag ist zu wichtig. Jede Gefahr für meine alleinige Herrschaft über das Reich muss ausgeschaltet werden. Ich kann keine Rücksicht nehmen, auf niemanden, auch nicht auf dich, geliebte Schwester.«

Sie wusste nichts mehr zu sagen und weinte nur noch und wehrte sich auch nicht, als er sie in den Arm nahm, um sie zu trösten.

Seit er die Alleinherrschaft endlich erreicht hatte, fürchtete er ständig mehr, sie wieder entrissen zu bekommen, von Neidern, von alten Feinden, ja, sogar von seinem Sohn Crispus. Nachdem er Licinius hatte ermorden lassen, konnte er erst einmal wieder ruhiger schlafen, zumindest für eine Weile …

Der Bischof wandte sich nun wieder um, schritt gemessen zum Altar, breitete die Hände über dem Weinkelch und dem Brotfladen aus und trug laut in rhapsodischem Sprechgesang vor, wobei sich seine Stimme ein wenig überschlug: »Erfülle auch uns mit dem Ruhme, der von Dir ist, und würdige uns, Deinen Heiligen Geist auf diese irdischen Gaben herabzusenden, und mach dieses Brot zum Leibe unseres Herrn und Heilandes Jesus Christus und den Kelch zum Blute des Neuen Bundes«, worauf er ein großes Kreuzzeichen mit der senkrechten Hand über Wein und Brot ausführte.

Nach einer kurzen Pause, in der es unheimlich still war, fuhr er fort, etwas leiser, aber noch gut vernehmbar:

»Denn unser Herr Jesus Christus nahm in der Nacht, als er verraten wurde, das Brot, dankte und segnete, brach es«, er brach den Brotfladen in der Mitte durch, »und gab es seinen Jüngern und Aposteln mit den Worten: Nehmet, esset alle davon, das ist mein Leib, der für euch hingegeben wird zur Vergebung der Sünden. Ebenso nahm er, nachdem sie davon gegessen, den Kelch«, er hob den Kelch empor, »segnete ihn, trank davon und gab ihn ihnen mit den Worten: Nehmet, trinkt alle daraus, das ist mein Blut, welches für euch vergossen ist zur Vergebung der Sünden.« Und er stellte den Kelch wieder auf dem Altar ab.

Konstantin war auf seltsame Art ergriffen. Einmal von diesem Wunder, diesem Mysterium, das nach dem Glauben der Kirche gerade vor seinen Augen und diesmal auch für ihn vor sich gegangen war, und dann durch eine schmerzliche Assoziation, die ihm unvermittelt in den Sinn kam: Dass Gott das Blut seines Sohnes hatte vergießen lassen zur Vergebung der Sünden und für das Heil der ganzen Welt, und dass er ebenfalls das Blut seines Sohnes hatte vergießen lassen – für das Heil des Reiches, wie er damals meinte, und nicht nur das, auch das Blut seiner Frau, der Mutter seiner ihm jetzt noch verbliebenen drei Söhnen und Thronfolgern.

Eigentlich hätte Crispus sein einziger Thronfolger sein sollen, und Konstantin war auch lange Zeit davon überzeugt, dass er geradezu perfekt für seine Nachfolge geeignet war.

Crispus war ihm sehr ähnlich, viel ähnlicher als seine anderen drei Söhne, die ihm Fausta geschenkt hatte. Er hatte, das merkte der Vater schon früh, die gleiche geistige Neugier und Energie wie er selbst, das gleiche Interesse an der Wahrheit und an höheren Fragen, und, wie er dann später, als sein Sohn zum Jüngling reifte, feststellen konnte, auch sein militärisches Genie und seinen Mut geerbt.

Laktanz als persönlicher Lehrer des Erstgeborenen lobte auch im Gespräch mit dem Kaiser und Vater immer Crispus' schnelle Auffassungsgabe, sein logisches und sprachliches Talent und sein Interesse an allem Göttlichen.

»Dieser Junge ist ein Segen für Euch und das Reich!«, sagte er einmal zu Konstantin, als Crispus vielleicht 12 oder 13 Jahre alt war. »Er ist hoch talentiert und … er hat den gleichen Herrscherinstinkt wie Ihr, verehrter Kaiser, gepaart mit Gerechtigkeitssinn und Hochschätzung für das Göttliche.«

»So, den gleichen Herrscherinstinkt wie ich, dann muss ich ja aufpassen, dass er mir nicht noch gefährlich wird«, sagte Konstantin damals im Scherz, und Laktanz lachte über diese augenzwinkernd vorgebrachte Bemerkung.

Die Sorge des Kaisers, dass seine junge Frau Fausta Probleme haben könne mit seinem ältesten Sohn, der, obwohl illegitim mit einer Konkubine gezeugt, selbstverständlich vor ihren eigenen Söhnen als Nachfolger vorgesehen war, bestätigte sich nicht. Im Gegenteil: Fausta, selbst nur sieben Jahre älter als Crispus, war diesem ungemein herzlich und liebevoll zugetan und akzeptierte ihn wie ein eigenes Kind, wobei ihre Zuneigung aufgrund des geringen Altersunterschieds manchmal eher wie die einer großen Schwester wirkte. Da Fausta ein kindliches offenes Gemüt besaß, war sich Konstantin sicher, dass ihre Zuneigung ehrlich und nicht geheuchelt war.

Er liebte seine kleine Fausta mit ihrem kleinen Kopf, dem rundlich-niedlichen Gesicht und den großen Augen mit dem überraschend ernsthaften und energischen Blick, obwohl er sie aus rein politischen Gründen geheiratet hatte, als sie noch ein Kind war. Aber mit der Zeit wuchsen seine Gefühle für diese fast zwei Köpfe kleinere Frau mit ihrem hochgesteckten festen schwarzen Haar, von dem ein Streifen zarter schwarzer Härchen mittig hinten am freigelegten Nacken herunterlief.

Auch wenn Interesse für Frauen und Beschäftigung mit deren Launen und Gefühlen nicht zu seinen besonderen Leidenschaften zählten, so hegte er zu ihr doch eine zärtliche Zuneigung und hörte ihr gerne zu, wenn sie ihm von den Kindern oder von ihren Gesprächen mit Helena oder anderen Frauen erzählte, auch wenn er selten dafür Zeit fand.

Er war so viel unterwegs und mit militärischen, repräsentativen und kirchlichen Aufgaben so beschäftigt, dass er Fausta selten sah, was diese auch oft ihm gegenüber beklagte. Aber er sagte ihr dann meist in immer wiederkehrenden ähnlichen Variationen, dass er nun einmal nicht hauptsächlich ihr Ehemann sei, sondern vor allem der neue Moses, der Apostelgleiche, der größte Herrscher des Erdkreises, aber dass er sie liebe und sich immer freue, wenn er Zeit für sie habe. Sie schaute ihn dann immer mit einem ihm süß erscheinenden kindlich-energischen Trotz an und sagte etwas wie »Ach, du und deine Bischöfe!« oder »Das Reich besteht seit Hunderten von Jahren, aber ich bin nur jetzt hier!« oder auch »Diese Legaten und Senatoren sind doch so furchtbar langweilige Leute!«, worauf er meist einfach mit einem nachsichtigen »Jaja« antwortete.

Seine liebe kleine Fausta und seine fromme Mutter Helena waren die beiden einzigen Frauen, die er jemals wirklich geliebt hatte. Minervina, die Mutter seines ersten Sohnes Crispus, hatte er jugendlich begehrt und auch geachtet, doch wirklich tiefe Gefühle wie für seine Mutter und seine Frau hatte er für sie nie empfunden.

Aufgrund dieser Liebe und Achtung für seine Frau, und auch weil es die heilige Kirche lehrte, hielt er seine Ehe rein und lag bei keiner anderen mehr, nachdem er Fausta nach der Vollendung ihrer Geschlechtsreife zu sich geholt und die Ehe wirklich vollzogen hatte. Er verbot schließlich sogar allgemein das Konkubinat für verheiratete Männer, wohl nicht nur aus der Erfahrung der Liebe zu Fausta, sondern auch weil Laktanz und Ossius ihm so oft von der Unauflösbarkeit der Ehe und der gleichen Verpflichtung zur Treue für Männer und Frauen in der ehelichen Verbindung gepredigt hatten.

Und dass er Fausta nicht nur als Weib liebte, sondern auch als Person ebenso hoch achtete wie seine verehrte Mutter, zeigte er gleich nachdem er die Alleinherrschaft übernommen hatte, noch vor dem großen Konzil, als er beide gleichzeitig zu Augustae erhob, also zu Oberkaiserinnen, womit er ihnen nicht nur einen besonderen Ehrentitel verlieh, sondern sie auch auf den gleichen protokollarischen Rang wie sich selbst stellte.

Er hatte seinen Sohn Crispus und seine Frau Fausta wirklich geliebt, mit den ehrlichsten Gefühlen, zu denen er fähig war, doch dann geschah etwas, das ihm danach im Rückblick oft fast wie ein furchtbarer Traum, wie ein unwirkliches Schauspiel erschien.

Zuerst kam ihm in den Monaten nach dem großen Konzil, das ihn zusammen mit den Feierlichkeiten seines zwanzigjährigen Regierungsjubiläums viele Monate beschäftigt hatte, von verschiedenen Seiten zu Ohren, dass Crispus öfter in Gesprächen die Bemerkung hatte fallen lassen, dass er nach den Regeln der diokletianischen Tetrarchie im übernächsten Jahr Anspruch darauf hätte, zum Augustus aufzusteigen. Er sagte nach diesen Berichten zwar niemals mit einem Wort, dass er von seinem Vater die Abdankung verlange, aber für Konstantin war das die logische Schlussfolgerung, denn so war es ja auch im diokletianischen System vorgesehen.

Der Kaiser schlief seit dem Erringen der Alleinherrschaft ohnehin immer schlechter. Er hatte Angst, dass nun sein göttlicher Auftrag beendet sei und ihm die Herrschaft wieder entrissen werden könnte – dass er genau wie Moses das gelobte Land, in das er sein

Volk geführt hatte, selbst nicht mehr sehen würde. Er witterte überall Intrigen und Verrat, und die Gerüchte über Crispus' angebliche Ambitionen ließen ihm keine Ruhe; er grübelte immer mehr darüber nach und wachte sogar manchmal nachts schweißgebadet auf, nachdem er geträumt hatte, Crispus hätte ihn militärisch gestürzt oder Crispus hätte ihn mit politischem Druck zur Abdankung gezwungen.

Sein ältester Sohn hatte sich in den letzten Jahren in der Armee ein ungeheures Renommee erworben als erfolgreicher Oberbefehlshaber, der schon im jugendlichen Alter von 15 Jahren die Franken und Alemannen schlug und auch in den Jahren darauf leicht von Erfolg zu Erfolg eilte, während sich Konstantin selbst mit den Goten an der Donaugrenze oft viel schwerer tat. Und auch im Krieg gegen Licinius fiel Crispus, dem auf wundersame Weise erfolgreichen Flottenkommandeur, der einfachste Sieg zu.

Wurde nicht Crispus alles früh, schnell und leicht geschenkt, was er sich selbst lange und hart hatte erarbeiten müssen? Und als ihm einer seiner Heermeister einmal sagte: »Wenn es einen Menschen gibt, der einmal sogar Euch noch als Feldherr und Imperator übertreffen kann, dann ist es Euer eigener Sohn Crispus!«, lief es ihm angesichts des anerkennend gemeinten Kompliments für den Vater als Kaiser eiskalt den Rücken hinunter.

War Crispus nicht fast genau wie er, nur überall noch besser, noch gesegneter, noch schneller? Selbst seine Schönheit übertraf er noch, dieser Sohn des edel-schönen Konstantin und der wild-schönen Minervina.

Wollte er seine Rolle einnehmen? Auch bei seiner Frau Fausta, die ja vom Alter näher an Crispus war als an ihm selbst? War er dazu bestimmt, ihm alles wieder zu nehmen, was er von Gott bekommen hatte? Crispus war seit wenigen Jahren selbst verheiratet, doch jetzt schien es Konstantin, als ob er Fausta ständig ungebührlich ansah.

Und auch Fausta sah seinen Ältesten mit einem seltsamen Lächeln an, wie er fand, einem liebevollen, aufreizenden Lächeln, mit dem sie ihn selbst, ihren Gatten, schon lange nicht mehr angesehen hatte.

Der Kaiser sprach mit niemanden darüber, aber in die Liebe zu seinem Sohn wuchs immer mehr eine Art angstvoller Hass hinein …

Auch seine allgemeine Furcht vor einer politischen Verschwörung wuchs nach dem großen Konzil weiter. Schon kurz nach dessen Ende hatte Konstantin ein Gesetz erlassen, in dem er zu Beschwerden selbst über Personen in seiner engsten Umgebung aufforderte und versprach, dann selbst das Verhör zu übernehmen und dem Beschwerdeführer eine Belohnung zu zahlen, wenn sich die Beschwerde als berechtigt erwiesen hatte.

Den ganzen Winter über wurde er von zahllosen hochrangigen Beamten und anderen Männern aus dem Umkreis seiner Führungsschicht regelrecht bestürmt. Er verbrachte viele Stunden mit Verhören unter vier Augen und fühlte sich mehr und mehr bestätigt: Es war eine Verschwörung gegen ihn im Gange; zu viele gaben an, davon gehört zu haben, und der Kreis der Verdächtigen wurde immer größer. Und immer mehr der Verdächtigen sagten aus, um ihre Haut zu retten und gaben weitere Hinweise auf die Drahtzieher, und diese Hinweise führten meist zu Crispus oder seinen engsten Vertrauten.

Ganz besonders erschütterte ihn das Verhör eines gewissen Manius Minucius Corvinus, eines römischen Senators, der ihm detailliert und glaubhaft schilderte, wie Crispus im römischen Senat gezielt nach Unterstützung für eine Erhebung zum Augustus mit eigenständiger Herrschaft im Westreich gesucht hatte. Nachdem er ihm zum Schein Unterstützung zugesagt hätte, habe ihm Crispus sogar den Posten des römischen Stadtpräfekten in Aussicht gestellt. Natürlich habe er nie ernsthaft in

Erwägung gezogen, sich wirklich an solch einer eigenmächtigen Ernennung hinter dem Rücken des einzig legitimen Augustus zu beteiligen, aber bei vielen anderen Senatoren sei er sich da nicht so sicher, berichtete er dem Kaiser mit unterwürfigem Lächeln und fügte süffisant hinzu, Crispus habe ihm sogar einmal gesagt: »Mein Vater ist die Vergangenheit, ich bin die Zukunft des Reichs!«

Dieser Satz verfolgte Konstantin nun permanent, ständig hörte er ihn von Crispus' Stimme gesprochen in seinem Kopf widerhallen, Tag und Nacht.

Zu Beginn des Frühjahrs, nach seinem Geburtstag, war der Kaiser so verzweifelt, dass er fast gar nicht mehr schlafen konnte. Er war sich sicher, dass sein geliebter ältester Sohn hinter der Verschwörung gegen ihn steckte, aber er liebte seinen Sohn immer noch, und ihn selbst wollte er nicht verhören, er konnte es nicht. Auch die engsten Vertrauten seines Sohnes wollte er nicht persönlich verhören, da diese mit Sicherheit alles an Crispus weiterleiten würden. Aber was sollte er dann tun? Er musste seine Macht retten!

Eines Nachts im März schließlich wachte er schweißgebadet nach kurzem Schlaf aus einem Traum auf, an den er sich nicht mehr genau erinnerte, aber in dem ihm eine Stimme, dieselbe Stimme, die damals gesagt hatte: »In diesem Zeichen wirst du siegen«, also die Stimme Christi, anders konnte er es sich nicht erklären, gesagt hatte: »Jeder, der sich deiner göttlich begnadeten Herrschaft in den Weg stellt, muss sterben. Du darfst keine persönlichen Rücksichten nehmen, selbst wenn es sich um deinen eigenen Sohn handelt!« Auch wenn das sonstige Traumgeschehen wirr und nicht mehr nachvollziehbar war, so waren diese Worte wie in seinen Geist eingebrannt.

Konstantin zitterte am ganzen Leib, er betete und klagte Gott an, dass er das nicht von ihm verlangen könne, doch es kam keine Antwort. Er erinnerte sich daran, dass er von seinen geistlichen Lehrern eine Geschichte aus den heiligen Schriften gehört hatte, in der Gott von Abraham gefordert hatte, seinen Sohn zu opfern, um seinen Glauben zu prüfen. War er für das Römische Reich nicht das, was Moses und Abraham für das Volk der Juden zusammen gewesen waren? Gott hatte Abraham direkt vor dem Ausführen des Opfers Einhalt geboten – würde er das auch bei ihm machen? Oder musste Crispus im Unterschied zu Isaak sterben? Isaak war ja unschuldig, Crispus nicht … In seinem Kopf raste alles wild durcheinander …

Schließlich ließ er seinen Magister Officiorum rufen, seinen höchsten Beamten und Aufseher aller Hofämter.

»Caesar Crispus?«, fragte der erstaunt, als der Kaiser ihm seine Befehle zur Verhaftung und Hinrichtung seines Sohnes gegeben hatte.

»Ja!«, rief Konstantin ungehalten mit bebender Stimme. »Caesar Crispus soll in der Festung in Pula interniert und nach der Verkündigung der Anklage abgeurteilt und sogleich hingerichtet werden!«

»Es ist Euer Sohn, mein Kaiser … und einer Eurer beiden Caesaren …«, gab der höchste Hofbeamte des Kaisers erneut verdutzt zu bedenken.

»Hörst du mir nicht zu?«, schrie ihn Konstantin wütend an. »Denkst du, ich verspreche mich bei meinen Befehlen?«

»Nein, mein Kaiser!«

»Also! Geh und führ deinen Befehl aus!«

Vier Tage wartete Konstantin ohne Schlaf und ohne Appetit auf die Bestätigung der vollstreckten Hinrichtung aus dem fernen Pula. Am ersten Tag wartete und hoffte er auch auf die Stimme Gottes, die ihm Einhalt gebieten würde, aber sie kam nicht. Am zweiten Tag überkam ihn dann doch plötzlich eine panische Reue, und er wollte seinen schnellsten Boten nach Pula schicken, um die Vollstreckung zu verhindern oder aufzuschieben, aber als der bestellte Bote vor ihm stand, hatte er es sich wieder anders überlegt, außerdem wäre es wahrscheinlich ohnehin zu spät gewesen.

Als dann die Nachricht kam, schien ihm alles ganz unwirklich, trotzdem spürte er einen seltsamen, tauben Schmerz in der Brust und bald danach etwas wie eine Erleichterung. Aber noch war er mit der Verschwörung nicht fertig, er hatte nur den vermuteten Kopf des Komplotts beseitigt, es waren viele Namen genannt worden in den Verhören, Namen von Freunden seines Sohnes und auch eigene Freunde, die er in den nächsten Wochen ebenfalls still und leise beseitigen ließ.

Seine Frau Fausta war in diesen Wochen nicht bei ihm in seiner neuen Hauptresidenz Nikomedia gewesen; sie war gleich nach seinem Geburtstag für eine längere Reise nach Rom, Mailand und Trier aufgebrochen. In Rom besaß sie einen eigenen Palast auf dem Lateran, den sie nur noch selten nutzte und meist der örtlichen Kirche überließ; in Mailand lebte ihre Mutter Eutropia, die Gattin des von Konstantin vor sechzehn Jahren zum Selbstmord getriebenen wunderlichen Augustus Maximian und Mutter des zwei Jahre später von Konstantin besiegten und dabei in den Fluten des Tiber ertrunkenen Maxentius, in einem ihr von ihrem Schwiegersohn zugestandenen prächtigen Alterssitz; und in Trier wollte sie ihre Schwiegermutter Helena besuchen.

Als sie im April zu ihrem kaiserlichen Gatten nach Nikomedia zurückkehrte, wirkte sie völlig verändert. Natürlich hatte sie in der Zwischenzeit erfahren, was mit Crispus geschehen war, und das vorwurfsvoll-düstere Stechen, das in ihre kindlich-ernsthaften Augen kam, als sie Konstantin entgegentrat, verriet diesem sofort, dass sie dieses Ereignis schwer getroffen hatte. Aber sollte es auch anders sein? Sie hatte seinen Sohn geliebt, verbotenerweise, dieser schon länger schwelende Verdacht wurde nun in Konstantin immer gewisser.

Natürlich konnte er ihr nichts nachweisen, schon gar keinen handfesten Ehebruch, aber war das denn nötig? Hatte nicht Christus in der Bergpredigt gesagt, dass, wer eine Frau nur ansieht, um sie zu begehren, schon mit ihr die Ehe in seinem Herzen gebrochen hat? Galt das nicht auch umgekehrt für die Blicke einer Frau? Konstantin hatte ihre Blicke für Crispus gesehen. Und jetzt war sie todunglücklich und wütend, so als ob sie ihren Liebhaber oder ihren Mann verloren hatte. War das nicht der endgültige Beweis?

In den kommenden Wochen fragte Fausta ihren Gatten immer wieder, warum er seinen Sohn hatte hinrichten lassen, und auf seine Erklärungen reagierte sie nicht nur mit Unverständnis, sondern auch mit bissigen Kommentaren. »Denkst du, du bist Gott? Alleiniger Herr über Leben und Tod?«, sagte sie einmal, ein andermal: »Dauernd hört der apostelgleiche Kaiser Gottes Stimme, nur dann, wenn er sie einmal hören sollte, nicht!«

Keinen Hauch von Zärtlichkeit hatte sie mehr für ihn übrig, kein Lächeln, kein liebes Wort, und Konstantins Ausübung seiner ehelichen Pflicht ließ sie völlig regungslos über sich ergehen. Im Mai schließlich brach sie erneut nach Rom auf, vorgeblich um dort mit Bischof Silvester Gespräche wegen der völligen Übereignung ihres Anwesens auf dem Lateran an die Kirche zu führen.

Für Konstantin war nun endgültig alles klar. Sie war eine Ehebrecherin, wenn nicht leiblich, so doch im Herzen. Er selbst hatte erst vor wenigen Monaten die Todesstrafe für dieses Vergehen eingeführt, doch er wollte keinen Prozess, vor allem, weil er keine Beweise hatte, und weil die Todesstrafe nur für einen körperlich vollzogenen Ehebruch galt, nicht für einen im Herzen begangenen. Hinzu kam, dass Konstantin fürchtete, Fausta würde in Rom versuchen, sich mit dem Senat gegen ihn zu verschwören, jetzt wo sie ihn hasste, so wie es zuvor Crispus getan hatte. Vielleicht war sie ja sogar schon zuvor Teil der Verschwörung gewesen.

So entschied er sich, seine ihm untreu gewordene Frau ebenfalls zu beseitigen, aber diskreter als seinen verräterischen Sohn:

Er schickte Mitglieder seines Geheimdienstes nach Rom und ließ sie die Palastwachen von Faustas Lateranpalast anweisen, die Türen ihres Dampfbads, das sie öfter allein benutzte, fest zu verschließen, während sie sich darin befand. Es sollte wie ein Unfall aussehen, und doch wusste bald jeder in Rom auf der Straße und dann im ganzen Reich, was mit Fausta geschehen war und wer dahintersteckte.

Als Konstantin die Nachricht von der geglückten Beseitigung Faustas erhielt, war er nicht erleichtert, sondern wurde von unsagbarem Schmerz übermannt. Er weinte stundenlang, klagte Gott an, der von ihm so Entsetzliches fordere, schrie und wütete in seinen Gemächern. Er beichtete alles Ossius, der völlig fassungslos war und ihm mit ernster Miene eröffnete, von diesen schweren Sünden könnten ihn nur völlige Reue, zahlreiche Bußwerke und dann die Taufe reinigen.

In diesen Momenten der Gespräche mit Ossius und anderen Getreuen fühlte er die schlimmste Form der Verzweiflung, denn plötzlich zweifelte er an der Schuld seines Sohnes und seiner Frau, wenn auch nur augenblicksweise, und dann schien es ihm, als seien die Tötungen dieser beiden von ihm einst so geliebten Menschen schreckliche, völlig groteske Fehler gewesen. Wenn sie denn unschuldig gewesen wären? Nein, das konnte nicht sein! Und was war mit all den Indizien, den Beweisen, den

Aussagen so vieler ehrenwerter Männer über Crispus? Was mit den verräterischen Blicken von Fausta?

Wenige Wochen nach dem Tod seiner Frau traf seine Mutter Helena in Nikomedia ein. Sie begann sofort zu weinen, als sie ihn sah. Konstantin eilte ihr bestürzt entgegen und nahm sie in den Arm.

»Was hast du getan? Was? Was um Gottes Willen? Was hast du getan?«, stammelte sie nur an seiner Schulter.

»Ich musste es tun!«, entgegnete Konstantin und begann ebenfalls zu weinen.

»Nichts musstest du!«, sagte sie entrüstet, löste sich von ihm und schaute ihn kopfschüttelnd mit traurigen verweinten Augen an. »Niemand muss seine Frau und seinen Sohn töten, niemand ...«

»Aber«, hörte Konstantin seine eigene Stimme unangenehm nackt und fremd vorbringen, »aber Abraham sollte auch seinen Sohn töten ...«

»Und hat er es getan?«, rief seine Mutter aufgebracht.

»Gott hat ihm gesagt, tu es nicht! Mir hat er nicht Einhalt geboten ...«

»Weil dein Herz taub war, mein Sohn, mein armer Sohn«, klagte Helena vorwurfsvoll und begann wieder zu weinen.

»Christus hat mir im Schlaf befohlen, Crispus zu töten!«

»Christus befiehlt nicht zu morden! Das war der Teufel! Der Teufel hat dich versucht, mein armer Sohn!«

Konstantin dachte kurz daran, seiner Mutter all die anderen Dinge zu erzählen, die ihn dazu gebracht hatten, zuerst Crispus und dann Fausta töten zu lassen, doch er hatte im Moment nicht die Kraft dazu, und es war ihm auch irgendwie peinlich, das alles vor seiner Mutter jetzt auszusprechen, seine Ängste, die Verhöre, seine Eifersucht.

Alles schien ihm plötzlich wieder ganz unwirklich, wenn er es wie von außen sah, was er gedacht und getan hatte und was passiert war. Er sagte nichts und kniete vor seiner Mutter nieder.

Sie strich ihm weinend durch das Haar und sagte zärtlich mit tränenerstickter Stimme: »Mein guter Sohn, weißt du, der Teufel versucht immer die Auserwählten, die Gottbegnadeten. Auch Christus selbst wurde in der Wüste vom Teufel versucht … Du musst Buße tun … Ich werde für dich beten, Tag und Nacht … Und ich werde nicht zurück nach Trier gehen, ich werde hier in Nikomedia bleiben, ich werde jetzt immer bei dir bleiben und dir in allem beistehen … Und du musst Buße tun und gute Werke. Viele Kirchen musst du bauen, du kannst das … du bist der Kaiser …«

Konstantin weinte auch wieder. Ja, ich bin und bleibe der Kaiser, dachte er. Was geschehen ist, ist geschehen. Darüber nachzugrübeln, ob es Fehler waren oder nicht, nützt niemandem und ändert nichts daran. Ich bin und bleibe der von Gott erwählte Kaiser, der Apostel des Reichs, der Bischof für die, die nicht in der Kirche sind. Das ist das Wichtigste!

Doch er sagte nur: »Ja, Mutter …«

IX.

Das Vaterunser

Bischof Eusebius drehte sich wieder zu den anderen um und rief inbrünstig mit geschlossenen Augen: »Wir sind also eingedenk seiner lebendig machenden Leiden, seines heilbringenden Kreuzes, seines Todes und Begräbnisses, seiner nach drei Tagen erfolgten Auferstehung von den Toten, seiner Himmelfahrt, seines Sitzens zur Rechten Gottes des Vaters, seiner zweiten herrlichen und schrecklichen Ankunft, wenn er mit Herrlichkeit kommt, zu richten die Lebendigen und die Toten, und einem jeden vergelten wird nach seinen Werken. Verschon uns, o Herr!«

Konstantin zitterte; plötzlich wurde es ihm wieder kalt. Ob es nur körperliche Ursachen hatte, oder ihn auch die eindringliche Ankündigung des Jüngsten Gerichts frösteln ließ, war ihm nicht klar. Aber er würde verschont werden, denn er hatte, wenn auch von Schuld befleckt, seine Mission zu Ende geführt und nun in der Taufe alle Sünden abgewaschen bekommen, und von nun an würde er keine mehr begehen. Das musste doch seine Aufnahme in die ewige Herrlichkeit sichern, nach allem, was er von den Bischöfen und Theologen gehört hatte. Er glaubte es zumindest.

»So bringen wir Dir, o Herr, dieses furchtbare und unblutige Opfer dar und bitten Dich, dass Du nicht nach unseren Sünden an uns handelst noch nach unseren Missetaten uns vergeltest«, fuhr der Bischof nach kurzer Pause fort. »Nach Deiner Güte und unaussprechlichen Menschenliebe gehe darüber hinweg und tilge unseren Schuldbrief. Schenke uns Deine himmlischen und ewigen Gaben, die kein Auge gesehen und kein Ohr gehört hat und die in keines Menschen Herz gekommen sind, die Du, o Gott, denen bereitet hast, die Dich lieben. Menschenfreundlicher Herr, verwirf nicht das Volk um meiner und meiner Sünden willen.«

In Konstantin stieg die seine Ergriffenheit und Andacht störende Frage auf, warum diese Gebete und liturgischen Texte immer so lang sein mussten. Genau wie für die ausufernden theologischen Streitigkeiten unter christlichen Geistlichen hatte er dafür kein rechtes Verständnis. Er stand hier, fast nackt, nur in seinem Taufkleid, obwohl er eigentlich im Sterben lag, schlotterte und sich nur mit Mühe auf den Beinen halten konnte, und trotzdem mussten jetzt, wie er schon ahnte, weitere endlos lange Sermone abgespult werden.

Eusebius fuhr auch sogleich fort, offensichtlich selbst nicht im Geringsten gelangweilt, sondern geradezu entflammt, dabei seine Arme wieder in Orantenhaltung ausbreitend: »Wir bitten dich, allmächtiger Gott: Dein heiliger Engel trage diese Opfergabe auf deinen himmlischen Altar vor deine göttliche Herrlichkeit; und wenn wir durch unsere Teilnahme am Altar den heiligen Leib und das Blut deines Sohnes empfangen, erfülle uns mit aller Gnade und allem Segen des Himmels.«

»Wir bitten dich!«, antworteten die Diakone und Konstantin und breiteten ebenfalls die Arme aus.

»Noch bitten wir Dich, o Herr, auch für Deine heilige Kirche, die von den einen Grenzen der Erde bis zu den andern ausgebreitet ist, die Du erkauft hast mit dem kostbaren Blute Deines Christus, dass Du sie unerschüttert und unbestürmt bewahrest bis zur Vollendung der Zeit.«

»Wir bitten dich!«

»Noch bitten wir Dich für diese Stadt und ihre Bewohner, für die Kranken, die hart Geknechteten, für die Verbannten, für die Schifffahrenden und Reisenden, dass Du der Helfer aller seiest, der Beschützer und Schirmer von allen.«

»Wir bitten dich!«

»Noch bitten wir Dich, o Herr, für den Kaiser und die Regierungsbeamten und für das ganze Heer, damit der Friede gegen uns bewahrt werde, auf dass wir, in Frieden und Eintracht lebend, die ganze Zeit des Lebens Dich verherrlichen durch Christus, unsere Hoffnung.

Gedenke auch deiner Diener und Dienerinnen, die uns vorausgegangen sind, bezeichnet mit dem Siegel des Glaubens, und die nun ruhen in Frieden. Wir bitten dich: Führe sie und alle, die in Christus entschlafen sind, in das Land der Verheißung, des Lichtes und des Friedens.«

»Wir bitten dich!«

Nun wandte sich der Bischof erneut zum Altar um und rief laut: »Noch opfern wir Dir für alle Heiligen, die Dir von Anfang an gefallen haben, die Patriarchen, Propheten, Gerechten, Apostel, Märtyrer, Bekenner, Bischöfe, Priester, Diakone, Subdiakone, Vorleser, Sänger, Jungfrauen, Witwen, Laien und alle, deren Namen Du selbst kennst. Noch rufen wir Dich an für diejenigen, welche uns hassen und verfolgen um Deines Namens willen, für die außen sind und irren, damit Du sie zum Guten bekehrest und ihre Wut besänftigest. Denn Dir sei alle Verherrlichung, Ehrfurcht, Danksagung, Ehre und Anbetung, dem Vater, dem Sohne und dem Heiligen Geiste, jetzt und allezeit und in die unendlichen und unaufhörlichen Ewigkeiten der Ewigkeiten. Amen!«

»Amen!«, antworteten die Diakone und der immer stärker schlotternde Konstantin. Der Vater, der Sohn und der Heilige Geist! Das Verhältnis dieser drei göttlichen Personen oder Wesenheiten zueinander war auch eines der Dinge, die er bis heute nicht verstand. Und erst recht nicht, warum dieses Verhältnis so unfassbar wichtig war, dass sich die Bischöfe wegen winziger Unterschiede seiner Interpretation gegenseitig verdammten, exkommunizierten und bis aufs Blut stritten. Es war ihm unbegreiflich – und das, obwohl er selbst vor zwölf Jahren auf dem großen Konzil von Nicäa den Ehrenvorsitz innegehabt hatte. Warum musste man diese kleinlichen Streitereien so wichtig nehmen, dass man sich bekämpfte und Spaltungen in Kauf nahm, statt sie hintanzustellen um der gemeinsamen Sache willen?

Schon bald nach seinem Sieg über Licinius war ihm zu Ohren gekommen, dass in dessen ehemaligem Reichsteil ein theologischer Streit die Kirche spaltete. Dieser Streit war von der ägyptischen Metropole Alexandria ausgegangen, die nicht nur eine der bedeutendsten Hafenstädte im ganzen Reich, sondern auch seit langer Zeit ein Zentrum der Gelehrsamkeit, der Philosophie und der christlichen Theologie war, und hatte sich in den letzten Jahren von dort über ganz Ägypten, Libyen, die Thebais und darüber hinaus bis in die anderen orientalischen Provinzen ausgebreitet.

Nicht nur die Bischöfe, Presbyter und Theologen stritten sich seit Jahren, beriefen ständig Synoden ein, die sich gegenseitig verdammten, und schlossen ihre Widersacher aus der Kirche aus; auch das einfache Volk war gespalten, und dem Kaiser kamen immer mehr Berichte über Tumulte und Handgreiflichkeiten zu Ohren. Ihm war schnell klar, dass er etwas tun musste, und so rief er zunächst seinen Hofbischof Ossius zu sich, um sich von ihm den genauen Grund und die Bedeutung des Streits erklären zu lassen.

»Nun …«, begann der Hofbischof seufzend und runzelte die Stirn seines vernarbten Gesichts, als Konstantin ihn gefragt hatte, woran genau der Streit sich entzündet hatte. »Der Streit fing eigentlich damit an, dass der Bischof Alexander von Alexandria mit seinen Presbytern eine gelehrte Diskussion über die Dreieinigkeit, also über das Verhältnis von Vater, Sohn und Heiligem Geist führen wollte. Er legte ihnen dazu einen Vers aus den Sprüchen Salomos vor, in dem die Weisheit, also der Logos und damit nach gängiger Interpretation auch Christus spricht: ›Der HERR hat mich geschaffen als Anfang seines Weges, als erstes seiner Werke von jeher.‹ Im Lauf dieser Diskussion warf Arius, ein schon für seine gelehrten Reden bekannter, ungemein gebildeter Presbyter, der bei Lukian von Antiochia studiert hatte, dem Bischof vor, dieser vertrete die Irrlehre des Sabellianismus, wenn er sage, dass Christus gleichewig und gleichen Wesens wie der Vater sei, und …«

»Was um Himmels willen ist denn das schon wieder, dieser Sabellianismus?«, warf Konstantin, schon etwas gereizt von der Langatmigkeit der Ausführungen seines Hofbischofs, schroff ein.

»Das ist die Lehre des Sabellius, die vor etwa hundert Jahren vom römischen Bischof als Irrlehre verurteilt wurde, und nach der Vater, Sohn und Heiliger Geist keine drei Personen, sondern drei verschiedene Erscheinungsformen des einen göttlichen Wesens sind, was zum Problem führt, dass man dann schwerlich …«

»Gut, gut!«, unterbrach ihn der Kaiser wieder. »So genau brauche ich das auch nicht zu wissen. Ich möchte nur ungefähr verstehen, worum es geht. Könntest du es mir einfach und ohne schwierige Begriffe erklären?«

Ossius seufzte wieder und fuhr dann fort: »Ja, mein Kaiser, aber es ist nun mal nicht einfach. Doch ich versuche es. Dieser Arius, ein eitler Prediger und Dichter mit einer ungewöhnlichen rhetorischen Begabung, erklärte dagegen, der Sohn sei vom Vater aus dem Nichts geschaffen und dass es eine Zeit gab, in der er nicht war.«

»Also, er behauptete, Christus sei nicht göttlich und nicht schon vor der Erschaffung der Welt gewesen?«, warf Konstantin empört ein.

»Nein, nein. So einfach ist es nicht …«, entgegnete Ossius kopfschüttelnd. »Er bestreitet nicht, dass Christus göttlich ist und schon vor der Welt war, aber er sei eben vom Vater *geschaffen* statt *gezeugt* und nicht wesensgleich und gleichewig mit dem Vater, und …«

»Aber das sind doch völlig unwichtige Haarspaltereien!«, rief Konstantin.

»Nein, leider nicht«, entgegnete sein Hofbischof und seufzte wieder. »Denn jetzt ließ Alexander eine Synode aller Bischöfe aus Libyen und Ägypten einberufen, welche die Lehre des Arius als Irrlehre verurteilte und Arius aus der Kirche von Alexandria ausschloss. Der wiederum schrieb an die hochangesehenen Bischöfe Eusebius von Nikomedia und Eusebius von Caesarea, die ebenfalls den Ideen seines Lehrers Lukian nahestanden, und bat diese um Unterstützung, woraufhin diese ein Jahr später ihrerseits eine Synode hier in Bithynien abhalten ließen, die Arius für rechtgläubig erklärte und ihn wieder in die Kirche aufnahm. Daraufhin kehrte Arius nach Alexandria zurück und warb auf sämtlichen Markplätzen der Stadt für seine Lehre und versetzte die Volksmassen dort in eine solche Erregung, dass aus einem kleinen Funken ein mächtiges Feuer entbrannte, das von der Kirche von Alexandria wie von einem hohen Berggipfel ausging und in den nächsten Jahren ganz Ägypten und Libyen und die darüber hinaus liegende Thebais und schließlich den ganzen Orient durchlief. Und nun sind im gesamten Osten des Reichs die Vorsteher der Kirchen und die gläubigen Volksmassen so gespalten und ohne Unterlass in solchem Streit, dass sich schon die Heiden in ihren Theatern über sie und die ganze christliche Religion lustig machen.«

Konstantin ging, kopfschüttelnd und hin und wieder ärgerlich Luft ausstoßend, auf und ab. Er hatte doch nicht unter dem Zeichen des Christengottes so viele Schlachten gewonnen und das Reich geeint, damit sich dann die ganze christliche Kirche wegen eines Streits um irgendwelche theologischen Spitzfindigkeiten spaltete und in einer Art geistlichem Bürgerkrieg bekämpfte! Und sich die Heiden darüber lustig machten! Über die Religion des Kaisers!

»Das sind doch alles völlig unnötige Streitereien um Spitzfindigkeiten!«, rief er aus, blieb kurz stehen, sah Ossius kopfschüttelnd an, ging weiter auf und ab und rief dabei: »Sophistereien! Haarspaltereien! Diskussionen, die übermäßiger Muße und zu viel sorgenfreier Untätigkeit entspringen!«

Sein Hofbischof stand mit gesenktem Haupt vor ihm und strich sich schweigend seinen langen grauschwarzen Bart.

Der Kaiser blieb wieder in seinem Auf-und-Abgehen stehen, sah Ossius vorwurfsvoll an, so als ob dieser den Streit der Theologen ausgelöst hätte, und sagte streng: »Es kann doch nicht sein, dass wegen eines so geringfügigen und nichtigen Streits um Worte Brüder gegen Brüder stehen und die kostbare Gemeinsamkeit in gottlosem Zank um so unbedeutende und absolut nicht notwendige Fragen gespalten wird, die nicht einmal mit den Hauptgeboten oder der rechten Gottesverehrung zu tun haben. So etwas passt eher zu unvernünftigen Knaben als zu einsichtigen Priestern und verständigen Männern!«

Ossius hob den Kopf und antwortete mit wieder lebendiger werdendem Blick: »Mein guter Kaiser, diese Fragen sind nicht unbedeutend, denn für den griechischen Geist im Osten des Imperiums ist die Frage nach dem ewigen Sein der Gottheit äußerst erregend. Außerdem haben unsere Apologeten immer große Probleme, den Heiden zu erklären, wie der weltüberlegene Gott, der Himmel und

Erde erschaffen hat, zur Erlösung der Welt Mensch werden und doch Gott bleiben konnte. Der große Origenes und die ganze Schule von Alexandrien haben die christliche Lehre mit der platonischen Philosophie vereinigt, aber dadurch wurden die Probleme nicht kleiner. Seit vielen Jahrzehnten gibt es schon Streitereien und unterschiedliche Lehrmeinungen aufgrund dieser Fragen, und nun ist durch diesen offenen Streit all das entflammt, worunter es schon lange schwelte, und …«

»Aber es geht doch nur um philosophische Spekulationen, nicht um die Religion an sich!«, unterbrach ihn Konstantin.

»Verehrtester Kaiser, ich muss Euch widersprechen, es geht nicht nur um Spekulationen, es geht um die Erlösung! Darum ob Christus, der Retter der Welt und aller Menschen, selbst ein erlösungsbedürftiges Geschöpf ist. Athanasius, der Sekretär des Bischofs Alexander, selbst ein hervorragender Theologe, ist der Überzeugung, dass Christus nicht der Erlöser der Welt sein könne, wenn er selbst Geschöpf sei!«

»Wenn sie sich nicht einigen können, dann sollen sie über diese verwickelten Fragen eben schweigen!«, herrschte ihn Konstantin an. Dann dachte er kurz nach und sagte etwas aufgeräumter: »Ich werde den beiden maßgeblichen Streithähnen einen Brief schreiben, in denen ich, Konstantin, der von Gott auserwählte Kaiser und Sieger, der das Reich geeint und die Kirche in ihr Recht eingesetzt hat, sie auffordere, diese unnötigen Streitigkeiten wegen geringfügiger Worte beizulegen.«

»Ich denke nicht, dass das funktionieren wird, vor allem, da niemand in der Kirche diese Worte für geringfügig hält«, gab Ossius mit leichtem Kopfschütteln zurück.

»Dann werde ich dich mit dorthin schicken. Du wirst den Brief persönlich an beide übergeben, und du hast genug theologisches Wissen, um beide zu einer

Einigung zu bewegen. Du wirst mit allen Beteiligten sprechen und einen Kompromiss finden. Wenn das einer kann, dann du!«

Doch auch nach wochenlangem Aufenthalt in Alexandria mit unzähligen Gesprächsterminen mit Alexander und Athanasius auf der einen Seite und Arius und dessen Anhängern auf der anderen Seite war Ossius kein Stück näher an eine Einigung gekommen, und so kehrte er unverrichteter Dinge nach Nikomedia zurück.

In der Zwischenzeit war im gesamten Orient der Streit noch weiter hochgekocht und hatte sich in jeden Winkel aller östlichen Provinzen ausgebreitet. Besonders besorgniserregend war, dass nicht nur der Klerus, sondern auch das gemeine christliche Volk sich öffentlich bis aufs Blut wegen dieser Frage stritt. Konstantin sah jetzt nur noch eine Möglichkeit: Die Einberufung eines großen und allgemeinen Konzils, einer riesigen Synode anlässlich seines zwanzigjährigen Regierungsjubiläums, zu der er sämtliche 1800 Bischöfe des Reichs in seinen Sommerpalast nach Nicäa einlud. Er, der alle Gegner auf dem Schlachtfeld triumphal besiegt hatte, würde auch diesen so unnötigen wie gefährlichen Streit besiegen. Er selbst musste das Problem lösen!

Um die Bischöfe geneigt zu machen und zu einer Einigung bewegen zu können, hatte er das Konzil akribisch vorbereitet: Nicht nur die kaiserliche Post war völlig in den Dienst der Kirche gestellt, um alle Teilnehmer – und es kamen ja nicht nur die Bischöfe, sondern diese brachten auch ihre wichtigsten Presbyter, Diakone oder Sekretäre mit – aus dem ganzen Reich nach Nicäa zu bringen; auch die Unterbringung sollte hervorragend, ja luxuriös sein, für die besten Speisen für alle Teilnehmer sollte für zwei Monate gesorgt sein, und nach erfolgreichem Abschluss der Verhandlungen wollte er dann sein zwanzigjähriges Regierungsjubiläum mit allen Bischöfen bei einem riesigen Festbankett feiern, das die Welt noch nicht gesehen hatte.

Die Verhandlungen selbst sollten im großen Prachtsaal des Palastes stattfinden, der zwei- oder dreitausend Menschen Platz bot und außerdem über eine solch hervorragende Akustik verfügte, dass eine Rede mit lauter, kräftiger Stimme aus der Mitte des Raumes überall gut zu hören war. Er ließ den Saal von beiden Seiten her mit über zweitausend Sitzen so bestuhlen, dass in der Mitte nur ein schmaler Gang blieb, in dem er zentral einen großen goldenen Thronsessel platzierte und neben diesen einen weiteren erhöhten Stuhl für Ossius, der die Versammlung offiziell leiten sollte.

Mit seinem Hofbischof hatte er auch schon Vorbereitungen für ein einigendes Bekenntnis getroffen; dazu hatte dieser viele bereits im Umlauf befindlichen Glaubensbekenntnisse gesammelt, die wesentlichen Übereinstimmungen zusammengetragen und diese um einige Passagen ergänzt, die Definitionen zum aktuellen Streit enthielten.

Doch Konstantin hielt es nicht für klug, den Teilnehmern gleich zu Beginn das neue Bekenntnis zu präsentieren, sondern wollte es erst nach den Darlegungen der verschiedenen Parteien und der allgemeinen Diskussion darüber als Kompromissangebot präsentieren. Er verstand allerdings nicht wirklich, dass das von Ossius erarbeitete Bekenntnis alles andere als ein vermittelnder Kompromiss war, sondern klar auf der Seite der Partei des Alexander von Alexandria stand und die Position des Arius völlig verdammte.

Als schließlich alle Bischöfe und sonstigen Kleriker, die der Einladung Folge geleistet hatten, im Laufe mehrerer Wochen eingetroffen und der Tag der ersten allgemeinen

Versammlung gekommen war, beobachtete Konstantin durch ein verstecktes Fenster den Einzug der Bischöfe, Presbyter und Diakone in den Saal. Es waren fast zweitausend Teilnehmer, aber nur etwa dreihundert Bischöfe darunter, da aus dem Westteil des Reichs fast keine gekommen waren, auch nicht Bischof Silvester von Rom, der aber zwei bevollmächtigte Presbyter als Abgesandte geschickt hatte.

Dem christlichen Kaiser lief es beim Anblick der in den Saal strömenden Gottesmänner kribbelnd den Rücken hinunter: Sie sahen so würdig aus, wie sie gemessenen Schrittes in ihren weiten, kreuzverzierten Gewändern und mit ihren langen Bärten Einzug hielten, obwohl viele von ihnen hinkten, weil ihnen die Knie zerschmettert oder die Sehnen durchgeschmort worden waren bei den Verfolgungen der letzten Jahrzehnte.

Besonders fiel ihm ein großer bärtiger Bischof in einem groben schwarzen Gewand ins Auge, der, obwohl auf einen massiven Stock gestützt, so schlecht laufen konnte, dass er zusätzlich von zwei Diakonen unter den Achseln untergehakt und geführt werden musste, und dem offensichtlich ein Auge fehlte. Es war Paphnutius von Ägypten, von dem Konstantin schon gehört hatte, da er in der unteren Thebais ein regelrechter Volksheld war. Während der letzten großen Verfolgung wurden ihm von Maximinus Daia die Kniekehlen durchtrennt und ein Auge ausgestochen, und derart geschwächt und verstümmelt musste er dann jahrelang Zwangsarbeit in einem Bergwerk leisten. Danach ging er in die ägyptische Wüste zu einem sagenhaften Antonius, der dort zwanzig Jahre einsam als Einsiedler gelebt haben soll, bevor sich so viele junge Männer drängten, sich ihm anzuschließen, dass er eine Einsiedlergemeinschaft gründete. Nach einigen Jahren bei Antonius kehrte er zurück in seine Heimat und wurde bald zum Bischof ernannt, vom Volk geliebt für die sichtbaren Folgen seiner Standhaftigkeit im Glauben und seine Menschenliebe.

Konstantin sah Paphnutius und andere schwer Gezeichnete mit Respekt und Wohlwollen, aber auch mit einer gewissen Besorgnis in den Saal schreiten und humpeln und sich auf die zugewiesenen Plätze setzen. Es war ihm klar, dass Männer, die solche Qualen auf sich genommen hatten, niemals ihre Überzeugungen verraten und zweifelhaften Bekenntnissen zustimmen würden und auch nicht mit Drohungen gefügig gemacht werden konnten.

Als sich alle Bischöfe und sonstigen Teilnehmer auf ihren zugewiesenen Plätzen niedergelassen hatten, herrschte eine erwartungsvolle Stille, in die hinein Konstantin zuerst einige seiner engsten Vertrauten als Vorhut treten ließ. Dann schickte er Ossius in den Saal, der, sich in beide Richtungen verbeugend, gravitätisch auf seinem erhöhten Sitz Platz nahm, und schließlich befahl er, eine Glocke zu läuten, die seinen eigenen Auftritt ankündigte.

Er hatte sich eigens für diesen Anlass und zu seinem zwanzigjährigen Regierungsjubiläum einen neuen Purpurmantel fertigen lassen, prächtiger, glänzender und mit einem Vielfachen an Edelsteinen besetzt als der von Diokletian, dazu ein Diadem, das ebenfalls so reich an Edelsteinen war, dass es in der schräg durch die hohen Fenster hereinfallenden Morgensonne wie ein vielfarbiger Strahlenkranz um sein Haupt leuchtete. So trat er ein und spürte geradezu physisch die staunenden Blicke auf sich ruhen, während er gesenkten Blickes langsam zu seinem goldenen Thronsessel schritt.

Dort angekommen, blieb er zunächst stehen.

Daraufhin erhob sich Ossius und verkündete in griechischer Sprache, welche er ebenso wie die Lateinische perfekt beherrschte: »Lasst uns Gott danken für diesen Kaiser, für seine Menschenfreundlichkeit und Gottesfurcht, für seine Stärke und seine Milde, für seine Weisheit und seine Güte! Ihm allein und seiner von der Vorsehung bestimmten siegreichen Herrschaft ist es zu verdanken, dass die katholische und apostolische christliche Kirche nicht mehr verfolgt wird, dass wir ohne Furcht in Frieden und Eintracht leben können!«

Der kaiserliche Hofbischof setzte sich wieder, und ehrfürchtige Stille trat ein. Konstantin sah unzählige Blicke voller Respekt, Bewunderung und Neugier auf sich gerichtet. Er verbeugte sich lächelnd nach links und rechts, genoss dabei seine Wirkung und die in der Luft liegende Erwartung, und sagte ebenfalls auf Griechisch, das er recht leidlich verstehen und sprechen konnte:

»Liebe Brüder und Mitknechte, erlaubt mir, auch wenn ich kein Getaufter und schon gar kein Geweihter bin, an eurer ehrwürdigen Versammlung teilzunehmen!«, worauf die Bischöfe ihm sofort beflissen Zeichen gaben, sich zu setzen, was er auch tat und im Sitzen eine vorbereitete Rede in seiner lateinischen Muttersprache ablas: »Mein höchster Wunsch war es, meine Freunde, mich eurer Versammlung erfreuen zu können, und da ich ihn erfüllt sehe, spreche ich offen dem Herrscher der Welt meinen Dank aus, dass er mir zu allem anderen auch noch dieses Glück zu erleben gewährt hat, das jedes andere übersteigt.«

Er machte eine Pause und vollführte demonstrativ das Kreuzzeichen auf seiner Stirn, während sein neben ihm stehender Chefdolmetscher das Gesagte auf Griechisch wiederholte.

Dann fuhr er fort: »Nicht also soll ein neidischer Feind unser Glück trüben, nicht soll der Dämon, nachdem durch die Macht des Erlöser-Gottes die gegen Gott ankämpfenden Tyrannen aus dem Weg geräumt sind, das göttliche Gesetz nun dadurch bekriegen, dass er es mit Lästerungen überschüttet.« Er schaute etwas strenger in die Runde und sprach mit leichter Entrüstung im Tonfall weiter: »Denn schlimmer als jeder Krieg und schmerzlicher als jeder Kampf nach außen ist doch der innere Streit der Kirche Gottes!«

Während der Übersetzer alles auf Griechisch wiederholte, schaute der Kaiser weiter streng in die Runde, um dann wieder etwas versöhnlicher fortzufahren: »Als ich durch Gottes Beistand die Siege über die Feinde errungen hatte, glaubte ich, mir bliebe nichts weiter übrig, als Gott Dank zu sagen und mich zu freuen mit denen, die er durch mich befreit hat. Als ich aber dann unverhofft von eurem Streit hörte, hielt ich es durchaus nicht für unbedeutend, sondern vom Wunsch beseelt, dass auch hierin durch meine Vermittlung Abhilfe geschaffen werde, rief ich sogleich euch alle zusammen und ich freue mich nun, eure Versammlung zu sehen.«

Wieder machte er eine Pause und merkte, als er beim Vortrag seines Dolmetschers die Gesichter der ersten Reihen, in denen die wichtigsten Bischöfe saßen, überflog, dass seine Rede die erhoffte Wirkung erzielte.

Er setzte ein wohlwollendes Lächeln auf und fuhr fort: »Aber ich glaube, dann sind meine Wünsche am allermeisten erfüllt, wenn ihr alle eines Herzens seid und ein allgemeiner Friede und eine Eintracht unter euch allen herrscht, die ihr als Priester Gottes ja auch anderen predigen müsst. Zögert also nicht, geliebte Diener Gottes und getreue Knechte unseres gemeinsamen Herrn und Erlösers, die Veranlassung zu eurem Streit jetzt sogleich vorzubringen und die ganze Kette von Streitigkeiten durch Gesetze des Friedens zu lösen. Denn so werdet ihr sowohl dem höchsten Gott als auch mir, eurem Mitknechte, einen übergroßen Gefallen erzeigen.«

Bei der nun wieder nötigen Pause für den Übersetzer versuchte er möglichst milde und würdig zugleich zu schauen und vollführte noch einmal das Kreuzzeichen auf seiner Stirn. Dann schloss er: »Die Wahrheit zu finden und sie gemeinsam zu erkennen und zu bekennen, dürfte euch, die ihr geleitet seid vom Heiligen Geist, der hier so reichlich zugegen ist, doch wahrlich nicht unmöglich sein. Denn die Bücher der Evangelien, die Schriften der Apostel und die göttlichen Aussprüche der alten Propheten lehren uns deutlich, wie man vom göttlichen Wesen zu denken hat. Lasst uns daher Streit und Zwietracht beiseitesetzen und aus der göttlichen Offenbarung die Lösung der fraglichen Schwierigkeiten entnehmen!«

Die Bischöfe applaudierten laut und lange, bis sich endlich Ossius erhob, der nun Alexander von Alexandria aufrief und ihn mit ernster Miene fragte, was er gegen Arius und dessen Anhänger vorzubringen habe.

Konstantin sah einen mittelgroßen, leicht dunkelhäutigen Greis mit schlohweißen Haaren und ebenso schlohweißem Bart in einem schwarzen Gewand mit goldenen Ornamenten sich von seinem Platz in der erste Reihe erheben und mit angenehmer, aber energischer Stimme seine Klage vortragen, wobei der Kaiser zuhörte und sein Chefdolmetscher ihm gleichzeitig leise in sein linkes Ohr alles ins Lateinische übersetzte: »Arius und die, welche sich seiner Lehre angeschlossen haben, schmähen unseren Herrn Jesus Christus, leugnen die Gottheit unseres Erlösers und verkünden laut, dass er den übrigen Geschöpfen gleich sei!«

Ein empörtes Raunen ging durch den Saal, vereinzelte Rufe wie »Anathema!« und »Häresie!« waren zu hören.

Alexander fuhr, nicht weniger empört fort: »Und indem sie alle diejenigen Schriftstellen auswählen, welche sich auf sein Erlösungswerk und auf seine unseretwegen übernommene Erniedrigung beziehen, versuchen sie aus diesen Stellen die Predigt ihrer Gottlosigkeit zusammenzustellen, während sie dagegen die Zeugnisse für seine uranfängliche Gottheit und seine unaussprechliche Herrlichkeit beim Vater zurückweisen!«

Wieder raunte es empört aus hunderten Kehlen, Konstantin hörte Rufe wie »Lästerer!«, »Gottlose!« und »Häretiker!« heraus.

Alexander, für sein offensichtlich hohes Alter sehr agil wirkend und noch mit einer ungemein kräftigen, klaren Stimme ausgestattet, drehte sich, nachdem er bisher den Kaiser angeschaut hatte, zu den Reihen hinter sich um und rief:

»Und nachdem wir diese Lästerer zurecht ausgeschlossen hatten, wandten diese sich an unsere Mitbischöfe und baten heuchlerisch um Frieden und Gemeinschaft, erbaten sich auch von diesen ausführliche und wohlwollend gehaltene Briefe, um sie den von ihnen Verführten vorzulesen und dadurch ihre Anhänger immer mehr in Gottlosigkeit und Irrtum hineinzutreiben. Indem sie also ihre verderbliche Lehre hinter gefälligen und schmeichlerischen Reden verbargen, schafften sie es, viele zu täuschen und einige meiner Brüder im Amte dahin zu bringen, ihre Briefe zu unterschreiben und sie wieder in die Kirche aufzunehmen, was die apostolische Vorschrift nicht gestattet und womit sie schändlicherweise den teuflischen Kampf, den jene gegen Christus führen, noch mehr entfachen!«

Dann drehte er sich wieder mit immer noch entrüstetem Blick nach vorne zu Konstantin um, verbeugte sich und setzte sich wieder hin.

»Nun, Presbyter Arius, was hast du zu den Anschuldigungen zu sagen, die der hochehrwürdige Bischof Alexander gegen dich vorgebracht hat?«, fragte Ossius, nachdem er sich wieder erhoben hatte, und setzte sich gleich darauf wieder hin.

Aus den hinteren Reihen trat nun ein großer, ganz in weiß gekleideter Mann mit schwarzem, leicht angegrautem Vollbart, lockigen schwarzen Haaren und sanften dunklen Augen vor, blieb kurz hinter der ersten Reihe der wichtigsten Bischöfe stehen, verbeugte sich tief vor Ossius und Konstantin und begann lächelnd mit melodischer Stimme auszuführen: »Die Vorwürfe des Bischofs Alexander sind völlig falsch und von böser Absicht geleitet. Niemals habe ich Christus geschmäht und behauptet, dass er den übrigen Geschöpfen gleich sei!«

Ein Murmeln erhob sich im Saal, aber er fuhr ruhig und völlig ungerührt fort: »Dass er solches behauptet, kann nur an bösartigem Willen liegen oder daran, dass er gar nicht fähig ist, meine Darlegungen zu verstehen!«

Um Arius herum standen nun einige Bischöfe auf und schimpften auf diesen ein; einer zerrte sogar an seinem Gewand. Auch Alexander von Alexandria erhob sich wieder und rief entrüstet: »Das ist unerhört!«

Arius aber lächelte nur mit einer Konstantin arrogant erscheinenden milden Überlegenheit und fragte den Kaiser mit erhobener Stimme: »Kann ich nun meine Sicht darlegen oder nicht?«

Der Kaiser bat die Bischöfe: »Lasst den Mann ausreden, liebe Mitbrüder und Mitknechte! Und wenn er zehnmal lästerlich reden würde!«

Die Bischöfe setzten sich unter deutlich vernehmbarem Grummeln wieder hin, und Arius begann seine eigentliche Darlegung: »Nun, wir sind uns doch alle einig, dass Christus vom Vater gezeugt wurde …«

»Vor aller Zeit und Welt!«, rief ein Bischof dazwischen.

Arius lächelte wieder und fuhr unbeeindruckt fort: »Und wenn Christus vom Vater gezeugt wurde, dann muss der Vater Christus zeitlich voraufgehen, oder hat jemand von euch jemals von einem Sohn gehört, der schon war, bevor er gezeugt wurde? Wenn er einmal gezeugt wurde, dann war er vor diesem Zeitpunkt nicht, und folglich gab es eine Zeit, in der er nicht war. Das ist alles, was ich gesagt habe, und es handelt sich einfach nur um eine Reihe logischer Schlussfolgerungen, nicht um Lästerungen – und dafür bin ich aus der Kirche ausgeschlossen worden. Sagt Ihr, ist das gerecht, hochverehrtester Kaiser?«

»Nicht nur dafür!«, rief Alexander von Alexandria und erhob sich wieder, wütend mit dem Finger auf Arius zeigend: »Obwohl das schon Grund genug gewesen wäre. Aber du und deine Genossen, ihr habt ja noch ganz andere gotteslästerliche Lehren verkündet und damit das Volk irre gemacht! Dass der Sohn aus Nichts geschaffen wurde, zum Beispiel!«

Konstantin hörte empörte Rufe wie »Unerhört!« und »Schämen sollen sie sich!« aus den Reihen der Bischöfe und schüttelte leise den Kopf angesichts der schon bei den ersten Wortmeldungen aufgeheizten und unversöhnlichen Stimmung.

Arius gab mit einem triumphalen Leuchten im Gesicht zurück: »Natürlich ist der Sohn aus Nichtseiendem geschaffen worden, oder wollt ihr etwa behaupten, dass er aus irgendeiner schon vorliegenden Substanz geworden ist? Das ist ja gerade der Unterschied zwischen dem Gottessohn und uns einfachen Menschen, den ihr uns zu bestreiten vorwerft, was wir aber keinesfalls tun: Dass wir aus Erde gemacht sind, wie Adam, von dem wir stammen, während der Sohn vor aller Materie aus dem Nichts geschaffen wurde!«

»Er wurde eben gar nicht geschaffen!«, rief ein noch relativ junger Bischof in einem ebenfalls schwarzen Gewand mit goldenen Ornamenten, der direkt neben dem alten Alexander saß, und stand ebenfalls auf.

»Das ist Eustathius, der neue Patriarch von Antiochia, ein guter Freund von mir«, flüsterte Ossius seinem Kaiser laut zu.

»Wäre er erschaffen, so wäre er ein Geschöpf – ein Geschöpf kann aber nicht Gott sein, das schließt sich aus!

Also stellt sich die Frage nicht, ob er aus Nichtseiendem oder aus schon existierender Substanz geschaffen wurde! Du versuchst mit Scheinfragen die Menschen auf Abwege zu bringen! Schäm dich!«

»Aaaah«, machte Arius mit ironisch gespieltem Erstaunen. »Der Sohn wurde gar nicht geschaffen! So gehörst du auch zu den äußerst originellen Denkern, so wie dein Vorgänger auf dem Bischofsstuhl von Antiochia, Philogonius, der meinte, der Sohn sei etwas aus Gottvater Hervorgesprudeltes?«

Einige Bischöfe in den hinteren Reihen lachten. Eustathius dagegen bekam ein rotes Gesicht vor Wut und schrie: »So etwas hat der selige Vater Philogonius nie gesagt! Sogar die Toten schändest du, indem du Lügen über sie verbreitest!«

»Darüber, dass der Sohn Gottes nicht aus nichts geworden ist, belehrt uns hinreichend der Evangelist Johannes!«, rief Bischof Alexander, ebenfalls mit gerötetem Gesicht, aber mit klarer und beherrschter Diktion zu Arius hinüber. »Der eingeborene Sohn, der im Schoße des Vaters *ist*! Weil der heilige Lehrer zeigen wollte, dass Vater und Sohn nicht zu trennen sind, bezeichnet er den Sohn als im Schoße des Vaters *seiend*. Und um ganz klar zu machen, dass der Sohn nicht aus Nichts geworden ist, sagt eben derselbe Johannes, dass alles durch ihn geworden ist. Wie soll der, durch den alles geworden ist, selbst einmal nicht gewesen sein? Und wenn alles durch ihn geworden ist, so liegt es doch auf der Hand, dass auch jeder Zeitraum und jede Zeit und jeder Zeitabschnitt und jedes Einmal, wo ein ›Er war nicht‹ gefunden werden könnte, durch ihn geworden ist. Wie kann er dann in irgendeinem Zeitabschnitt, und sei er noch so gering, nicht gewesen sein? Es ist doch wohl der Gipfel aller Torheit, von dem Urheber eines Dinges zu behaupten, er selbst sei erst nach der Entstehung jenes Dinges geworden!«

Nachdem der ganze Saal fast atemlos den Ausführungen des greisen Bischofs der Philosophenhochburg Alexandria gelauscht hatte, brandete nun lauter Jubel auf.

Auch Konstantin war ein wenig erleichtert, hatte er doch zuvor die Darlegungen des Arius trotz seiner Abneigung gegen dessen besserwisserische und eitle Art recht vernünftig gefunden. Da ihm aber schon klar war, dass er am Ende die Lehren des Arius, zumindest in ihrer radikalen Ausprägung, verurteilen musste, war er erleichtert und freute sich, dass die Gegenargumente fast noch beeindruckender und gelehrter klangen, auch wenn er selbst sie nicht wirklich verstand.

Jetzt wurde auch Arius ärgerlich. Er bekam das ärgerliche Gesicht eines Mannes, so schien es Konstantin, der gewohnt war, selbst den meisten Beifall für seine Reden vom Publikum zu bekommen, und jetzt sehen musste, wie der Widersacher ihn übertrifft.

Arius brauste auf: »Nur der Vater! Nur der Vater ist der Urheber aller Dinge! Das ist in vielen Stellen der Schriften bezeugt! Nur der Vater ist der Schöpfer und der Urheber! Der Sohn ist sein Werkzeug. Es heißt: ›*durch ihn* ist alles geschaffen‹, nicht ›*von ihm* ist alles geschaffen‹! Und es sagt ebenfalls in den Schriften der Logos selbst über sich: ›Der HERR hat mich geschaffen als Anfang seiner Wege, als erstes seiner Werke von jeher.‹ *Geschaffen* als erstes seiner Wege!«

Jetzt klatschte auch ein nicht geringer Teil der Versammlung für die Darlegungen des Arius, wenn auch weit weniger als bei der Rede des Alexander zuvor.

Da sah Konstantin einen kleinwüchsigen, dunkelhäutigen, noch recht jungen Mann in einem einfachen schwarzen Gewand von den hinteren Reihen nach vorne zu den Streitenden eilen und fragte diesen streng: »Wer bist du?«

»Ich bin Athanasius, der Sekretär und Stellvertreter des Bischofs Alexander von Alexandria, außerdem sein engster theologischer Berater«, antwortete der respektvoll, aber mit wildentschlossener, für Konstantins Geschmack etwas zu fanatischer Miene, und verbeugte sich tief vor dem Kaiser.

»Lasst ihn sprechen, Kaiser, er ist ein schon in seinen jungen Jahren in der ganzen Kirche bekannter Theologe«, flüsterte Ossius.

»Also gut, was hast du vorzubringen?«, fragte Konstantin in herrschaftlichem Ton.

»Arius!«, wandte sich Athanasius gleich vehement und wütend an diesen. »In deinem von deiner eigenen vermeintlichen geistigen Größe berauschten Hochmut leugnest du die Worte unseres Herren selbst, der gesagt hat: ›Ich und der Vater sind eins‹! Während die Stelle, die du zitiert hast, ganz verschiedene Auslegungen erlaubt, so ist diese Stelle eindeutig: ›Ich und der Vater sind eins!‹ Und so treibst du es immer: Du wühlst Stellen, die nicht eindeutig sind, hervor und legst sie aus, wie es dir genehm ist, aber andere Stellen, die ganz eindeutig sind, die verschweigst du! Ich und der Vater sind eins – das heißt klar: Vater und Sohn sind wesensgleich, in nichts verschieden!«

Ein Raunen ging durch die Menge der Bischöfe.

Arius gab mit demonstrativer Heiterkeit zurück: »So? Das soll also eindeutig sein? In den Schriften steht auch, dass Mann und Frau im Bund der Ehe *ein* Fleisch werden. Heißt das dann etwa auch, sie sind wesensgleich, in nichts verschieden?«

Jetzt lachten wieder einige Bischöfe, andere murrten oder schimpften.

»Treibe du nur weiter deinen Spott mit den heiligen Schriften und den heiligsten Gegenständen, Arius!«, giftete ihn Athanasius mit wild funkelndem Blick an. »In dieser Versammlung wird dir das nicht den Erfolg bringen wie auf den Marktplätzen von Alexandria, wo du Ahnungslose mit deinen wohlklingenden Worten verführen kannst! Deine philosophischen Spekulationen und deine Wortklaubereien können niemals die Daseinsweise des göttlichen Logos ergründen, von der der Heilige Geist durch den Propheten spricht: ›Seine Erzeugung, wer wird sie ergründen?‹ und die für jede geschaffene Natur unergründlich ist, wie auch der Vater unergründlich ist, weil die Natur der vernünftigen Wesen die väterliche Gotteszeugung nicht begreifen kann!«

Arius lachte laut und sagte dann spöttisch: »Na, das ist ja herrlich! Du geifernder schwarzer Zwerg willst mir also sagen, dass wir ohnehin nichts begreifen können vom Vater und Sohn und ihrem Verhältnis zueinander? Also lassen wir doch alles Nachdenken darüber! Aber dann versucht ihr auch nicht selbst Definitionen dieses Verhältnisses zu entwickeln!«

»Das ist unerhört, was dieser einfache Presbyter sich hier erlaubt und wie er mit uns zu sprechen wagt!«, empörte sich Eusthatius zum Kaiser gewandt.

Tatsächlich nahm Konstantin den scharfen Tonfall der Diskutanten und die wachsende Unruhe im Saal mit großer Besorgnis wahr, zumal um Arius herum jetzt auch wieder einige Bischöfe aufstanden und auf diesen einschimpften.

Dann stand ein großgewachsener mittelalter Bischof mit eindringlich flackernden, doch warmen schwarzen Augen und einer hohen Stirn aus der ersten Reihe auf und trat zu den Streitenden. Wie Konstantin wusste, war es der aus Syrien stammende Eusebius von Nikomedia, der bei seiner lieben Schwester Constantia in hoher Gunst stand und wegen des Streits um Arius einen heftigen brieflichen Schlagabtausch mit Alexander von Alexandria geführt hatte. Er konnte natürlich noch nicht ahnen, dass er selbst am Ende seines Lebens einmal von ihm getauft werden würde.

Eusebius trat an die Seite des Arius und begann in einem ruhigen, vermittelnden Tonfall auszuführen: »Liebe Brüder, ich denke, der gute Presbyter Arius wird hier zu Unrecht der Gotteslästerung bezichtigt, denn er sagt doch nur, was wir aus den heiligen Schriften gelernt haben, nämlich dass der Sohn seiner Wesenheit und unveränderlichen und unaussprechlichen Natur nach und in seiner Ähnlichkeit mit seinem Urheber geschaffen und gegründet und gezeugt ist. Und wir haben ja doch niemals von *zwei* ungezeugten Wesen gehört, und auch niemals gelernt und geglaubt, dass *ein* ungezeugtes Wesen in *zwei* Wesen geteilt worden sei oder nach Art der Körper eine Entwicklung erfahren habe. Also ist nur der Vater ungezeugt, da sind wir uns doch einig, und ich denke, das möchte der Bruder Arius im Grunde nur betonen.«

»Gezeugt ist aber nicht geschaffen!«, rief ein Bischof aus den Reihen dahinter ein.

»Gezeugt ist nicht genau das gleiche wie geschaffen, ja«, fuhr Eusebius fort. »Will man aber daraus, dass der Sohn als gezeugt bezeichnet wird, ableiten, dass er aus dem väterlichen Wesen entstanden wäre und daher auch dieselbe Natur wie der Vater hätte, so wissen wir, dass die Schrift das Gezeugtsein nicht nur von ihm allein aussagt, sondern auch von den Wesen, die ihm von Natur aus in allem unähnlich sind. So sagt sie auch von Menschen: ›Söhne habe ich erzeugt und erhöht; sie aber haben mich verachtet.‹ Und wiederum: ›Gott, der dich gezeugt, hast du verlassen.‹ Und mit Bezug auf andere Dinge sagt sie: ›Wer zeugte des Taues Tropfen?‹«

Aus einem Teil des Saals wurde laut Beifall gespendet, und Konstantin war auch froh darüber, dass jemand offensichtlich zu vermitteln versuchte. Er sah sich nach seinem Hofbischof um, der mit finsterer Miene den Kopf schüttelte, und flüsterte ihm dann vorsichtig fragend zu: »Er spricht doch ganz vernünftig.«

Ossius schüttelte weiter den Kopf und antwortete: »Nein, er verteidigt die Arianischen Ketzereien mit fadenscheinigen Argumenten!«

Athanasius trat auf Eusebius zu und ging ihn in barschem Ton an: »Versteck deine Gottesfeindschaft nicht hinter wohlklingenden Worten und sophistischen Wortklaubereien! Glaubst du im Ernst, die Zeugung eines Menschen oder eines Tautropfens ist vergleichbar mit der Zeugung des göttlichen Logos, der ewigen Weisheit und Vernunft? Wenn in den göttlichen Schriften dieselben Ausdrücke bisweilen Gott und Menschen oder anderen vergänglichen Dingen beigelegt werden, so kommt es, wie Paulus sagt, scharfsichtigen Menschen zu, auf die gelesene Stelle aufmerksam zu sein, die Sache zu überlegen, das Geschriebene nach der Natur der angedeuteten Gegenstände zu beurteilen und den Sinn nicht zu vermischen, so dass man das auf Gott bezogene nicht auf menschliche Weise versteht, und das was sich auf Menschen bezieht nicht so, als beziehe es sich auf Gott! Denn das hieße Wasser mit Wein vermischen und fremdes Feuer zum göttlichen Feuer auf den Altar legen!«

Auch sein Bischof, der greise Alexander, hatte seinen gebrechlichen Körper wieder erhoben und rief mit lauter, gar nicht gebrechlicher Stimme: »Eusebius, du ungetreuer Hirte, meinst du wirklich, der Logos sei vergänglich und wandelbar wie ein Tautropfen? Meinst du, das sei der Sinn der Schrift? Und daher gäbe es dann, wie Arius sich erdreistet zu behaupten, eine Zeit, in der er nicht war? Steht nicht in den göttlichen Schriften, dass der Sohn das Wort und die Weisheit des Vaters ist? Und wenn Gott einmal ohne ihn war, dann hieße das ja, es gab eine Zeit, in der Gott einmal ohne Vernunft und Weisheit gewesen wäre!«

Die Unruhe im Saal nahm weiter zu; Konstantin sah, wie weitere Bischöfe nach vorne zu den Protagonisten stürmten, dort drängelten und schubsten. Langsam befürchtete er Tumulte und überlegte seine Wachen zu rufen, um für Ordnung zu sorgen.

»Ruhe!«, befahl er laut. »Ruhe im Saal! Lasst uns auf gute Weise streiten und so zu einem versöhnlichen Ende gelangen! Ruhe! Man hört so die Redner nicht mehr! Ruhe! Sonst lasse ich die Palastwachen für Ordnung sorgen!«

Daraufhin kehrte wieder etwas Ruhe ein, doch ein kleiner gedrungener glatzköpfiger Gottesmann mit scharfem Blick, schiefer Nase und etlichen Narben im Gesicht, der nur eine schlichte braune Kutte aus grobem Stoff trug, schimpfte, nun besser zu hören, weiter unentwegt auf Arius ein: »Du Satan! Du willst uns den Herrn und Erlöser rauben!«

Konstantin drehte sich zu Ossius und fragte ihn, wer der rustikale Pöbler sei. Der antwortete: »Das ist Nikolaus, Bischof von Myra an der Südküste Kleinasiens, ein beliebter Hirte, der sein ganzes Vermögen den Armen gegeben hat und in der Verfolgung schwer gefoltert wurde. Unter anderem hat man ihm die Nase gebrochen, deshalb ist sie so schief.«

Nikolaus schimpfte derweil weiter: »Du hast unter meinen Schäfchen Verwirrung gestiftet! Überall diskutieren sie nun, ob Christus nur ein Geschöpf Gottes sei, selbst auf dem Markt! Der Unglaube frisst sich in meine Gemeinde!«

»Es ist kein Unglaube, wenn man glaubt, dass Christus das vorzüglichste Geschöpf des allmächtigen Gottes ist, zu dem auch Christus selbst gebetet hat: ›Vater unser, der du bist in den Himmeln‹!«, gab Arius empört zurück.

Nikolaus trat drohend nah an Arius heran, obwohl er einen Kopf kleiner war, und herrschte ihn an: »Er hat *uns* gelehrt zu beten, wie er uns in allem Beispiel gegeben hat! Die Schriften wollen mit Herz und Verstand gelesen werden, nicht mit einem spitzfindigen Geist ohne Ehrfurcht! Wenn Christus nicht Gott ist, dann kann er auch nicht durch seinen Kreuzestod uns Menschen erlöst haben!«

»Hat er auch nicht, sondern der Vater erlöst uns durch den Sohn, nur der Vater kann erlösen«, antwortete Arius ungerührt, kühl auf das zornige Gesicht des kleinen Bischofs direkt unter dem seinen hinabschauend.

Nikolaus sagte nichts, sondern gab Arius eine kräftige Backpfeife, deren lautes Klatschen man aufgrund der hervorragenden Akustik durch den ganzen Saal hörte.

Arius zeigte keinerlei Reaktion auf den Übergriff des heißblütigen Bischofs, aber einige seiner Anhänger bedrängten nun ihrerseits den Nikolaus, der sich wiederum handgreiflich wehrte.

Die Situation war nahe an einem größeren Handgemenge, und Konstantin schritt nun wie angekündigt ein. Er ließ die Wachen rufen und gab den Befehl, Nikolaus zu verhaften und zunächst in Kerkerhaft zu verwahren.

Ossius flüsterte ihm entsetzt zu: »Mein Kaiser, das könnt Ihr nicht tun: Einen Bischof verhaften, noch dazu einen, der in der Verfolgung schon eingekerkert war und so gelitten hat für den Herrn und seine heilige Kirche ...«

»Ich kann hier keine Tumulte gebrauchen. Er kommt gegen Ende der Versammlung wieder frei.«

Bis zum Ende der Versammlung dauerte es allerdings noch einige Wochen.

Der Kaiser wollte, dass die Bischöfe, wenn sie schon einmal alle versammelt waren, sämtliche Fragen klärten, die in der Kirche umstritten waren. Jegliche Uneinigkeit, ob im Reich oder in der Kirche, war ihm ein Dorn im Auge, und so hatten die Bischöfe auch noch über zwanzig von Ossius und anderen führenden Bischöfen zusammengestellte Streitfragen zu beraten und zu jeder von ihnen einen kirchenrechtlichen Kanon zu verabschieden.

Außerdem sollte eine Regelung für einen gemeinsamen Ostertermin gefunden werden, da die Christen in verschiedenen Regionen des Reichs diesen Termin auf unterschiedliche Weise berechneten und daher Ostern nicht gleichzeitig feierten. Es wurde schließlich beschlossen, dass der Bischof von Alexandria jährlich das Osterdatum berechnen und es frühzeitig dem Stuhle Petri in Rom melden sollte, damit es von hier aus allen anderen Kirchen angezeigt werden konnte, da die Alexandrinische Wissenschaft bei mathematisch-astronomische Berechnungen als führend im ganzen Reich galt.

Doch keine der anderen Fragen erhitzte die Gemüter so stark und führte zu solch langen und verwickelten Debatten wie der Streit um Arius und dessen Thesen. Konstantin war oft ermüdet von den langen Diskussionen, deren Sinn er nicht wirklich verstand. Manchmal fragte er sich, ob er in der Athener Akademie gelandet sei und warum man die Religion mit solch verwickelten philosophischen Fragen befrachten musste, und er erinnerte sich wieder einmal an die Prophezeiung seines Vaters, er werde die seltsamen Streitereien der verrückten christlichen Bischöfe noch selbst erleben, wenn er einmal Herrscher wäre.

Oft konnte er den endlosen Streitgesprächen der verschiedenen Parteien, welche jeweils die heiligen Schriften anders auslegten, die platonische Philosophie anders anwendeten oder die Tradition der Kirche anders interpretierten, nicht mehr folgen und bemühte sich, interessiert und streng zu schauen, während er an ganz andere Dinge dachte: an neue Schlachtpläne gegen die immer noch die

Donaugrenze bedrängenden Goten, an sein Vorhaben, eine neue Reichshauptstadt am Bosporus zu errichten, oder an die festen wohlgeformten jungen Brüste seiner kleinen Fausta.

Nach einigen Wochen schließlich nahm er selbst das Heft in die Hand und erklärte der Versammlung, dass der vorsitzende Bischof nach gründlicher Prüfung der bisherigen Argumente der Diskussion zusammen mit anderen Bischöfen unterschiedlichster Parteien ein einigendes Bekenntnis verfasst habe, das nun alle Teilnehmer unterschreiben sollten, andernfalls sie aus der Kirche ausgeschlossen würden. Dieses Bekenntnis war fast identisch mit dem, das Ossius vor Beginn der Versammlung verfasst hatte. Nur einige Stellen, die in ihrer Eindeutigkeit den Großteil der im Grunde unentschlossenen Bischöfe, die zwar die radikale Position des Arius ablehnten, aber auch die nicht minder radikale Position der Alexandrinischen Protagonisten Alexander und Athanasius skeptisch sahen, zu sehr abgeschreckt hätten, hatte er leicht überarbeiten lassen.

Dazu hatte Konstantin ein Hintergrundtreffen von Ossius und einigen dieser unentschlossenen Bischöfe organisiert, bei dem sich vor allem der Konstantin höchst sympathisch erscheinende und seinerseits den Kaiser leidenschaftlich verehrende Eusebius von Caesarea aus Palästina hervortat, ein ungemein belesener und gelehrter Kleriker, der vor dem Konzil von einer Synode in Antiochia exkommuniziert worden war, weil er bestimmte Thesen des Arius verteidigt hatte.

Konstantin hatte schon zuvor Kunde von dessen Ruhm erhalten, der darauf beruhte, dass Eusebius eine ausführliche Kirchengeschichte von den Aposteln bis zu Konstantins Erringen der Alleinherrschaft verfasst, wofür er akribisch sämtliche Bibliotheken des Orients durchforstet hatte. In den letzten beiden Büchern dieses umfangreichen Werks schilderte er das Wirken Konstantins ausführlich und feierte es geradezu hymnisch.

So wenig der Kaiser auch von den theologischen Detailfragen verstand, soviel verstand er von Verhandlungsstrategie, und ihm war sofort klar, dass er einen solch weithin bekannten und gerühmten Bischof, der nicht im Verdacht stand, die extreme Position der schärfsten Gegner des Arius zu teilen, für ein einigendes Bekenntnis einbinden musste, um die große Masse der Unentschlossenen zu gewinnen und damit auch die Anhänger des Arius entscheidend unter Druck zu setzen zu unterschreiben.

Konstantin umschmeichelte daher seinen offensichtlich eitlen Bewunderer, stellte ihm in Aussicht, ihn zu seinem hochoffiziellen Biographen zu machen, wozu er sich mit seiner hervorragenden Kirchengeschichte qualifiziert habe, und fragte ihn verständnisvoll, mit welchen Formulierungen des von seinem Hofbischof verfassten Bekenntnisses er Schwierigkeiten habe. Unter einigem Murren des Ossius wurden diese Stellen ganz leicht modifiziert, so dass sie dem ursprünglichen Sinn nicht widersprachen, sondern nur ein wenig mehr Interpretationsspielraum ließen, und als das so korrigierte Bekenntnis sowohl von Ossius als auch von Eusebius zähneknirschend akzeptiert werden konnte, ließ er es von diesen beiden und einigen anderen Autoritäten den versammelten Bischöfen vorstellen und von Ossius verlesen.

Allerdings hatte Ossius darauf bestanden, an das positive Bekenntnis noch eine selbst verfasste Verdammungsformel anzuhängen, welche die arianische Ketzerei scharf verurteilte. Eusebius sagte, er könne wohl das Bekenntnis, nicht aber die Verdammungsformel unterschreiben. Da aber Konstantins Hofbischof weder von seinem Kaiser noch von anderen Bischöfen vom Bestehen auf die Verdammungsformel abzubringen war, entschied der Kaiser persönlich, diese werde zwar angehängt, aber eine wörtliche Zustimmung zu ihr sei nicht notwendig, die Billigung und Bekräftigung des positiven Bekenntnisses sei ausreichend, die Formel sei lediglich ein Anhang, nicht das eigentliche Glaubensbekenntnis.

»Ich glaube an den einen Gott, den Vater, den Allmächtigen, den Schöpfer alles Sichtbaren und Unsichtbaren!«, begann Ossius mit geradezu donnerndem Pathos, das selbst auf Konstantin Eindruck machte, und schaute mit gebieterischem Blick in die weite Runde. Es war mucksmäuschenstill, kein Flüstern regte sich unter den fast zweitausend Anwesenden, die alle völlig gebannt und gespannt auf jedes Wort dieses so wichtigen Textes lauschten.

Der Hofbischof fuhr mit unverminderter Lautstärke und gleichbleibendem Pathos fort: »Und an den einen Herrn Jesus Christus, den Sohn Gottes, der als Einziggeborener aus dem Vater gezeugt ist, *das heißt: aus dem Wesen des Vaters!*«

Irgendwo hinten im Saal regte sich erstmals leises Murmeln, als Ossius diese letzten Worte besonders hervorgehoben hatte, das aber gleich wieder verstummte, als Ossius fortfuhr: »Gott aus Gott, Licht aus Licht, wahrer Gott aus wahrem Gott, *gezeugt, nicht geschaffen, wesensgleich mit dem Vater!*«

Auch diese Passage hatte der kaiserliche Hofbischof wieder ganz besonders eindringlich betont, worauf sich diesmal nicht nur leises Murmeln in den hinteren Reihen regte, sondern deutlicheres Raunen und Flüstern im ganzen Saal. Diese Formulierung machte klar, dass die Lehre des Arius eindeutig verurteilt wurde.

»Ruhe!«, rief Konstantin. »Hört euch dieses gemeinsame Bekenntnis gut an, auf das sich Ossius, Alexander,

Eusebius und andere führende Bischöfe geeinigt haben, denn ihr werdet danach entscheiden müssen, ob ihr ihm zustimmt oder nicht!«

Es wurde noch ganz kurz gemurmelt, dann war wieder Totenstille, die aber mit ungeheurer Spannung geladen war, und Ossius fuhr fort: »Durch den alles geworden ist, was im Himmel und was auf Erden ist, der für uns Menschen und wegen unseres Heils herabgestiegen und Fleisch geworden ist, Mensch geworden ist, gelitten hat und am dritten Tage auferstanden ist, aufgestiegen ist zum Himmel, kommen wird, um die Lebenden und die Toten zu richten. Und an den Heiligen Geist.«

Er machte eine Pause, und ein Seufzen ging durch den Saal. Die Zuhörer glaubten wohl, das Bekenntnis sei mit diesem allgemeinen Glaubensgut aller Anwesenden versöhnlich abgeschlossen worden, und einige begannen schon zu klatschen, als Konstantin wiederum »Ruhe!« rief und »Das Bekenntnis ist noch nicht zu Ende!«.

In die nun wieder einkehrende Stille hinein rief Ossius mit harter, fast wütender Stimme: »Diejenigen aber, die da sagen ›Es gab eine Zeit, da er nicht war‹ und ›Er war nicht, bevor er gezeugt wurde‹, und er sei aus dem Nichtseienden geworden, oder die sagen, der Sohn Gottes stamme aus einer anderen Seinsstufe oder Wesenheit, oder er sei geschaffen oder wandelbar oder veränderbar, die verdammt die katholische Kirche!«

Ein Augenblick war Stille, dann brandete Beifall aus weiten Teilen der Versammlung auf, aber es waren auch vereinzelte Protestrufe zu hören.

Der Kaiser wartete das Ende des Beifalls ab und rief dann in das fortdauernde Zetern und Diskutieren, von dem er aufgrund der Vielzahl der Stimmen nichts verstehen konnte, hinein: »Ruhe, werte Brüder!«, woraufhin die Stimmen verstummten und er in Ruhe fortfahren konnte: »Ich bitte die Anwesenden um die Abstimmung.

Wer diesem Bekenntnis zustimmt, erhebe sich von seinem Stuhl!«

Die allermeisten Bischöfe standen auf, worauf wieder lauter Beifall ausbrach, aber auch erneut Unmutsbekundungen an das Ohr des Kaisers drangen. Dieser fuhr, nachdem er wiederum das Verklingen des Beifalls abgewartet hatte, mit strenger Stimme fort: »Das gemeinsame Glaubensbekenntnis ist damit angenommen. Ich höre neben allgemeiner Zustimmung allerdings auch Unmut und Protest. Ihr habt gehört, dass diejenigen Bischöfe unter euch, die dieses Bekenntnis nicht unterschreiben, aus der heiligen katholischen und apostolischen Kirche ausgeschlossen sind. Außerdem werden sie von mir nach Illyrien verbannt werden, damit sie nicht weiter Unruhe stiften unter ihren ehemaligen Schäfchen. Doch wenn einer vortreten will, der etwas an diesem Text auszusetzen hat, so kann er das tun. Er wird Antwort von den Verfassern des Bekenntnisses erhalten.«

Sofort trat Eusebius von Nikomedia vor und brachte sichtlich aufgeregt, aber mit fester Stimme vor: »Ein Wort wie ›wesensgleich‹ findet sich nirgendwo in den heiligen Schriften oder bei den apostolischen Vätern! Das ist ein rein heidnischer philosophischer Begriff!«

Alexander von Alexandrien stand zitternd auf und entgegnete ihm entschlossen: »Klagt nicht, dass ihr durch nicht der Schrift entnommene, aber gut erdachte Ausdrücke verurteilt worden seid! Denn *eure* Ausdrücke, gegen die wir uns wenden mussten, stehen auch nirgends in der Schrift. Oder steht dort etwas von ›aus Nichtseiendem geschaffen‹ oder ›es war eine Zeit, wo er nicht war‹?«

Eusebius von Nikomedia wollte gerade mit seiner Antwort ansetzen, als Alexander ihn regelrecht anbrüllte: »Aber während wir unsere Bezeichnungen nicht selbst erfunden, sondern bei den früheren Vätern der Kirche gefunden haben, habt ihr eure auf dem Misthaufen gefunden!«

Konstantin sah Eusebius erneut zu einer Gegenrede ansetzen, fuhr aber diesmal schnell selbst dazwischen; er hatte genug von den ewigen Diskussionen.

»Eusebius!«, fuhr er den ehrwürdigen Bischof seiner Hauptstadt, der ihn knapp elf Jahre später selbst taufen sollte, lautstark und gebieterisch an. »Eusebius! Der Worte sind genug gewechselt! Dieses Bekenntnis drückt den Glauben der Kirche aus! Du musst dich nun entscheiden, ob du ihn teilst oder nicht!«

Eusebius unterschrieb schließlich, so wie fast alle der anwesenden Bischöfe und auch die Gesandten des Bischofs von Rom. Nur zwei libysche Bischöfe weigerten sich und wurden umgehend exkommuniziert.

Kaiser Konstantin war zufrieden mit diesem hart erarbeiteten Ergebnis. Er glaubte, das Problem ein für alle Mal gelöst zu haben und sich jetzt nicht mehr mit theologischen Streitigkeiten befassen zu müssen, obwohl er doch bei den Donatisten, die immer noch in Africa ihr Unwesen trieben, gesehen hatte, dass innerkirchliche Streitigkeiten durch politische Interventionen und Beschlüsse von Synoden und Konzilien nicht einfach so zu befrieden waren.

Doch schon im folgenden Jahr widerriefen einige der Bischöfe, die dem Glaubensbekenntnis zugestimmt hatten, unter anderem sein eigener Ortsbischof Eusebius von Nikomedia, der ihm schrieb: »Wir handelten sündig, o Fürst, als wir aus Furcht vor Euch einer Blasphemie zustimmten.«, und von ihm verlangte, das Anathema gegen Arius aufzuheben. Als er das nicht tat, intrigierte Eusebius am Hof gegen ihn, woraufhin er diesen verbannte.

Allerdings wuchs im selben Jahr auch seine Distanz zu seinem Hofbischof und kirchlichen Berater Ossius immer mehr, der ihm nach der Hinrichtung seines Sohnes und seiner Frau schwere Vorhaltungen machte. Umgekehrt machte Konstantin Ossius dafür verantwortlich, dass die Verurteilung der Arianer so scharf ausgefallen war, kein goldener Kompromiss gefunden werden konnte und jetzt die Streitigkeiten wieder aufflammten.

Ein weiteres Jahr später entließ er schließlich Ossius, holte Eusebius aus der Verbannung zurück und machte ihn nicht nur wieder zum Orts-, sondern auch zu seinem Hofbischof. Außerdem versuchte er jetzt seinerseits, die Kirche zu zwingen, Arius zu rehabilitieren, und verbannte nun mit Athanasius, der mittlerweile Alexanders Nachfolger als Bischof von Alexandria geworden war, und Eusthatius von Antiochia maßgebliche Gegner des Arius.

Aber egal auf welche Seite er sich in diesem Streit, den er nie wirklich verstanden hatte, schlug – niemals konnte er die sturköpfigen und verfeindeten Bischöfe befrieden. Diese Unbeugsamkeit, die Konstantin in der Zeit der Verfolgung so bewundert und als hervorragende Eigenschaft zur Stärkung und Fundierung des Reichs ausgemacht hatte, erwies sich bei innerkirchlichen Konflikten als fatal.

Doch von all diesen kommenden Problemen ahnte Konstantin noch nichts, als er nach der feierlichen Unterzeichnung des Glaubensbekenntnisses seine Abschlussrede hielt, in der er stolz verkündete, hiermit habe er nach dem Sieg über Licinius einen zweiten über den Feind der Kirche errungen, und erklärte, er wolle sein zwanzigjähriges Regierungsjubiläum zu einem Siegesfest zur Ehre Gottes machen und zusammen mit allen Bischöfen hier in Nicäa ein unvergleichliches Festmahl halten, und alle Bischöfe seien an seinen Tisch geladen und herzlich willkommen, Seite an Seite mit ihm auf denselben Polstern zu ruhen.

Bischof Eusebius wandte sich wieder vom Altar zu Konstantin um und forderte ihn auf: »Und nun sprich das Gebet, das uns der Herr selbst zu beten gelehrt hat!«

Der fiebrige Kaiser schlotterte mittlerweile so stark, dass er Mühe hatte, sich soweit zu beherrschen, dass er nicht beim Sprechen mit den Zähnen klapperte. Aber Herrschen und Beherrschen waren zwei seiner größten Qualitäten, auch die Beherrschung seiner selbst, so dass er ohne ein einziges Klappern seines noch zur Hälfte erhaltenen alten Gebisses laut und deutlich sprechen konnte:

»Vater unser, der du bist in den Himmeln, geheiligt werde dein Name. Dein Reich komme, dein Wille geschehe, wie im Himmel so auf Erden. Unser tägliches Brot gib uns heute, und vergib uns unsere Schuld, wie auch wir vergeben unseren Schuldigern. Und führe uns nicht in Versuchung, sondern erlöse uns vor dem Bösen! Amen!«

Das Amen auszusprechen tat ihm unglaublich gut. Nicht nur, weil das Aufsagen des Gebetstextes damit glücklich abgeschlossen war, sondern auch, weil er damit all das besiegelt hatte: die Vergebung, die Bitte um das ewige Reich und um die Rettung seiner Seele vor dem Widersacher und allem Bösen.

Auch der Bischof wirkte zufrieden und rief singend: »Das Heilige den Heiligen!«

Und Konstantin antwortete: »Einer ist heilig, einer ist Herr: Jesus Christus!«, und fiel auf die Knie, wie er es tags zuvor gesagt bekommen hatte.

Dabei seufzte er kurz innerlich und dachte: Wenigstens das ist klar und einfach und von allen gleichermaßen akzeptiert – wenn es doch mit seinem Verhältnis zum göttlichen Vater nur eben so wäre.

X.

Die Kommunion

Bischof Eusebius drehte sich wieder zum Altar um und zerbrach den kleinen Brotfladen auf der goldenen Schale in mehrere Stücke, dabei laut betend: »Kommet und sehet, wie süß der Herr ist; zerteilt ist er nicht geteilt; er gibt sich den Gläubigen zur Speise und wird nicht aufgezehrt; zur Vergebung der Sünden und zum ewigen Leben, jetzt und allezeit und in alle Ewigkeit.«

Konstantin kniete weiterhin zitternd einige Meter hinter dem Bischof, schaute auf dessen Rücken und an diesem vorbei auf das gebrochene Brot und spürte abwechselnd Hitze- und Kältewellen an sich hinuntergleiten, während die eben gehörten Worte in ihm widerhallten: »... jetzt und allezeit und in alle Ewigkeit.«

Ein Versprechen, eine Zusage Gottes! Und Gott hielt seine Zusagen, das wusste er. Nicht nur die Zusage vor der Schlacht an der Milvischen Brücke vor den Toren Roms hatte er gehalten, damals vor 25 Jahren, als er ihm im Traum sagte: »In diesem Zeichen wirst du siegen!«, auch die andere große Zusage, die er ihm gegeben hatte, als er selbst noch nicht wusste, welcher Gott da im Tempel des Apollo zu ihm sprach: Die Prophezeiung der dreißig Regierungsjahre war tatsächlich vor zwei Jahren in Erfüllung gegangen.

Hatte er zehn Jahre zuvor noch die Feierlichkeiten anlässlich seines zwanzigsten Regierungsjubiläums zuerst in

Nicäa mit den Bischöfen begonnen, dann offiziell in seiner Hauptresidenz Nikomedia fortgesetzt und ein Jahr später in der Hauptstadt Rom nachgeholt, so feierte er dieses, wie er wusste, letzte Regierungsjubiläum ausschließlich in seiner neuen Hauptresidenz und eigentlich neuen Hauptstadt Konstantinopel, die er erst fünf Jahre zuvor eingeweiht hatte. Rom dagegen, diese heidnisch geprägte und von Seilschaften, Intrigen und arroganten Senatoren vergiftete Stadt, hatte er seit diesem letzten Jubiläum, bei dem ihm eine feindselige Atmosphäre entgegenschlug, nicht einmal mehr betreten wollen.

Diese Feierlichkeiten in Rom, die nach dem Plan des Kaisers großartig und triumphal hätten ausfallen sollen, endeten mit einer Blamage, die er niemals mehr verwinden konnte. Doch wie hatte es zu diesem völligen Desaster kommen können?

Die heidnische stadtrömische Oberschicht und damit auch der vorwiegend heidnische Senat stand ohnehin ihm, seinem persönlichen Glauben und seiner Förderung der christlichen Religion äußerst skeptisch gegenüber. Nun hatte Konstantin es ein Jahr zuvor auch noch gewagt, mit Acilius Severus einen Christen als Stadtpräfekten, also als höchsten Beamten der Stadt einzusetzen, was den Unmut der römischen Senatoren verstärkte. Schließlich ließ er auch noch wenige Monate vor Beginn der Feierlichkeiten eben dort in Rom seine Frau Fausta mit tödlichem Ausgang in ihrem Dampfbad einsperren, was – obwohl es eigentlich geheim hätte bleiben sollen – bald Stadtgespräch war, ebenso wie die Hinrichtung seines ältesten Sohnes Crispus, der in Rom sehr beliebt gewesen war.

Wenige Wochen, bevor Konstantin nach Rom aufbrach, bekam er Kunde, dass dort ein frecher Zweizeiler, der heimlich an die Türen seines dortigen Palasts geschrieben worden war, in der Stadt für einiges Aufsehen sorgte: »Wer wünscht die goldenen Zeiten des Saturn zurück?

Die heutigen sind zwar mit Edelsteinen geschmückt, aber so schlimm wie die des Nero!« Jedem war klar, dass dies eine Anspielung auf die Familienmorde war, und dieser Zweizeiler, wenn auch schnell wieder von den Palasttüren entfernt, blieb doch in den Köpfen der Menschen und wurde zum geflügelten Wort in der ganzen Metropole.

Einige Berater begannen schon, Konstantin von einem Besuch in der Stadt zum jetzigen Zeitpunkt abzuraten, doch der Kaiser dachte nicht daran, klein beizugeben. Er, der alle Gegner auf dem Schlachtfeld mit Gottes Hilfe hinweggefegt hatte, er, der das Reich und die Kirche geeint, Franken und Goten abgewehrt und dreißig Jahre regiert hatte trotz aller Herausforderungen, sollte jetzt vor dem stadtrömischen Pöbel klein beigeben? Auf keinen Fall! Und außerdem: Sollte das Volk der Stadt ihm nicht trotz aller Differenzen immer noch dankbar sein? Seinem Wohltäter, der es vom Joch des Usurpators und Unterdrückers Maxentius befreit hatte damals vor vierzehn Jahren? Er wurde schon in vielen Teilen des Reichs »der Große« genannt, ein Beiname, der wahrlich in den letzten hundert Jahren nicht oft einem Kaiser zuteil geworden war.

Also fuhr er unbeirrt nach Rom und hielt seinen prachtvollen Einzug ab. Er selbst saß auf einem goldenen Wagen, das Diadem, das mit Glanz verschiedenster bunter Edelsteine erstrahlte, auf dem Haupt, vor und hinter ihm Prachtgarden mit herrschaftlichen Zeichen, zu seinen Seiten jeweils eine doppelte Reihe bewaffneter mit Schild und Helmbusch, strahlend im Glanz der schimmernden Panzer.

Der Jubel des Volks war zwar nicht gerade überwältigend, doch hielten sich die Proteste tatsächlich in Grenzen, bis zu dem Moment, als er, wie schon bei seinen ersten beiden Einzügen in Rom, beim Titusbogen von der Via Sacra abbog, und damit klar war, dass er auch diesmal nicht das

Opfer auf dem Kapitol darbringen würde. Plötzlich waren heftige Sprechchöre links und rechts von ihm zu hören, in die innerhalb kürzester Zeit immer mehr Volksmassen einstimmten. Unter anderem riefen sie auch den besagten Zweizeiler, der Konstantin mit Nero verglich, auch andere aggressive, spöttische und beleidigende Chöre wurden skandiert, Eier, Obst und weiches Gemüse nach ihm geworfen, gepfiffen, gejohlt und gebuht.

Konstantin war klar, dass die Oberschicht der Stadt ihre Klientel als Sprachrohr ihres eigenen Unwillens eingesetzt hatte, dass Provokateure bewusst an dieser Stelle des Zugs platziert wurden, um den Volkszorn auszulösen. Er fühlte sich tief gedemütigt, während er mit beherrschter, würdevoller Miene unter Spott und Schmähungen hinauf zum Paladin fuhr, und schwor sich bereits in diesem Moment, Rom nie wieder zu betreten und im Osten ein »neues Rom« zu bauen, eine Stadt, die nicht nur eine gewöhnliche ständige Residenz wie Trier oder Nikomedia sein sollte, sondern eine neue Metropole, die in wenigen Jahren Rom an Größe und Glanz überragen sollte.

Zuerst spielte er mit dem Gedanken, zu diesem Zweck das alte Troja wiederaufzubauen, doch dann änderte er seinen Plan und entschied sich für die Kleinstadt Byzantion, deren strategisch günstige Lage am europäischen Ufer des Bosporus, auf der Ostspitze einer Halbinsel zwischen Marmarameer und Goldenem Horn, ihm schon beim Krieg gegen Licinius aufgefallen war.

Innerhalb weniger Jahre errichtete er eine neue Stadt, deren Ausmaße und Pracht tatsächlich mit Rom vergleichbar waren. Er ließ die besten Architekten des Reichs kommen, um Straßen und Gebäude zu planen, Baumaterial und Kunstwerke aus dem gesamten Ostteil des Reichs heranschaffen, ließ einen riesigen Palast, prächtige Häuser für Senatoren, Kirchen und auch heidnische Tempel, außerdem leistungsfähige Aquädukte und

Zisternen errichten, verpflichtete sämtliche Pächter von Krondomänen der umliegenden Diözesen, in der Stadt zu bauen, richtete wie in Rom einen Senat ein und gewährte der Bevölkerung seiner neuen Stadt die gleichen Privilegien wie der Stadtbevölkerung Roms.

Wie in Rom wurde ein großes Forum geschaffen, allerdings größer und kreisförmig gestaltet, und in der Mitte ließ er eine große Porphyrsäule aufstellen, auf deren Spitze eine riesige goldene Statue seiner selbst stand, in der einen Hand den Globus, in der anderen die Lanze, auf dem Haupt eine Strahlenkrone.

Und auf der höchsten Erhebung der Stadt ließ er die Apostelkirche erbauen, die zugleich sein Mausoleum sein sollte: In ihrem Innern standen zwölf goldene, doch leere Sarkophage, welche die zwölf Apostel symbolisieren sollten, in einem Halbkreis – und in der Mitte, größer und schöner, sein eigener Sarkophag, der des Auserwählten Gottes, des dreizehnten und wichtigsten Apostels, der Sarg von Christi Statthalter auf Erden.

In dieser Stadt, *seiner* Stadt, der er den Namen Konstantinopel gab, feierte er dann sein dreißigstes Regierungsjubiläum, das nicht zu einem Desaster, sondern zu einem Triumph wurde, wofür er mit jahrelangen Vorbereitungen gesorgt hatte.

Die ganze neue prächtige Metropole Konstantinopel war mit Wimpeln und Bändern geschmückt. Konstantin fuhr, von der neu angesiedelten, von ihm mit Privilegien und Gütern überschütteten Bevölkerung seiner neuen Hauptstadt mit Hochrufen und Segenswünschen gefeiert, zusammen mit seinen drei Söhnen, die, so sein Testament, nach seinem Tod zusammen das Reich regieren sollten, über die Mese, die prächtige Hauptstraße, von Westen nach Osten durch die ganze Stadt und dann über das Forum mit seiner überlebensgroßen eigenen Statue vorbei hinauf zu seinem großen neuen Palast an der

Spitze des Kaps zwischen Marmarameer, Bosporus und Goldenem Horn.

Immer wieder drehte er sich um auf seinem Wagen, die eiserne Krone, in die ein Nagel Christi eingearbeitet war, auf seinem Haupt, und genoss den Jubel der Massen hier in *seiner* Stadt, die für ein neues Zeitalter stand, das er begründet hatte. Kein Kaiser seit Augustus, in dessen Regierungszeit auch noch die Geburt Christi fiel – welch ein Zeichen wiederum! – hatte so lange geherrscht wie er, kein Kaiser seit Augustus hatte das Reich so transformiert, auf ein neues Fundament gestellt, und kein Kaiser, nicht einmal Augustus, wurde jemals so geliebt und bewundert! Er hatte sein Ziel hier auf Erden erreicht: er war der größte Kaiser aller Zeiten! Er zitterte vor Glück, als er unter seiner Statue vorbeifuhr und auf seinen in Rekordzeit gebauten großartigen Palast blickte, neben dem sich der des Diokletian in Nikomedia wie ein Hühnerverschlag ausmachte.

Im Prachtsaal des Palasts hielt schließlich vor fast tausend geladenen Gästen, vor Bischöfen, Statthaltern, Tribunen und Legaten Eusebius von Caesarea, sein Biograph, eine Festrede auf ihn, in der er ihn als ein Abbild Christi pries, als heilsgeschichtliches Werkzeug Gottes, das in den Lauf der Geschichte eingriff, so wie es Christus zu seiner Zeit getan hatte.

Trotzdem wurde auf Anweisung Konstantins in dieser Rede von Gott meist nur in allgemeinen Bezeichnungen gesprochen, als »höchstem Gott«, »höchster Gottheit« oder einfach als »Logos«, damit auch die philosophisch gebildeten heidnischen Anwesenden und sämtliche anderen Reichsbewohner sich angesprochen fühlen und Konstantin als den auserwählten Kaiser, durch den ihr jeweils höchster Gott handelte, verehren konnten.

Konstantin, ein mittlerweile grauhaariger aber immer noch stattlicher und, wie er selbst wusste, auch immer noch sehr gutaussehender Mann, geschmückt mit perlenbesetztem Purpur, perlenbesetzter Krone und perlenbesetzten Schuhen aus rotem Samt, schaute von seinem Thron würdevoller und vor allem strahlender, als es ein Diokletian jemals gekonnt hätte, herab auf die Ehrengäste und lächelte geschmeichelt.

Und als Eusebius von Caesarea mitten in seiner Rede ausrief: »So wie der Heiland des Alls den ganzen Himmel und die ganze Erde und die höchste Königsherrschaft seinem Vater schicklich rüstet, so macht sein Freund, der Kaiser, die Untertanen auf der Erde bereit für Gottes Königsherrschaft, indem er sie zum eingeborenen und erlösenden Wort führt!«, stiegen Konstantin vor Rührung die Tränen in die Augen, obwohl er diesen Satz nicht nur schon kannte, sondern ihn sogar selbst geschrieben und Eusebius die Aufnahme dieses Satzes in die Rede aufgetragen hatte.

Bischof Eusebius drehte sich zu Konstantin um, die goldene Schale mit den gebrochenen Brotstücken in der linken Hand, fasste eines der Stücke mit Daumen und Zeigefinger seiner Rechten, hielt es empor und flüsterte laut, beschwörend und eindringlich, wobei er das Stück Brot hypnotisch anstarrte:

»Herr, unser Gott, himmlisches Brot, Leben des Alls. Ich habe gesündigt vor dem Himmel und vor Dir und bin nicht würdig, Deine unbefleckten Geheimnisse zu empfangen, aber als barmherziger Gott würdige mich, durch Deine Gnade, Deinen heiligen Leib und Dein kostbares Blut nicht zum Gerichte, sondern zur Vergebung der Sünden und zum ewigen Leben zu empfangen.«

Er starrte einige weitere Sekunden das kleine Stück trockenes Fladenbrot zwischen seinen Fingern mit einer ekstatischen und doch demütigen Hingabe an, die den kniend zitternden und immer noch irgendwo in einem Winkel seines Hirns zweifelnden Konstantin beeindruckte und ihm Mut gab, selbst an das Unfassbare zu glauben. Dann flüsterte er leiser: »Der kostbare und allheilige Leib unseres Herrn und Heilandes Jesus Christus wird mir, dem Bischof Eusebius, zur Vergebung der Sünden und zum ewigen Leben mitgeteilt …«, öffnete langsam seinen Mund, schloss die Augen und legte sich den Leib Christi auf die Zunge.

Einige Sekunden kaute der Bischof mit geschlossenen Augen, dann gab er die Schale dem Diakon, der zu seiner Rechten stand, wandte sich zum Altar, nahm von dort den Weinkelch, drehte sich wieder um, hob den Kelch in die Höhe, starrte ihn ebenso hypnotisch an wie eben das Brot und flüsterte: »Das kostbare und allheilige Blut unseres Herrn und Heilandes Jesus Christus wird mir, dem Bischof Eusebius, zur Vergebung der Sünden und zum ewigen Leben mitgeteilt«, führte den Kelch zum Mund und trank einen Schluck daraus.

Daraufhin hielt er ein paar Augenblicke inne, gab den Kelch dem Diakon zu seiner Linken, fuhr sich mit dem Zeigefinger seiner rechten Hand über den noch feuchten Mund und segnete sich mit diesen letzten Spuren des Blutes Christi Stirn, Augen und Ohren.

Konstantin beobachtete wie gebannt, was sich da traumartig vor seinen fieberheißen Augen abspielte. Trotz seines Zustands, in dem ihm alles unwirklich schien, wusste er doch gedanklich ganz genau, was vor ihm passierte und was es zu bedeuten hatte.

Der Bischof hatte ihm am Tag zuvor erklärt, dass das Berühren der Sinne mit dem Blut Christi ein syrischer Brauch sei, um deren Eingänge vor dämonischen Kräften zu schützen, so wie bei den Israeliten in Ägypten das Bestreichen der Türpfosten mit dem Blut des Pessachlamms die Häuser vor dem Eindringen des Bösen beschützt hatte. Konstantin verstand den Kerngedanken dieses Brauchs auch ohne die Erklärung recht gut.

Er selbst hatte ja immer versucht, sich mit dem Heiligen vor dem Eindringen des Bösen zu schützen, zuerst durch das gemalte, geschmiedete oder gewobene Zeichen Christi auf seinem Helm, seinem Schild, seinem Umhang und seinem Feldzeichen, und dann, nachdem seine Mutter aus dem Heiligen Land zurückgekehrt war, wo sie tatsächlich das wahre Kreuz Christi und die Nägel, mit denen er gekreuzigt worden war, gefunden hatte, mit eben diesen Reliquien. Von den Nägeln, die ihm seine Mutter allesamt mitgebracht – während sie einen Teil des Kreuzes in Jerusalem gelassen, einen anderen Teil nach Rom geschickt und ihm nur den dritten Teil davon nach Nikomedia gebracht hatte –, ließ er einen in seine neue Eiserne Krone, die bald nach dem Konzil das Diadem ersetzte, und einen in die Zügel seines kaiserlichen Zaumzeugs einarbeiten.

Dass seine hochbetagte Mutter nach ihrer Traumvision tatsächlich das wahre Kreuz Christi gefunden hatte, schien ihm ein erneuter Beweis für die Glaubwürdigkeit der Zeichen des christlichen Gottes und seiner eigenen Erwählung. Wie konnten Gottes Zeichen denn eindeutiger sein? Ihn hatte er zur Alleinherrschaft geführt, um durch ihn das Reich zur wahren Gottesverehrung zu leiten, und seine eigene Mutter zur Entdeckung des Grabes Christi, des wahren Kreuzes Christi und der Nägel, mit denen er gekreuzigt worden war!

Seine Mutter hatte das Heilige Land von Caesarea aus bereist, wo die kaiserliche Flotte sie an Land brachte, und Bischof Eusebius von Caesarea, der Biograph ihres Sohnes, sie feierlich begrüßte und segnete. Von dort zog sie mit großem Gefolge – unter anderem eine Abteilung erfahrener Gardisten, die Konstantin zu ihrem Schutz abgestellt hatte – von Stadt zu Stadt Richtung Jerusalem.

Sie reiste in einem bequemen Wagen, wurde in den Städten meist in einer Sänfte getragen, doch stieg sie oft aus, um Hungrige zu speisen, Zerlumpte zu kleiden und überhaupt Geschenke an die Armen zu verteilen. Sie führte viel an Gold und anderen Kostbarkeiten mit sich, trug aber selbst weder Seide noch Schmuck, sondern nur einfache weiße Baumwollgewänder.

In Jerusalem angekommen, ließ sie sich, vom Volk bejubelt, zur Nordseite der Altstadt tragen, befahl dort den Trägern abzusetzen, stieg aus und ging zielstrebig, so als ob sie sich bestens auskenne, durch das alte Stadttor hinaus und auf einen zweihundert Jahre alten Venustempel zu. Sie erklärte dem Stadtpräfekten und dem Bischof Makarios, die sie begleitet hatten, dass Christus selbst ihr den Ort im Traum gezeigt habe und das wahre Kreuz und das Grab des Sohnes Gottes unter diesem Tempel liege.

Die Ausgrabungen an einer von Helena bezeichneten Stelle unter dem Tempel förderten dann inmitten uralten Schutts und Gerölls tatsächlich eine alte, ausgetrocknete Zisterne und in dieser inmitten weiteren Schutts drei noch gut erhaltene, aber sicherlich mehrere hundert Jahre alte Kreuze zutage.

Der Bischof erklärte sofort, die drei Kreuze seien zweifelsfrei diejenigen des Heilands und der mit ihm gekreuzigten Schächer, und das wahre Kreuz Christi müsse an der Tafel zu erkennen sein, die Pilatus auf ihm anbringen ließ mit der Überschrift: »Jesus von Nazareth, der Juden König«, denn Pilatus habe laut dem Evangelium gesagt: »Was ich geschrieben habe, bleibt geschrieben.« Und schließlich fand wirklich jemand, nachdem die euphorisierte christliche Menge sofort miteinander und im Eifer auch manchmal gegeneinander zu wühlen und zu graben begonnen hatte, wobei es fast zu Handgemengen gekommen war, nicht weit der Kopfseite eines der drei Kreuze, vom Schutt abgerissen und begraben, die Tafel – womit das wahre Kreuz Christi identifiziert war.

Seine alte Mutter erzählte Konstantin immer und immer wieder diese Geschichte, als sie aus dem Heiligen Land zurückgekehrt war, auch wie man auf ihre Anweisung hin auf der anderen Seite des Tempels, ein Stück hinter seinen Grundmauern, unter einer Böschung weiter grub und dort schließlich auch das Grab Christi fand: eine in den Felsen gehauene kleine Kammer, auf deren Boden eine alte verwitterte Kalksteinplatte lag.

Ihre großen grünen, immer noch kindlichen Augen leuchteten bei diesen Erzählungen immer in einer geradezu übersinnlichen Begeisterung zwischen den tiefen Runzeln und Falten ihrer blassen uralten Haut, die so dünn wie Pergament zu sein schien.

Dieses übersinnliche Leuchten hatte sie auch noch in ihrer Todessekunde im Blick, nachdem sie Konstantin mit schwerer Zunge leise zuflüstert hatte: »Der Herr wird dir alles vergeben, du großer Kaiser und du dummer Junge. Der Herr wird dir vergeben, weil er dein Herz kennt.«

Dann hörte sie auf zu atmen und schaute mit großen offenen strahlenden Augen an ihm vorbei ins Leere.

Nachdem Eusebius auch den Diakonen Brot und Wein gereicht hatte, stimmten diese einen feierlichen Psalmgesang an:

»Wie ein Hirsch lechzt nach frischem Wasser, so lechzt meine Seele, Gott, nach dir! Meine Seele dürstet nach Gott, nach dem lebendigen Gott. Wann darf ich kommen und Gottes Antlitz schauen? Tränen waren mein Brot bei Tag und bei Nacht, denn man sagt zu mir den ganzen Tag: ›Wo ist denn dein Gott?‹ Das Herz geht mir über, wenn ich daran denke: wie ich zum Haus Gottes zog in festlicher Schar, mit Jubel und Dank in feiernder Menge. Meine Seele, warum bist du so betrübt und bist so unruhig in mir? Harre auf Gott; denn ich werde ihm noch danken, meinem Gott und Retter, auf den ich schaue!«

Währenddessen hatte der Bischof wieder die Schale mit dem gebrochenen Brot genommen und war auf den noch immer zitternd knienden und nun vom Gesang zu Tränen gerührten Konstantin zugeschritten. Endlich war dieser letzte Moment gekommen, ein ebenso sehnsüchtig herbeigesehnter Moment wie die Taufe: die völlige Vereinigung mit Gott, die leibliche Aufnahme Christi in den eigenen Organismus.

Er hatte längst aufgegeben, es verstehen zu wollen, aber er wusste, dass dies das Mysterium der Christen schlechthin war: die Besiegelung der echten und vollen Gemeinschaft mit Christus und seiner Kirche, die Quelle aller göttlichen Gnaden, die wirkungsvollste Medizin für die Seele, und was er noch alles von Bischöfen und anderen Christen gehört hatte.

Wie viel es bedeutete, an diesem heiligen Geheimnis teilzunehmen, hatte er erst wieder im letzten Jahr erfahren, als der von ihm nach einem Widerruf einiger seiner Thesen begnadigte Arius in Konstantinopel die Heilige Kommunion empfangen sollte. Der greise Bischof Alexander – nicht nur ein Namensvetter, sondern auch ein früherer Freund und Anhänger des drei Jahre nach dem Konzil gestorbenen Alexander von Alexandria – weigerte sich allerdings standhaft, dem verurteilten Häretiker den Leib Christi zu geben, obwohl Konstantin und sein Hofbischof Eusebius ihm mit Absetzung drohten.

Als schließlich Eusebius selbst das heilige Mysterium in der großen Apostelkirche zu Konstantinopel mit Arius feiern und diesem die Kommunion geben und ihn damit wieder in die Kirche aufnehmen wollte, soll Alexander sogar gebetet haben, so wurde Konstantin später zugetragen, dass Gott entweder ihn selbst oder Arius sterben lassen solle, bevor »der Frommgläubige zusammen mit dem Gottlosen zugrunde gehen« würde.

Und als dann Arius tatsächlich einen Tag, bevor er Leib und Blut Christi empfangen sollte, völlig überraschend und ohne Anzeichen einer Erkrankung in einer öffentlichen Latrine mitten in Konstantinopel zusammenbrach und umgeben von Kot- und Uringestank verstarb, wurde das von Alexander und seinen Anhängern als untrügliches Gottesurteil über den Ketzer und seine ganze Lehre gewertet.

Auch hatte Konstantin schon oft Menschen weinend im Büßergewand vor den Türen der Kirchen gesehen, und ihm war erklärt worden, dass dies Gläubige seien, die schwere Sünden begangen hätten. Diese müssten oft jahrelang Buße tun und während dieser Zeit an jedem Herrentag auf der Erde liegend die zum Gottesdienst Eintretenden um Wiederaufnahme anflehen, bevor sie den Leib Christi wieder empfangen dürften. Denn jeder, der schwere Sünden begangen hätte ohne danach ausreichend Buße zu leisten, würde nach Lehre der Kirche den Leib und das Blut des Herren nicht zu seinem Heil, sondern zu seinem ewigen Verderben zu sich nehmen.

Doch er, Konstantin, war frisch getauft und hatte also nichts zu befürchten, nur alles zu erhoffen vom Empfang des allerheiligsten Sakraments. So musste es sein – nach allem, was er darüber gehört hatte, und trotzdem hielt sich eine zweifelnde Angst tief in ihm.

Der Psalmengesang hatte geendet, und der Bischof stand nun direkt vor Konstantin, sagte »Der wahre Leib unseres Herrn Jesus Christus!«, nahm das letzte Stück des gebrochenen Brotes von der Schale und hielt es Konstantin direkt vor das Gesicht.

Der merkte, dass er jetzt dieses Stück Brot genauso hypnotisch anstarrte wie eben der Bischof selbst, sagte mit aller Gefasstheit und Beherrschung, die er aufbringen konnte, in würdigem Ton »Amen!«, schloss die Augen und öffnete erwartungsvoll den Mund.

Am Tag zuvor hatte ihm der Bischof erklärt, dass zwei Arten des Empfangs des Leibes Christi möglich seien: Entweder direkt in den Mund oder in die übereinander gehaltenen Hände, indem er die linke zum Thron für die rechte Hand mache, und dann den heiligen Leib von dort aus mit dem Mund aufnähme, mitsamt jedes winzigen Krümels, denn in jedem kaum sichtbaren Partikel des Brotes sei die ganze Gottheit enthalten. Jedes Stäubchen davon, so schärfte ihm der Bischof weiter ein, sei wertvoller als Goldstaub, und wenn er nur eines davon verliere, sei sein Seelenheil für immer in Gefahr.

Dieses Risiko wollte Konstantin in seinem zittrigen Zustand nicht eingehen, auch wollte er sich nicht öffentlich die Hand ablecken. Also hatte er den Mund geöffnet und spürte einen Augenblick später das äußerst trockene Stückchen Brot auf seiner Zunge.

Er schloss den Mund und begann zu kauen, was zuerst nicht leicht vonstattenging, da der knochentrockene Leib Christi zuerst an seiner Zunge und dann an seinem Gaumen klebte. Doch als er ihn zwischen die Zähne bekam und dieser sich langsam in seinem Mund auflöste und nach leichten Schluckbewegungen begann, seinen Hals hinunter und in seinen Magen zu gelangen, spürte er sofort ein glückseliges Beben, das sich über seinen ganzen Körper ausbreitete. Er zitterte noch mehr als zuvor, aber vor Glück.

Alles hatte sich erfüllt. Er, der das größte Weltreich des Erdkreises dem christlichen Gott bereitet hatte, diesem Gott, der allein allmächtig und damit mächtig genug war, den seit mindestens hundert Jahren unaufhaltsam scheinenden Verfall der römischen Zivilisation aufzuhalten, hatte sich nun diesen Gott endgültig einverleibt.

In den siebzig Jahren vor seinem Regierungsantritt hatten sich gut zwei Dutzend Kaiser auf völlig verschiedene Weise bemüht, diesen Niedergang des Reichs aufzuhalten, doch die Krise von Politik, Kultur und Religion hatte sich nur immer weiter verschlimmert: Mehr als vierzig Usurpatoren hatten in dieser Zeit vergeblich versucht, die Macht gewaltsam an sich zu reißen, ständige Bürgerkriege setzen dem Land und seinen Bewohnern zu, während die äußeren Feinde beständig zahlreicher wurden und das Reich an vielen Grenzen bedrohten, ja oft genug in dessen Territorium eindrangen und Städte plünderten und Felder verwüsteten.

Die althergebrachte Religion war in der Krise, einerseits weil sich viele Bürger neuen und exotischen Kulten zuwandten, andererseits weil die Menschen glaubten, die alten Götter hätten sich von Imperium abgewandt. Jeder Mensch spürte, dass das bisherige Zeitalter des römischen Weltreichs unterging, dass ein neues Zeitalter beginnen musste, oder das Reich selbst untergehen würde.

So viele Soldatenkaiser hatten versucht, mit harter Hand und Disziplin die alte, innerlich tote Ordnung wiederherzustellen, die Bürger zum Opfern gezwungen, die Christen verfolgt, das Militär gestärkt. Doch sie alle waren gescheitert, der Verfall war nicht aufzuhalten, die überkommenen Strukturen waren ebenso wie der überkommene Glaube kraftlos und hohl geworden.

Der einzige, der vor ihm erkannt hatte, dass man eine ganz neue religiöse Grundlage für das Reich schaffen musste, statt das Abgelebte mit Gewalt aufrechtzuerhalten, war Aurelian gewesen, doch was dieser begonnen hatte, wurde nach seinem Tod nicht weitergeführt. Außerdem hatte er auch etwas Wesentliches nicht erkannt: Dass der *eine* Gott, sein Sol Invictus, der unbesiegte Sonnengott, in Wahrheit der christliche war.

Als letzter hatte Diokletian noch einmal den verzweifelten Versuch gemacht, das Alte, das »Römische« mit aller Gewalt durchzusetzen, doch das Neue, der wahre Gott und seine Kirche, hatten sich als stärker erwiesen.

Schließlich hatte Gott ihn selbst erwählt, das Reich, den Erdkreis und die Völker vom alten Aberglauben zu befreien, um sie vorzubereiten auf die Erscheinung der ewigen Wahrheit, hatte ihn durch eindeutige Zeichen auf die rechte Bahn gelenkt, dann von Sieg zu Sieg geführt und ihm die Gnade nie entzogen.

Die Worte seines alten Lehrers Laktanz kurz vor dessen Tod kamen ihm wieder in den Sinn: »Durch deine Siege ist erwiesen, dass das Reich Gottes in der Welt wirksam geworden ist und eine neue Heilszeit anbricht. So wie der Logos in der Welt das Reich des Vaters vorbereitete, so bestellst du gottbegnadeter Herrscher durch deine Menschenführung, deine Gottverkündung und deine Siege das Reich des Logos auf Erden!«

Das Reich des Logos auf Erden! Hatte er nicht von manchen Bischöfen etwas von einem tausendjährigen Reich Christi auf Erden gehört, einem tausendjährigen christlichen Zeitalter, das der Wiederkunft Christi und dem jüngsten Gericht voraufgehen sollte? Wenn er das Reich des Logos, also Christi, auf Erden bestellt hatte, dann war dieses christliche Zeitalter jetzt angebrochen, dieses christliche Weltreich jetzt begründet, würde Gott auch seinen Nachfolgern Sieg auf Sieg schenken, und sie würden alle Völker des ganzen Erdkreises mit Gottes Hilfe unterwerfen unter das siegbringende Zeichen.

Auch die Bischöfe hatten ihn darin bestärkt, dass nun durch ihn das Reich Christi auf Erden bevorstünde, nicht nur im Römischen Weltreich, sondern auch in den nicht von der römischen Zivilisation beherrschten Gebieten. In ihm war dadurch immer mehr der Glaube gereift, dass er erst dann das volle Wohlwollen des allerhöchsten Gottes erwarten könne, wenn er dessen Auftrag, alle Christenverfolger – auch die außerhalb des eigenen Reiches – zu bekehren oder zu besiegen und die ganze Menschheit im wahren katholischen Glauben zu einen, erfüllt hatte.

Also schrieb er dem persischen Großkönig Schapur zunächst einen Brief, nachdem er Klagen von den dortigen Christen über Verfolgungen und schlechte Behandlung erhalten hatte. In diesem Brief flehte er Schapur förmlich an, die Christen nicht mehr zu verfolgen und rechnete ihm vor, wie alle Verfolger der wahren Religion zugrunde gegangen waren. Er redete den Perserkönig in diesem Brief mit »Bruder« an und pries diesem die Wirkkraft des christlichen Siegeszeichens, die er selbst in so vielen Schlachten immer wieder erfahren habe, und riet ihm, die Christen zu ehren, ja selbst den christlichen Glauben anzunehmen.

Schapur antwortete auf diesen wohlmeinenden Brief mit einem Überfall auf das gerade christlich gewordene Armenien und die Entführung und Blendung des christlichen armenischen Königs. Daraufhin rüstete Konstantin seinerseits zum Krieg, in den er nicht nur mit Soldaten, sondern auch mit einer ganzen Reihe von Bischöfen ziehen wollte, um auch das große altehrwürdige Persien ganz dem wahren Gott zu weihen.

Zu diesem Krieg war es nun nicht mehr gekommen, aber Konstantin war sich sicher, dass bald der ganze Erdkreis in Herrschaft und Glauben vereint sein würde. Und alle Völker würden nicht nur seinem Gott, sondern auch ihm selbst huldigen, wenn sie in der Hauptstadt der ganzen bewohnten Welt, seiner Stadt, an seiner goldenen Statue vorübergehen würden, in deren Inneren er den Teil des Kreuzes Christi hatte einarbeiten lassen, den seine Mutter ihm persönlich mitgebracht hatte.

Die ganze Welt würde christlich werden, und dieses Ereignis würde für immer mit seinem Namen verknüpft sein. Bis in alle Zeiten würde er das Idealbild des Herrschers sein, des auserwählten Kaisers.

Es schwindelte Konstantin immer mehr, seine Gedanken liefen immer wirrer durcheinander, es flimmerte ihm vor den geschlossenen Augen. Er öffnete sie wieder und sah den Bischof die goldene, nun leere Schale zurück auf den Altar stellen, als die Diakone erneut mit tiefen Stimmen psalmodierend zu singen begannen.

»Ihr Gerechten, jubelt vor dem Herrn! Für die Frommen ziemt es sich, Gott zu loben. Preist den Herrn mit der Zither, spielt für ihn auf der zehnsaitigen Harfe! Singt ihm ein neues Lied, greift voll in die Saiten und jubelt laut! Denn das Wort des Herrn ist wahrhaftig, und was er zusagt, das hält er gewiss.«

Eusebius hatte mittlerweile den Kelch vom Altar genommen, sich langsam umgedreht und schritt, den Kelch wie eine Trophäe würdevoll vor sich her tragend, gemessen und ruhevoll auf Konstantin zu, den im Sekundentakt Fieberwelle auf Fieberwelle überströmte.

Sein äußerer Blick kam ihm abhanden, und er sah nicht mehr den Bischof mit dem heiligen Kelch vor sich, sondern zuerst seinen Sohn Crispus, dann plötzlich seinen alten Lehrer Laktanz, dann seine liebe kleine Fausta, schließlich seine Mutter Helena. Sie waren alle tot, und einen Augenblick glaubte er, er sei mit seinem Geist schon im Totenreich oder im Paradies und würde deshalb die sehen, die nicht mehr auf dieser Erde waren, statt den Bischof, der doch statt ihrer vor ihm sein musste.

Doch genau in diesem Moment sah er den Bischof wieder, der sich mit dem Kelch zu ihm hinunterbeugte und hörte dazu die Diakone singen: »Er liebt Gerechtigkeit und Recht; die Erde ist voll der Güte des Herrn. Der Himmel ist durch das Wort des Herrn gemacht und all sein Heer durch den Hauch seines Mundes.«

Konstantin schloss die Augen, öffnete selbstvergessen seine Lippen, in einem wie weggetretenen Zustand, spürte den Rand des Kelches an seiner Unterlippe und dann schon den Schluck Wein in seinen Mund fließen. Es war übersüßer Rotwein, dessen Aroma sich sofort in seinem ganzen Mundraum ausbreitete, ja bis in den Kopf auszubreiten schien.

Die Diakone sangen inzwischen weiter: »Wie in einem Schlauch fasst er das Wasser des Meeres, verschließt die Urflut in Kammern. Alle Welt fürchte den Herrn, vor ihm sollen alle beben, die den Erdkreis bewohnen. Denn wenn er spricht, so geschieht's; wenn er gebietet, so steht's da.«

Der Kelch entfernte sich von seinen Lippen, und Konstantin schluckte den Wein hinunter. Auch wenn es nur ein winziger Schluck war, so empfand er doch sofort eine enorme Wirkung: Hinter seiner Stirn brannte es, seine Augen kamen ihm vor wie glühende Kohlen, seine Beine, vom langen Knien in schwachem Zustand taub, begannen zu kribbeln, und er merkte, wie er langsam zu schwanken begann, während er die Diakone tief und weihevoll singen hörte: »Der Herr vereitelt die Beschlüsse der Heiden, er macht die Pläne der Völker zunichte. Der Ratschluss des Herrn bleibt ewig bestehen, die Pläne seines Herzens überdauern die Zeiten. Wohl dem Volk, dessen Gott der Herr ist, der Nation, die er sich zum Erbteil erwählt hat!«

Es ist vollbracht, dachte er noch, und gleichzeitig fiel ihm noch ein, dass Christus, sein Gott, der ihn erwählt hatte, genau das gesagt habe soll, bevor er seinen Geist ausgehaucht hatte, und dann spürte er, wie er kippte, aber sofort von zwei kräftigen Händen an den Schultern festgehalten wurde.

War das jetzt schon das Ende? Er atmete tief durch. Nein, aber das Ende würde bald kommen …

Inhalt